— HOW TO — DRINK GIN

DAVE BROOM

— HOW TO —
DRINK
GIN

VOM MIXEN UND TRINKEN

ÜBERSETZT VON REINHARD FERSTL

 Hallwag

Meiner Frau, Partnerin und Freundin Jo.

Die Originalausgabe ist 2015 unter dem Titel
»Gin – The Manual« bei Mitchell Beazley
erschienen, einem Imprint der Octopus
Publishing Group Ltd., Carmelite House,
50 Victoria Embankment, London EC4Y 0DZ.

Copyright © 2016
GRÄFE UND UNZER VERLAG GmbH
Grillparzerstr. 12, 81675 München
HALLWAG ist ein Unternehmen der
GRÄFE UND UNZER VERLAG GmbH,
München, GANSKE VERLAGSGRUPPE.
www.hallwag.de

Projektleitung: Bernhard Kellner
Übersetzung: Reinhard Ferstl
Lektorat: Eva Meyer
Korrektorat: Adelheid Schmidt-Thomé
Satz: L42 Media Solutions, Berlin
Herstellung: Markus Plötz
Umschlaggestaltung: herzblut02,
Martina Baldauf, München
Druck: C&C Offset Printing CO.Ltd., China

6. Auflage 2019
ISBN 978-3-8338-5592-4

Liebe Leserin und lieber Leser,
wir freuen uns, dass Sie sich für ein
HALLWAG-Buch entschieden haben. Mit
Ihrem Kauf setzen Sie auf die Qualität,
Kompetenz und Aktualität unserer Bücher.
Dafür sagen wir Danke! Ihre Meinung ist
uns wichtig, daher senden Sie uns bitte
Ihre Anregungen, Kritik oder Lob zu
unseren Büchern. Haben Sie Fragen oder
benötigen Sie weiteren Rat zum Thema?
Wir freuen uns auf Ihre Nachricht!

GRÄFE UND UNZER Verlag – Leserservice
Postfach 860313, 81630 München

Wir sind für Sie da!
Montag–Donnerstag: 9.00 – 17.00 Uhr
Freitag: 9.00 – 16.00 Uhr
Tel.: 00800/72 37 33 33*
Fax: 00800/50 12 05 44*
(*gebührenfrei in D, A, CH)
E-Mail: leserservice@graefe-und-unzer.de

 Ein Unternehmen der
GANSKE VERLAGSGRUPPE

INHALT

EINFÜHRUNG

Mein Vater trank Whisky, meine Mutter trank Gin. Was wie der Anfang eines Country-&-Western-Songs klingt, entspricht mehr oder weniger der Wahrheit – zumindest der erste Teil. Denn richtig getrunken hat meine Mutter nicht, sieht man vom gelegentlichen Sherry vor dem Abendessen ab. Einmal allerdings gestand sie mir tatsächlich: »Am besten geschmeckt hat mir der Gin Tonic, aber du weißt ja …«. Sie musste nicht weitersprechen, ich wusste, was sie meinte: Frauen tranken keinen Gin.

Seltsamerweise aber hatte sie Gin ihre Ehe zu verdanken. Ihr erstes Rendezvous mit meinem Vater war gleichzeitig ihr erster Pub-Besuch. Als mein Vater sie fragte, was sie trinken wollte, brachte sie nur erschrocken »Gin and It« heraus. Sie hatte irgendwo von dem Cocktail gehört, vielleicht war er auch in einem Film erwähnt worden, den sie gesehen hatte. Aber probiert hatte sie ihn noch nie. Der erste Drink meiner Mutter war das in einem Pub im Glasgower East End servierte britische Äquivalent zum Martinez. Was mich schon etwas stolz macht. Denn da meine Eltern bald danach heirateten und ich einige Jahre später zur Welt kam, verdanke ich dem Gin sozusagen meine Existenz.

Die Beziehung meiner Mutter zu Gin hatte ihren Ursprung in den Londoner Gin-Wirren des 18. Jahrhunderts. Auch haften dem Brand der Bann der presbyterianischen Kirche und die anrüchigen Exzesse britscher Bohemiens zwischen den beiden Weltkriegen an. Gin galt als protzig, stark und pöbelhaft zugleich. Lange Zeit trug er schwer an den Anwürfen aus jeder Ecke.

Meine Liebesbeziehung zu Gin begann spät. In dem Schottland, in dem ich aufgewachsen bin, tranken Männer Whisky. Gin galt als »englisch«, als Drink für Snobs in Golfklubs und eine gewisse soziale Klasse. Er stand für Status, Stand und Attitüde.

Jahre später bekam ich meinen ersten Martini zu trinken. Desmond Payne von der Beefeater Distillery in London mixte ihn für mich. Die Gin-Brennerei war damals ein einsamer, leer hallender Ort, den nur noch die Leidenschaft eines einzigen Mannes am Leben hielt. Ich inhalierte die Aromen der Botanicals, bestaunte die Brennblasen, beschnüffelte den New Make, nippte am Drink und dachte nur: »Wo bist du bloß mein ganzes Leben lang gewesen?«

Damals steckte Gin noch in einer Flaute. Die Brennereien probierten ziellos herum, indem sie die Alkoholstärken veränderten und Aromen hinzufügten. Dann trat der Bombay Sapphire in Erscheinung und mit einem Mal erwachte das Interesse an Gin neu. Ebenso wichtig aber war, dass seine Renaissance mit dem Londoner Cocktail-Revival zusammenfiel, als Menschen meines Alters wieder Klassiker trinken konnten. Ein kleiner, verschworener Verbund aus Brüdern und Schwestern in der Diaspora rief laut: »Wir lieben Gin!«

Wenig später flog mich Charles Rolls in einem zweisitzigen Flugzeug mit zwei Kisten Gin an Bord nach Plymouth (warum wir Gin in die Brennerei mitnahmen, weiß ich bis heute nicht so recht). Dabei fiel mir auf, dass für jeden, der in der Scotch-Landschaft etwas zu erzählen hatte, Gin der erste Drink gewesen war. Ich wurde zum eingefleischten Gin-Liebhaber. Mich faszinierten seine komplexe Persönlichkeit, seine Geschichte, sein Status als Underdog.

Jetzt, da scheinbar jede Woche 20 neue Marken die Bühne betreten und an jeder Ecke weitere Brennereien aufmachen, kommt mir das alles wie ein wirrer Traum vor. Gab es tatsächlich eine Zeit, in der Gin verschmäht und stigmatisiert wurde, als Martinis Wodka-Mischgetränke waren und Bartender Negroni für ein Importbier hielten? In der ein Verleger höflich das Thema wechselte, wenn ich erwähnte, dass ich gern ein Buch über Gin schreiben würde?

Auf die neue Gin-Welt!

GESCHICHTE

Es folgt eine Mär von Verderbtheit und Vergnügen, von Niederungen und Noblesse, von Kreativität und Rücksichtslosigkeit, von mittelalterlichen Mystikern und modernen Wissenschaftlern. Die weltumspannende Geschichte des Gins ist verwoben mit Medizin, Alchemie, Politik, der Geburt einer nationalen Identität und eines Klassenbewusstseins der Arbeitenden, mit Imperialismus, Gewürzhandel, Krieg, Krankheit und Prohibition. Frivole Bohemiens spielen darin ebenso eine Rolle wie harte Geschäftsleute. Die Vorzüge des Gins wurden von Schriftstellern ebenso besungen wie von Musikern. Seine Feinheiten sind das Werk meisterhafter Brenner und wurden von Barmixern um neue Dimensionen bereichert. Eine Zeit lang hat man ihn für allerlei gesellschaftliche Missstände verantwortlich gemacht, dann mauserte er sich zum Symbol mittelständischer Ehrbarkeit.

Vor allem aber ist Gin unverwüstlich. Er weiß, dass die Menschen eines Tages zur Vernunft kommen und ihn für das schätzen, was er schon immer war: eine Spirituose von außerordentlicher Komplexität und Tiefe. Der Geschichte des Gins zu lauschen ist, als würde man zu Füßen eines Kriegsveteranen sitzen und sich wundern, wie er die unglaublichen Eskapaden überleben konnte. Aber überlebt hat der Brand – und ist sogar daran gewachsen. Wir befinden uns inzwischen im Zweiten Gin-Zeitalter. Wie wir dort hingekommen sind, ist jedoch eine lange Geschichte. Lehnen Sie sich zurück ...

Juniperus communis, der Gemeine Wacholder, wird seit Tausenden von Jahren gegen verschiedenste Beschwerden eingesetzt.

DIE WUNDERBEERE

Die kleine Konifere breitete sich nur zaghaft aus. Sie kam im Gefolge von Heidekräutern, Gräsern, Moosen und Flechten, welche die neue Landschaft allmählich färbten, nachdem jahrtausendelang das Eis den Fels gefurcht und geschliffen hatte. Als die Gletscher wichen, gehörte sie zu den ersten pflanzlichen Neusiedlern. Jahrhunderte später entdeckte der Mensch ihre Pollen in Torfmooren, wo sie die Zeiten überdauert hatten.

Ein altes Heilmittel

Zu Anbeginn der Zivilisation nutzte der Mensch alles, was die Erde bot, als Heilmittel. So auch jenes Gehölz, das später die wissenschaftliche Bezeichnung *Juniperus communis* erhielt. Seine Beeren wurden wegen ihrer besonderen Heilkraft geschätzt. In dem um 1550 v. Chr. entstandenen *Papyrus Ebers*, der zu den ältesten medizinischen Schriften der Menschheit gehört, nannten die alten Äypter Wacholder als Mittel gegen Gelbsucht. Die alten Griechen wiederum nutzten die Beeren als leistungssteigerndes Mittel und zur Linderung von Koliken. Dioskurides (ca. 40–90 n. Chr.), ein römisch-griechischer Arzt, der oft als Vater der Arzneikunde bezeichnet wird, beschrieb ausführlich den Einsatz von in Wein eingelegten Wacholderbeeren als Remedium gegen Brustbeschwerden und Abtreibungsmittel. Waren sie destilliert? Vielleicht. Dioskurides' Doppeltopfdestillation tauchte in den nächsten 500 Jahren in diversen heil- und kräuterkundlichen Schriften auf. Auch Plinius der Ältere pries Wacholder und erwähnte ihn in seiner zwischen 77 und 79 n. Chr. entstandenen *Naturalis Historia* 22-mal. So schreibt er:

> »Der Same ... beseitigt Blähungen und plötzliches Kältegefühl; er lindert Husten und bringt Verhärtungen zur Reife ... die Beeren, in dunklem Weine genommen, wirken gegen Durchfall ... und sind harntreibend.«

Mittelalterliches Allheilmittel

Im 13. Jahrhundert war die Wunderbeere Bestandteil einer endlosen Liste von Ingredienzen, mit denen Alchemisten und Apotheker in Städten wie Brügge experimentierten. Im sieben Kilometer entfernten Damme verfasste Jacob van Maerlant zwischen 1266 und 1269 die 13-bändige Enzyklopädie *Der Naturen Bloeme*. Sie wiederum war angelehnt an das 20-bändige *Liber de Natura Rerum* aus der Feder des in Brüssel geborenen Thomas von Cantimpré. Im achten Kapitel rät van Maerlant: »Man koche die [Wacholder-]Beeren in Wein, um Krämpfe zu lindern … und in Regenwasser gegen Magengrimmen.« Ferner beschreibt er ein Verfahren zum Destillieren von Holz, um Öl zu gewinnen, das, mit Harz und Beeren von Wacholder in Masken gestopft, vor dem Schwarzen Tod schützen sollte, der von 1347 bis 1352 in Europa wütete.

Hieronymus Brunschwigs *Kleines Destillierbuch* aus dem Jahr 1500 enthielt ein »Weckolterber«-Rezept:

> »Weckolterberwasser, getrunck morgens mittags und zu nachts iedes mal off. ii lot ist gut für das grun in den lenden un in der blasen und reiniget auch die niere … und fürdert den harn.«

Es war das Zeitalter der Kräuterbücher, und Wacholder spielte in den meisten dieser Enzyklopädien eine tragende Rolle. Der Schweizer Naturforscher Conrad Gesner stellte die Destillation von Wacholderfrüchten in seinem 1552 erschienenen Arzneibuch beispielhaft dar. Ein umfangreiches Rezept für ein »edelstes Wasser der Tugenden, das noch Silber und Gold vorzuziehen ist«, führte 23 grundlegende Zutaten auf, darunter auch Wacholder. Die übrigen Beimengungen sind Gin-Freunden von heute noch vertraut: Paradieskörner, Salbei, Fenchelsamen, Muskatnuss, Pfeffer, Wachsmyrte, frische Kräuter, Kubebenpfeffer, Kardamom und Mandeln. Drei Jahre später veröffentlichte William Turner *A New Herball*, in dem er erstmals Pflanzen in England beschrieb, unter anderem Wacholder, den er als Diuretikum sowie zum Fernhalten von Giftschlangen empfahl. Im letzten großen Heilkräuterbuch jener Zeit, dem *Theatrum Botanicum*, schreibt John Parkinson 1640: »Die vielen Vorzüge des Wacholders niederzuschreiben ist nicht leicht.« Was ihn aber nicht daran hindert, es anschließend dennoch unbeirrt zu versuchen. Wacholder half, wie es schien, gegen alles, von Nasenbluten über Krämpfe bei Niederkünften bis zur Pest. In den Niederlanden indessen hatte man eine weitere positive Eigenschaft der Pflanze entdeckt, die nicht nur gesund, sondern auch noch reich machte.

Conrad Gesners *Thesaurus Euonymi Philiatri* von 1552 zeigt den Meister und seinen Gehilfen beim Destillieren von Alkohol in einer primitiven Form des Rückflusskühlers.

GESCHICHTE

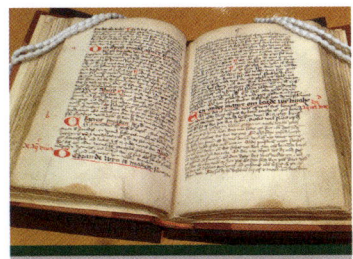

GIN 1495: VERBATIM

Das Rezept empfiehlt zu Anfang zehn Quart Wein (oder »Mutter des Weins«, womit Geläger gemeint sein könnte), der mit klarem Wasser oder Hamburger Bier verdünnt werden soll, »bis das Wasser die Konsistenz von Buttermilch hat«. Dann wird das Gebräu in einer Doppeltopfbrennblase destilliert, deren Kopfrohr auf die Blase aufgesetzt und mit einer Mischung aus Eigelb und Mehl versiegelt ist. Als Nächstes mischt man 9 Teile *gebranter win* mit 1 Teil der folgenden Gewürzmischung: 12 Muskatnüsse, Ingwer, Galgant, Paradieskörner, Gewürznelke, Zimt und Kardamom. Nach der Destillation dieser Mixtur fügt man vier Pfund zerstoßene Muskatnüsse, 2 Handvoll getrockneten Salbei, 1 Pfund Gewürznelken und zum Schluss Wacholder hinzu. Im Verbatim-Rezept wird Letzterer als *gorsbeyn de dameren* bezeichnet, was wörtlich übersetzt »Asche von Froschbeinen« oder, wie Van Schoonenberghe (siehe rechts) meint, gemahlene und getrocknete Beeren [beyen] von Wacholder [ghurst] bedeutet. Diese Mixtur wird in einem Stoffbeutel in die Brennblase gehängt und es folgt eine letzte Destillation.

   2014 fand sich ein Team mit dem Genever-Historiker Phillip Duff und David Wondrich (siehe Seite 155) im Hauptsitz des Herstellers von G'Vine (siehe Seite 122–123) in der französischen Region Cognac zusammen. Es erzeugte einen Brand nach dem Originalrezept und nannte ihn Verbatim.

Der Geist der Niederlande

Wir wissen seinen Namen nicht, doch handelte es sich wohl um einen Händler. Er lebte 1495 zwischen Arnhem und Appeldorn und muss reich gewesen sein, sonst hätte er sich kein eigens für ihn verfasstes Haushaltsbuch leisten können. Wer außer einem begüterten Bürger hätte sich außerdem eine so unerhörte Menge an Gewürzen für einen dem reinen Genuss dienenden Brand beschaffen können, der zum ersten Mal nachweislich Wacholder enthielt (siehe Spalte links)? Die Zutaten mussten auf dem Landweg aus Asien über Konstantinopel transportiert werden und gelangten schließlich über Venedig in die Niederlande. So war die Spirituose eine dekadente, flüssige Manifestation der Macht und ein klarer Hinweis darauf, dass hier zum Spaß getrunken wurde. Zwei Jahre später begann man Steuern auf Branntwein – damals der Einheitsbegriff für Spirituosen – zu erheben.

Das Wasser des Lebens

Um Gin zu verstehen, muss man zuerst einmal Genever verstehen. Dessen Aufstieg ist untrennbar mit Krieg, religiöser Verfolgung, Handel und der Geburt von Nationen verbunden. Sein bedeutendster Chronist heißt Dr. Eric Van Schoonenberghe, ohne dessen Texte dieses Kapitel wesentlich dürftiger ausgefallen wäre. Ab dem 13. Jahrhundert entstand ein reicher Schatz alchemistischer Schriften in niederländischer Sprache, in denen Wacholder Erwähnung findet. Aber erst ein frühes Traktat mit dem Titel *Aqua vite, dats water des levens of levende water* von Johannes de Aeltre deutet auf einen veränderten Gebrauch des Branntweins hin. Es heißt darin:

> »Het doet oec den mensche droefheit vergeten
> Ende maecten van hertten vro ende oec stout
> ende coene.«

Zu Deutsch: »Es lässt den Menschen Trübnis vergessen und macht die Herzen froh und kühn.« Ohne Zweifel hatte ein Wandel stattgefunden. Was einst reine Medizin gewesen war, bekam nun einen neuen Nutzen. So fanden auch Wacholderbeeren eine neue Bestimmung.

   Im 15. Jahrhundert verlor Brügge allmählich seinen Status als Zentrum des Handels und geistigen Lebens, weil der Fluss Zwin verlandete und sich der Schwerpunkt ins 90 Kilometer östlich gelegene Antwerpen

Noch heute werden für Genever Steingutflaschen wie diese alten Exemplare des niederländischen Likörherstellers Bols verwendet.

verlagerte. 1552 schrieb Philippus Hermanni *Een Constelijck Distileerboec*. Darin hielt er nicht nur ein Rezept für Wacholderbeerenwasser fest, sondern beschrieb auch detailgenau dessen Destillation. Das Buch wurde zum Standardwerk für Hollands Brenner.

Bis dato waren alle Heilwässer aus Wein gemacht worden. Aber eine Reihe schwacher Ernten und kühler Jahre veranlasste die Destillerien, vor Ort verfügbares Material zu verarbeiten – anfangs Sauerbier, später Roggen und Gerstenmalz. Es gab allerdings noch einen weiteren Grund für die Weinknappheit. 1568 brach der Achtzigjährige Krieg zwischen den Niederlanden und ihren spanischen Herren aus. Ein von Antwerpen ausgehender Aufstand von Protestanten wurde von den Spaniern gewaltsam unterdrückt. Die zunehmende religiöse Verfolgung und ein Rückgang des Handels führten zu einem Massenexodus von Handwerkern, Brennern und Händlern. 6.000 Niederländer flüchteten allein während dieser Zeit ins Londoner Exil, andere gingen in die nördlichen Niederlande oder nach Berlin, Köln und Frankreich. Als Antwerpen an Bedeutung verlor, ließen sich die Destillateure in Städten der neuen Vereinigten Niederlande nieder, etwa in Schiedam bei Rotterdam. Manche wählten auch Amsterdam, Weesp oder Hasselt (heute in Belgien) zur neuen Heimat. Eine zweite Welle folgte 1601, als die Herrscher des spanisch kontrollierten Südens die Destillation von Getreide verboten, weil man es für Brot brauchte. Dieses Edikt blieb 112 Jahre lang in Kraft.

Die Wertschätzung steigt

Bis zum Ende des 16. Jahrhunderts hatten die Reichen Wein und Weinbrand getrunken, während sich die Armen mit Bier und Malzbrand begnügen mussten. Mit Beginn des 17. Jahrhunderts indes änderte sich das. 1606 besteuerte die Republik Weinbrand, Anisschnaps und Genever – ein Hinweis darauf, dass Genever inzwischen häufiger durch die Kehlen floss, da vorher nur auf Weinbrand eine Steuer erhoben worden war. Um der Händlerzunft eine feinere Spirituose anbieten zu können, gingen Hollands Brenner dazu über, ihren Malzwein zu aromatisieren, bevorzugt mit Wacholder *(jenever)* und anderen Gewürzen, die inzwischen immer leichter zu bekommen waren. 1602 entstand die *Vereenigde Oost-*

indische Compagnie (VOC). Sie war bis zu ihrer Auflösung 1799 die mächtigste Handelsorganisation der Welt und hatte quasi ein Monopol auf den Gewürzhandel. Das Goldene Zeitalter der Niederlande hatte begonnen.

Unter den Flüchtigen aus Antwerpen befand sich auch die Familie Bulsius, die nach einem kurzen Aufenthalt in Köln 1575 nach Amsterdam ging, ihren Namen in Bols änderte und anfing, Liköre zu erzeugen. 1664 nahm sie Genever in ihr Sortiment auf. Für beide Getränketypen brauchte man exotische Zutaten, weshalb die Familie eng mit dem 17-köpfigen VOC-Rat zusammenarbeitete. 1700 wurde Lucas Bols VOC-Anteilseigner. Er erlangte dadurch bevorzugten Zugang zu Gewürzen und konnte überdies das Verteilernetz der Kompanie für seine Produkte nutzen.

Durch die 5.000 Schiffe starke VOC-Flotte wurde Amsterdam zum Zentrum des Welthandels. Der Preis war hoch, wie E. M. Beekman in *Fugitive Dreams* anmerkt: »Monopole können staatlich reguliert, aber nur durch Gewalt aufrechterhalten werden.« Was aber kümmerten die Amsterdamer Händler und Brenner die Brutalitäten im Osten, wenn dessen Reichtümer an den Kais der Stadt entladen wurden? Gewürze und Seide trafen ein, Genever ging hinaus. Damals hatten Angehörige der niederländischen See- und Landstreitkräfte

Der Handelsposten der Niederländischen Ostindien-Kompanie (VOC) im bengalischen Distrikt Hugli, dargestellt in einem Gemälde von Hendrik van Schulenburgh aus dem Jahr 1665.

Anrecht auf eine tägliche Ration Genever. Kolonisten in Niederländisch-Indien, dem heutigen Indonesien, gönnten sich tagsüber *soopjes*, »Kurze«, die sie »Papageiensuppe«, »Dummkopf« oder »hüpfendes Wasser« nannten. Abends jedoch holten sie sich mit einem »Moskitonetz« die nötige Bettschwere. Sogar als Tauschwährung kam Genever zum Einsatz. Der Missionar Herman Neubronner van der Tuuk war gar nicht erbaut, als ein Häuptling der Batak auf Sumatra für einen heiligen Text zwölf Flaschen als Zahlung von ihm verlangte.

Gin geht hinaus in die Welt

Genever war Teil des komplexen Geflechts aus Handel und Kultur geworden, ein Faden im identitätsstiftenden Teppich, den die junge Nation für sich wob. Als der Brand in alle Welt – nach West- und Südafrika, Indien, Japan, China und in die Karibik – hinausgetragen wurde, avancierte er zum Sinnbild des Niederländischen schlechthin. Er war nun nicht mehr nur Genever, er war Holland – und wurde sogar »Hollands« genannt. Die Produktionsmenge ging stetig nach oben. Man ließ Getreide aus dem Baltikum und Gerstenmalz aus England kommen. Die erforderlichen Fässer lieferten Küfer wie Petrus de Kuyper aus Horst, dessen Sohn Jan 1752 in Schiedam eine Destillerie eröffnete.

Mit der Entstehung der Österreichischen Niederlande, des heutigen Belgiens, im Jahr 1713 bildete sich auch dort ein Brennereiwesen, wenngleich zeitgenössischen Berichten zufolge die Qualität der Produkte nicht sonderlich hoch war. Zum Ende des Jahrhunderts hin stieg sogar in Frankreich, wo die Destillation von Getreide bis kurz vorher verboten gewesen war, die Produktion von Gin *(genièvre)*. Das Exportgeschäft nach England kam zwar während der vier Kriege zwischen England und den Niederlanden (1652–1654, 1665–1667, 1672–1674 und 1780–1784) zum Erliegen, doch Ende des 18. Jahrhunderts verkaufte sich Hollands in den neuen Londoner *strong water shops* gut – und obendrein zum halben Preis von französischem Weinbrand. Die noch jungen Brennereien der Hauptstadt arbeiteten daran, das Stigma, das Gin anhaftete, loszuwerden, und so ging Genever mit Zuversicht ins neue Jahrhundert. Nicht nur die Kolonien und Nachbarländer dürstete es nunmehr nach Gin, sondern sogar die jungen USA.

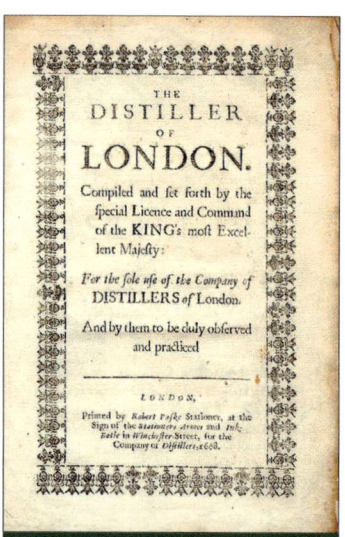

DER MODERNE GIN NIMMT FORM AN

Im 1698 erschienenen Handbuch *The Distiller of London* sind einige Rezepte für die Bereitung von Ur-Gin enthalten. Meist wird das lange, komplizierte Rezept XXVI wiedergegeben, interessanter aber ist Nummer XXXIII. Es nennt Wacholder als wichtigste Ingredienz, gefolgt von Quitten-, Apfel-, Zitronen- und Orangenschalen, Muskatnuss, Anis und Gewürznelken. Nach der Destillation legt man Erdbeeren und Himbeeren im Brand ein. Zum Schluss wird er gesüßt. Man könnte ihn schon modern nennen.

HOLLÄNDISCHER MUT

In der Geschichte des englischen Gins spielten Soldaten eine wichtige Rolle. Einigen Gin-Historikern zufolge erhöhten sie in der Zeit vom Elisabethanischen Zeitalter (ca. 1560–1600) bis zum Dreißigjährigen Krieg (1618–1648) ihre Kampfeslust mithilfe von Gin, was als *Dutch courage*, »holländischer Mut«, sogar Eingang in den Sprachschatz fand. Ob die Truppen nach ihrer Rückkehr tatsächlich die Verbreitung des Gins in England förderten, bleibt fraglich. Allerdings standen sie zunächst ohne Arbeit da und waren billigen Spirituosen daher sicher nicht abgeneigt. Dass ausgerechnet Gin damals wenig kostete, war reiner Zufall.

Die schwierige Geburt des britischen Gins

Oft wird ein Rezept in Hugh Plats Buch *Delightes for Ladies* als erster englischer Wacholderbrand genannt. Das entspricht zwar nicht den Tatsachen, doch beweist der Eintrag immerhin, dass Spirituosen damals nicht länger die Domäne von Alchemisten und Apothekern waren, sondern tatsächlich von der Dame des Hauses bereitet werden konnten. Als Brenner betätigten sich inzwischen Wissenschaftler ebenso wie Ärzte, der Adel ebenso wie gewerbliche Brenner, die oft aus den Niederlanden nach England geflüchtet waren. 1621 arbeiteten in London 200 registrierte Destillateure. Ihre Gilde, die Worshipful Company of Distillers, bekam 1638 den Status eines offiziellen Berufsverbandes und durfte fortan die Qualität der Spirituosen kontrollieren.

Der Einfluss der Niederlande

Unter den nach England strömenden holländischen Einwanderern war William Y-Worth aus Rotterdam. Der angesehene Alchemist, ein Vertrauter Isaac Newtons, veröffentlichte 1692 *The Compleat Distiller*. Darin beschreibt er präzise die niederländischen Brenn- und Verarbeitungsmethoden. Er äußert sich sehr kritisch über das »mangelhafte« Verfahren der Worshipful Company, erwähnt Wacholder aber nur einmal im Arzneikapitel *Pharmacopoeia Spagyrica*. Im 17. Jahrhundert gelangten nicht nur verbesserte niederländische Destillationstechniken nach England, auch die legale wie illegale Einfuhr von Genever nahm zu. Der Wacholderbrand galt bald als Vorbild, an dem sich Großbritanniens Gin-Hersteller messen lassen mussten. Sogar Mitglieder der schottischen Brenndynastie Haig gingen damals nach Schiedam, um dort die Produktion von Gin zu studieren.

1688 bekam Großbritannien mit Wilhelm III. einen Niederländer als König. Seine Thronbesteigung wird oft als Auslöser für die patriotisch motivierte Gin-Begeisterung im Lande genannt. In Wirklichkeit hatte das Volk dem Gin schon zuvor ordentlich zugesprochen und während Wilhelms Regentschaft nur deshalb einen noch größeren Trinkeifer an den Tag gelegt, weil es politisch opportun schien. 1690 verabschiedete das Parlament ein »Gesetz zur Förderung der Destillation von Weinbrand und Spirituosen aus Getreide«. Es senkte die Abgaben für Spirits aus englischem

Getreide und verbot französischen Branntwein, um die Gunst von Farmern und Landbesitzern zu gewinnen, die mit Getreideüberschüssen zu kämpfen hatten. Ein Versuch, die Bevölkerung zum Gin-Verbrauch zu animieren, war das nicht, wenngleich genau das die Folge war. Der Verbrauch stieg von 2,6 Millionen Litern im Jahr 1684 auf fast 5,5 Millionen Liter im Jahr 1700. Das hohe Angebot an billigem Getreide zwischen 1715 und 1755 und die Vielzahl der Neubrenner führten zum Verfall der Preise – und damit auch der Qualität. 1720 war die Gin-Manie in vollem Gange.

Verrückte Zeiten

Aus dem Chaos formte sich Großbritannien im 18. Jahrhundert zu einer neuen Nation. Beispielhaft verkörpert wurden die Wirren dieser Zeit von London. Die Stadt und ihre überquellenden Elendsviertel wuchsen rasch. Mit ihrem Sirenengesang von den unbegrenzten Möglichkeiten lockte sie immer mehr Menschen in ihr übelriechendes Reich, nur um sie schließlich in die Gosse zu stoßen. Manche fanden zwar durchaus ihr Glück, die Mehrheit aber linderte ihr Elend mit dem Balsam, den »Madam Geneva« bereithielt.

Wirklichkeitsgetreue Darstellung oder hysterische Propaganda? Mit seinem Stich *Gin Lane* untermauerte William Hogarth 1751 die Notwendigkeit des Gin Act, eines Gesetzes zur Begrenzung des Gin-Verbrauchs.

1729 Erhöhung der Abgaben für Spirituosenmischungen auf 5 Shilling pro Gallone. Einzelhandelslizenzen für den Spirituosenverkauf kosten nun 20 Pfund.

1733 Abschaffung der zusätzlichen Abgabe für Spirituosenmischungen. Verbot des Straßenverkaufs, bei Zuwiderhandlung 10 Pfund Strafe. Anzeigende erhalten bei Verurteilung des Delinquenten zu einer Strafzahlung 5 Pfund Belohnung.

1736 Kosten für die Lizenz zum Verkauf destillierter Spirituosen: 50 Pfund. Abgabe pro Gallone: 1 Pfund. Strafe für nicht lizenzierten Verkauf: 100 Pfund. Strafe für Straßenverkauf: 10 Pfund. Verkauf von weniger als 2 Gallonen im Großhandel untersagt.

1743 Verdopplung der Rohbrandsteuer auf 2 Pence pro Gallone, von Spirituosen auf 6 Pence pro Gallone. Lizenz auf 1 Pfund gesenkt. Gin-Verkauf nur noch in lizenzierten Läden. Brenner dürfen nicht mehr an Endverbraucher verkaufen.

1747 Verkaufserlaubnis für Brenner gegen Erwerb einer Lizenz für 5 Pfund.

1751 Anhebung der Steuer auf 1 Shilling pro Gallone. Anhebung der Lizenzgebühr auf 2 Pfund. Einzelhandelsverbot für Brenner. Spirituosenverkauf nur noch in Gasthäusern und Tavernen. Verkauf von Gin nur noch an Wirte zulässig, für deren Etablissements mehr als 10 Pfund Lizenz im Jahr zu zahlen sind.

1760 Anhebung der Rohbrandsteuer auf 5 Pence sowie der Getreidebrandsteuer auf 1 Shilling 3 Pence. Zuschüsse für Exporte.

1720 entstanden 90 Prozent aller englischen Spirituosen in London – das meiste davon Gin. Er war billig, kräftig, dem Hollands nachempfunden und überall erhältlich. Der steigende Konsum der niederen Klassen wurde so sehr zum Problem, dass der Staat einschritt und 1729 ein Gesetz verabschiedete, um den Verbrauch einzudämmen. Die Folge war, dass nur noch 453 neue Lizenzen (zum Preis von ungefähr einem Jahreseinkommen) vergeben wurden. Auswirkungen auf die verkaufte Menge aber hatte das nicht: Das Destillieren war immer häufiger die einzige Möglichkeit, in den Slums noch zu Geld zu kommen.

Die Hebung der Gebühren sollte nicht nur dringend benötigtes Geld in die Staatskasse spülen – die vielen Kriege waren teuer –, sie besänftigte auch die Neo-Prohibitionisten. Gleichzeitig wurden Konflikte mit den Brennern und Landbesitzern vermieden, da lediglich die geschätzten 1.500 Compounder (Verschneider) ins Visier genommen worden waren. Das Problem war nur, dass das Gesetz keine Wirkung zeigte. Bis 1730 stieg der Verbrauch von Gin auf 13,6 Millionen Liter jährlich. Inzwischen hatten sich Gin-Gegner formiert, die sich mit Predigten, Theaterstücken und Pamphleten auf einen moralischen Kreuzzug begaben und Ausschweifung, Mord und Verfall anprangerten.

1736 trat ein drittes Gin-Gesetz in Kraft (siehe links). Trotz drakonischer Maßnahmen aber kam man danach noch leichter an den teuflischen Brand. Zwei Jahre später erreichte der Verbrauch 27 Millionen Liter. Der Zorn der Gin-Gegner wurde nur vom Groll derer übertroffen, die sie aufs Korn genommen hatten. Wer die Hände nicht vom Wacholderbrand lassen konnte, bediente sich an sogenannten »Puss-and-Mew«-Maschinen. Unter einem Schild, das eine Katze zeigte, wisperte der Kunde »Puss«, zu Deutsch »Kätzchen«. Sobald er drinnen ein »Miau« hörte, legte er zwei Pennys in einen Schieber, und schon flossen durch ein Bleirohr unter der Katzenpfote ein paar Schluck Gin nach draußen. Das rief Denunzianten auf den Plan, die sich etwas Geld durch Anzeigen bei den Behörden verdienen wollten. Sie organisierten sich sogar in Banden, mussten jedoch sehr vorsichtig sein. Denn erkannte man sie, konnte es vorkommen, dass sie einen noch wesentlich höheren Preis zahlten. 1738 beispielsweise wurde der Leichnam einer Denunziantin gefunden,

GESCHICHTE

Die Gefahren des Gin-Genusses unter jungen Frauen thematisierten auch Illustratoren wie Thomas Rowlandson. Seine Zeichnung entstand zu Beginn des 19. Jahrhunderts.

durch deren Herz man einen Pfahl getrieben hatte. Das Trinken von Gin war zu einem Akt zivilen Ungehorsams geworden. Bald verzichteten Richter aus Angst vor Rache sogar auf die Durchsetzung des Rechts.

1742 wurden 36 Millionen Liter Gin gebrannt, aber nur Lizenzen für 225 Liter ausgestellt. Allerdings benötigte die Obrigkeit nun dringend Geld für den Unterhalt der 80.000 Soldaten, die man in den Österreichischen Erbfolgekrieg (1740–1748) geschickt hatte. Also erließ die Regierung ein weiteres Gesetz (siehe Seite 17). Mit einigem Erfolg: Zwischen 1743 und 1747 wurden 481.000 Billiglizenzen vergeben. Die Brenner rebellierten jedoch dagegen, ihre Spirits nicht selbst veräußern zu dürfen. Ab 1748 erlaubte man ihnen und den Verschneidern den Direktverkauf wieder.

London befand sich in diesen Tagen jedoch im Ausnahmezustand. Von 1720 bis 1750 sank die Geburtenrate, während die Sterblichkeit stieg. Zwischen 1730 und 1779 kamen auf je 1.000 Todesfälle 242 verstorbene Kinder. Sicher spielte Alkoholismus eine Rolle, doch war er beileibe nicht die einzige Ursache. Die Gin-Manie lag in der Armut begründet. 1751 zeichnete William Hogarth mit seinem Stich *Gin Lane* (siehe Seite 16) ein Schreckensbild vom Leben in den Elendsvierteln. Er zeigt eine Gesellschaft, für deren moralischen und physischen Zerfall der Gin verantwortlich war. Die betrunkene Mutter, die ihr Kind in den Tod fallen lässt, steht nicht nur für »Madam Geneva«, sondern für die Frauen schlechthin.

Erst verdammt, dann akzeptiert

»Gewöhnt sich die Frau an Branntwein, wird sie zur erbarmungswürdigsten und zugleich verachtenswertesten Kreatur auf Erden«, schrieb der Verfasser einer *Abhandlung über Mr. Hogarths sechs Stiche* 1751. Wenn schon Frauen verderbt sind, fragten sich die Alkoholgegner, welche Hoffnung bleibt dann noch für die Gesellschaft? Oder, um es eher auf den Punkt zu bringen: Wenn sie schlechte Mütter sind, wo soll dann das Kanonenfutter für den nächsten Krieg herkommen? 1751 trat wieder einmal ein Gin-Gesetz in Kraft (siehe Seite 17) – und diesmal zeigte es Wirkung: Der Verbrauch ging zurück. Vollends verging den Engländern der Durst nach billigem Gin, als zwischen 1757 und 1763 schlechte Getreideernten dafür sorgten, dass der Rohstoff ausging und Kleindestillerien schließen mussten. Gin zu brennen wurde teuer, doch immerhin stieg mit den Preisen die Qualität.

Gin-Destillerien gehörten nun honorigen Herren wie Boord, Currie und Booth. 1769 nahm Alexander Gordon im Süden Londons den Brennbetrieb auf (siehe Seite 87). In den 1780er-Jahren errichtete James Stein in seiner Whiskybrennerei Kilbagie im schottischen Fife eine Anlage, die täglich 22.000 Liter Hollands ausstieß. Die Londoner hatten nicht länger das Monopol auf die Gin-Herstellung. Thomas Dakin in Warrington im Nordosten Englands startete 1761 die Produktion (siehe Seite 69 und 89), die Familie Coates (siehe Seite 104) stieg 1793 in Plymouth ins Geschäft ein. Mit vier neuen Brennereien in Bristol, drei in Liverpool und steigenden Importen von Branntwein aus Schottland für die Rektifizierung bekamen die Londoner Firmen ordentlich Konkurrenz.

Nach und nach wurde Gin zum akzeptablen Getränk. Mit der Spirituose, wie wir sie heute kennen, hatte er aber wenig zu tun. Ambrose Cooper riet in seinem 1757 erschienenen Buch *The Complete Distiller* den Brennern zur holländischen Methode, damit ihnen »ein Geneva gelinge, der dem der Holländer ebenbürtig ist«.

Der Gin Act von 1751 bedeutete den Tod von »Madam Geneva«. Oder etwa doch nicht?

Ambrose Cooper unterscheidet in seinem *Complete Distiller* von 1757 zwischen »destilliertem Wacholdergeist« und »der gewöhnlichen Sorte, [die] nicht aus Wacholderbeeren gemacht ist ... sondern aus Terpentinöl«. Anschließend nennt er zwei Rezepte: eines für 1,3 kg mazerierte Beeren, die mit 45 Liter Branntwein destilliert werden, und ein zweites, bei dem 50 ml Terpentinöl sowie drei Handvoll Meersalz auf 90 Liter Branntwein kommen.

Der Aufstieg der Cocktails

Wenngleich Gin nicht das Publikum bekam, das er nach Überzeugung der neuen betuchten Brennerkaste verdiente, so begann er zu Beginn des 19. Jahrhunderts doch das gesamte soziale Spektrum Englands zu durchdringen und erlangte sogar in der Bohème eine gewisse Akzeptanz. Lord Byron hielt sich bei Kräften, indem er »zu reichlich dem Wein und seinem Lieblingsgetränk Hollands zusprach, von dem er fast jede Nacht einen halben Liter konsumierte«, wie Thomas Medwin berichtet, der dem Dichter in den 1820er-Jahren in Pisa begegnete. Byron konterte mit der Aufforderung: »Warum versuchst du es nicht auch? Gin mit Wasser ist der Quell all meiner Inspiration.« Betont werden muss allerdings, dass es sich immer noch um Hollands und nicht um britischen Gin handelte. Hollands war auch Bestandteil des Gin-Punsches, den die Mitglieder des Londoner Garrick Club bevorzugten, und des neuen Shortdrinks, benannt nach John Collins, der in den 1830er-Jahren Oberkellner im Limmer's Old House war, einem Hotel in der Conduit Street in Mayfair.

Klassengeist

Olivia Williams verweist in ihrem Buch *Gin Glorious Gin* darauf, dass die Londoner Zeitschrift *The Spectator* Genever und Brandy 1833 als festen Bestandteil von Mittelklasse-Haushalten auflistete, während »die Armen zu Selbstgebranntem (Gin und Whisky) greifen«. Nach wie vor wurde Hollands als höherwertig erachtet, und so versuchte man noch mehrmals, ihn in Großbritannien zu erzeugen. 1807 wollten die Haigs sogar eine schottische Version in London etablieren. Der Brenner Robert More, der seine Ausbildung in Schiedam genossen hatte, verkaufte 1828 »Geneva« aus seiner Destillerie Underwood im schottischen Falkirk, hatte aber keinen Erfolg damit. Schon im Jahr darauf ging er in Konkurs.

Britischer Gin blieb der Brand der Arbeiterklasse. Charles Dickens beschreibt in seinen 1836 erschienenen *Londoner Skizzen* die ausgelassenen Theaterbesucher, die nach der Vorstellung Gin und *purl*, aromatisiertes Bier mit einem Schuss Gin, bestellten. Noch immer wurde mehr importiert als im Inland produziert; hinzu kam ein gerüttelt Maß Schmuggelware. Die Brenner Carpeau und Stival erhielten 1785 per königlicher Verfügung die

Erlaubnis, in ihrer Destillerie Citadelle in Dünkirchen Spirituosen aus Getreide zu erzeugen – mit dem erklärten Ziel, sie nach England zu schmuggeln. Jahrhunderte später inspirierte diese Geschichte Alexandre Gabriel zu seinem Gin Citadelle (siehe Seite 118 und 158).

1825 hatte die britische Obrigkeit eine Idee, wie sie den Verkauf einheimischer Spirituosen ankurbeln konnte. Sie senkte die Steuern von 10 Shilling 6 Pence auf 6 Shilling. Damit war Gin nun billiger als Bier, weshalb der Verbrauch innerhalb eines Jahres von 16 auf 33 Millionen Liter stieg. Der Qualität war das jedoch nicht unbedingt zuträglich, wie Samuel Morewood 1838 feststellte: »Alle Brände mussten von den Rektifizierern verarbeitet werden, die damit per staatlicher Fehlentscheidung zu Herren des öffentlichen Geschmacks wurden.«

Mit der Rückkehr des billigen Gins entstand auch ein neuer Ort, an dem man ihn genießen konnte: die *gin palaces*, »Gin-Paläste«, die in den übelriechenden Londoner Straßen tatsächlich durch ihr vergleichsweise edles Flair herausstachen. Sie hatten Frontscheiben aus Glas, waren hell beleuchtet und mit Bars sowie Gin-Fässern ausgestattet. Kurzum: In ihnen konnte man elegante Drinks in stilvollem Upper-Class-Ambiente schlürfen. »Das Gin-Trinken ist ein großes Laster in England, noch größer indes ist die Armut«, schrieb Charles Dickens 1836. Als die Regierung 1830 erkannte, dass sie einen

Um 1820 erlebte England eine zweite Gin-Manie, in deren Mittelpunkt Londoner »Gin-Paläste« wie dieser hier standen.

Fehler gemacht hatte, schaffte sie eilends die Bier-
steuer ab, was das Volk in die Wirtshäuser zurücktrieb.
Diese eiferten mit zusätzlichen Sitzgelegenheiten ge-
stalterisch den Gin-Palästen nach und schufen damit
den typischen Stil des viktorianischen Pubs, wie man
ihn noch heute kennt. Ende der 1830er-Jahre war die
Ära der Gin-Paläste schon wieder vorbei.

Neue Gin-Stile

Nun aber organisierten sich die Gin-Brenner. Von 1820
bis 1840 traf sich der Rectifiers Club monatlich. Selbst
wenn er etwas von einem Kartell an sich hatte, schaffte
er es doch auch, die Methoden zu standardisieren und
gleichzeitig etwas gegen minderwertige Basisbrände
zu tun. 1827 nahm Robert Stein seine neue Patent Con-
tinuous Still in der Brennerei Kilbagie in Betrieb (siehe
Seite 19). Die Auslegung wurde 1832 von Aeneas Coffey verbessert (siehe Abbildung gegenüber). Im Jahr
davor hatte Mary Dakin in Warrington einen Corty-
Rektifizieraufsatz für ihre Gin-Brennblase gekauft.
1836 installierte sie eine neuere, von einem gewissen
Carter entworfene Version (siehe Seite 43). Das Ergebnis war ein sauberer Basisbrand, der den Vorteil hatte,
dass man ihn nicht mehr so stark mit Botanicals überladen musste. Dank der neuen Klarheit ließ sich die Palette der verwendeten Zusätze ferner um Zitrusfrüchte,
süße Gewürze, Kardamom, Kümmel usw. erweitern,
wodurch der Gin komplexer wurde. In London konzen-
trierten sich die Gin-Brenner in Bermondsey, Lambeth
und Clerkenwell, wo 1798 schon Gordon's zu Nicholson's und Booth's gestoßen war. Mitte des Jahrhunderts
belieferte die Brennerei in Plymouth (siehe Seite 19) die
Royal Navy jährlich mit 1.000 Kisten Navy Strength.

Gleichzeitig begann man zu dieser Zeit Arzneien mit
Gin zu verdünnen. Die Offiziere der Navy peppten ihre
Angosturabitters zur Bekämpfung der Malaria mit Ply-
mouth-Gin auf und schufen damit rosa Gin. Alle Schiffe
mussten damals zur Vermeidung von Skorbut Limetten
mit sich führen, die sich am besten in Form eines von
Lauchlin Rose 1862 ersonnenen Sirups transportieren
ließen. Mit Gin wurde daraus ein Drink, den man nach
dem Admiralarzt der Marine, Sir Thomas Gimlette, benannte. Selbst das Heer mischte mit, indem es Gin in die
bitteren Tonic Waters gegen Malaria goss.

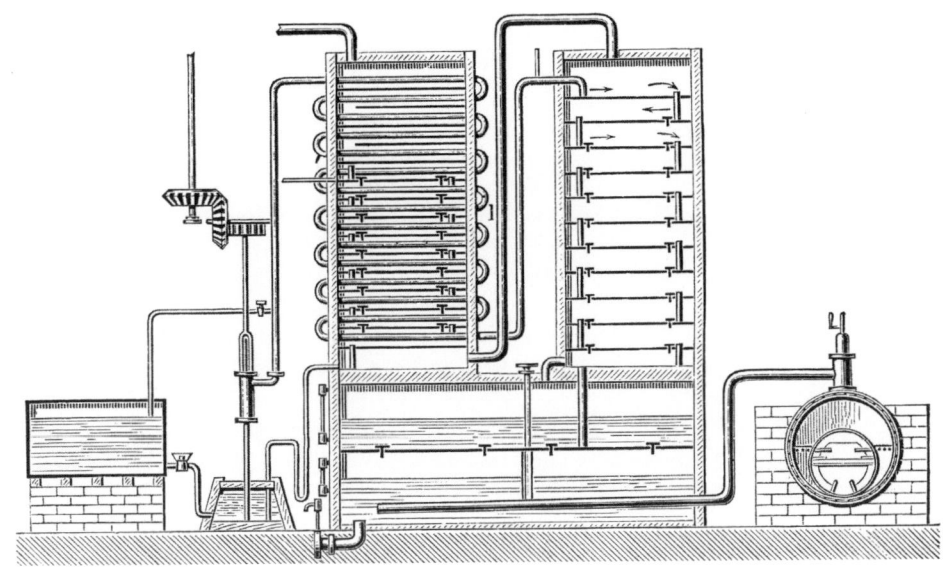

Mit der Erfindung der Coffey Still durch den Iren Aeneas Coffey im Jahr 1832 verbesserte sich die Qualität von Gin.

Auf eine neue Ära deutete auch William Terringtons 1869 erschienenes Werk *Cooling Cups and Dainty Drinks* hin: Der Wacholderbrand wurde respektabel und entwickelte sich zur ausgeklügelten Spirituose. Man konnte ihn nun gekühlt mit Eis servieren, das immer leichter zu bekommen war. Zusehends beliebter wurden Gin-Mixturen wie der von (oder für) Mr. Pimm's Austerngeschäft erfundene berühmte No. 1. Aus Loftus' *New Mixing and Reducing Book* von 1869 geht hervor, dass er entweder schon beim Rectifier gesüßt oder erst im Pub entsprechend angepasst werden konnte. Inzwischen hatte jede Marke ihren eigenen Stil entwickelt. »Hodges, Booth's, Vicker's und Nicholson's ... wiesen alle ihren charakteristischen Geschmack auf ... und auch die Unterschiede ... zwischen Liverpool und Bristol ... oder Bristol und Plymouth sind so ausgeprägt wie jene zwischen Scotch und Irish Malt Whiskey.« Loftus gab sogar Tipps, wie man englischem Gin zum »cremigen, weichen Charakter verhelfen könne, der Geneva auszeichnet ... und der zuvörderst auf den Ausbau zurückzuführen ist«. Er riet, ihn mit Zucker, Knoblauch und Meerrettichscheiben aufzuwerten! Zudem beobachtete er einen generellen Geschmackswandel: »Kräftiger oder ungesüßter Gin ist vergleichsweise wenig gefragt und wird nur in respektablen, betuchten Kreisen genossen.« Das Volk dagegen trank nun Old

Tom, eine gesüßte Variante. Bis dato war Gin allerdings ein englisches Phänomen geblieben. Das änderte sich erst merklich ab 1850, als Sir Felix Booth sich erfolgreich für eine Senkung der Ausfuhrzölle auf den Brand starkmachte. Fortan gingen die Londoner Gins überwiegend in die Länder des britischen Weltreichs.

Um 1870 hatten die von der Reblaus angerichteten Verheerungen in Frankreichs Weinbergen zur Folge, dass Cognac von den Speisekarten verschwand. Damit bekamen Gin und Whisky die Chance, sich der Mittelklasse als Drinks der Wahl anzudienen. Gin-Mixgetränke traten auf den Plan, etwa Punsch, Julep, Cocktail Sling und Sangaree aus dem 1871 erschienenen *Gentleman's Table Guide*. Inzwischen waren zur Riege alteingesessener Destillateure Charles Tanquery, der schon 1830 mit dem Verschneiden begonnen hatte (siehe Seite 110–112), Walter und Alfred Gilbey sowie James Burrough hinzugestoßen. 1876 erschien Burroughs Beefeater Dry Gin (siehe Seite 63). Er war maßgeschneidert für die neue Gin-Klientel, die nach Ungesüßtem verlangte – zur selben Zeit, als die neuen »trockenen« Champagner auf den Markt kamen. Englands Brenner richteten ihren Blick nun außerdem Richtung Westen nach Amerika – ein weiterer Markt, der sich ihnen eröffnete und schon lange eine Vorliebe für Gin entwickelt hatte.

Schiedam avancierte im 19. Jahrhundert zur Gin-Hauptstadt der Niederlande.

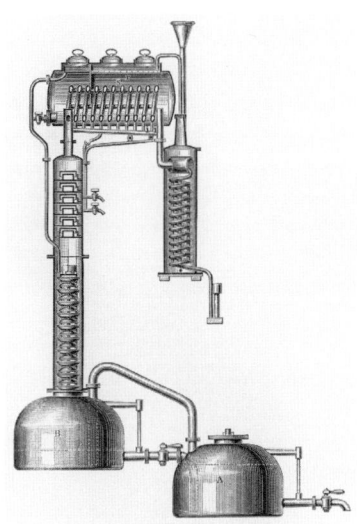

Belgiens Destillateure übernahmen in den 1820er-Jahren Cellier Blumenthals Brennblasenauslegung.

»Madam Genevers« Herrschaft

Das 19. Jahrhundert wurde zum Goldenen Zeitalter des Genever. Das Städtchen Schiedam bei Rotterdam hatte 1700 ganze 37 Brennereien – hundert Jahre später waren es bereits 250 und um 1880 sogar 392. Sie versorgten nicht mehr nur den Inlandsmarkt: 80 Prozent des Genevers aus Schiedam landeten im Hafen, wo er mit Marken wie dem Amsterdamer Bols nach Afrika, Europa, Südostasien und Amerika verschifft wurde. Außerdem wurde Malzwein als Basisbrand an Destillerien in England, Frankreich und Deutschland geliefert.

Vom Mälzen bis zur Abfüllung erledigte man alles in Schiedam. Der Ruß aus Hunderten von Brennereischloten vermischte sich mit dem der 62 Mälzereien. Die schwarze Luft, in welche die Flügel der 15 Windmühlen im Ort nur wenig Bewegung brachten, bescherte Schiedam den Namen »schwarzes Nazareth«. Allerdings war der Boom nicht von Dauer. Ende der 1880er-Jahre begann der Niedergang der Stadt, als die größeren Firmen des Landes von den Kornbränden Schiedams, auch Malzweine genannt, auf preiswertere, industriell aus Zuckerrüben erzeugte Basisbrände umstiegen. In Belgien hatte dieser Wandel bereits stattgefunden. In den 1820er-Jahren schafften sich die dortigen Brennereien eilends Blumenthals Column Stills (siehe links) an. 1830 senkte Belgien nach Erlangung der Unabhängigkeit die Steuern und verbot holländischen Genever. Prompt verdoppelte sich die Zahl der Brennereien auf 1.092. Der Exporthandel mit Brasilien, Afrika, Indien, Neuseeland, Australien und China kam in Gang. Bald folgte eine Konsolidierungsphase, in der die meisten Brände von großen städtischen Brennereien destilliert wurden. Der neue *(jonge)*, leichte Genever wurde zum Billigbrand der Arbeiterklasse, was eine Art belgische Gin-Manie nach sich zog. Madam Genever war nicht tot.

Amerikas Geschenk an die Welt

Dass Gin ein internationales Getränk wurde, ist jedoch letztlich Amerika zu verdanken. Aber die USA kamen nicht mit Londoner Gins auf den Geschmack. Der bevorzugte Wacholderbrand der Amerikaner im 19. Jahrhundert war Genever, der schon mindestens seit 1732 in die Neue Welt ausgeführt worden war. Bols beispielsweise begann ihn 1750 nach Übersee zu verschiffen (siehe

Seite 12 und 13). Selbst Ende des Jahrhunderts führte man Genever in wesentlich größeren Mengen ein als sein britisches Pendant. Und es war auch der Genever – sowie mit der Zeit der Old Tom –, der die Grundlage für die ersten Gin-Drinks und Cocktails in den Staaten bildete. Rip Van Winkle fiel in seinen 20-jährigen Schlaf, weil er Hollands getrunken hatte, wie Lesley Solmonson in ihrem Buch *Gin: A Global History* herausstreicht.

Als Amerikas Brenner ihren eigenen Gin herzustellen begannen, nahmen sie Genever als Grundlage und steckten ihn obendrein ins Fass. Samuel McHarry bringt in seinem 1809 erschienenen Werk *The Practical Distiller* ein Gin-Rezept, für das er klaren Whiskey und eine gleiche Menge Wasser »mit einer ausreichenden Menge Wacholderbeeren, einer Handvoll Hopfen [sowie Hausenblase, Kalkwasser und Salz]« empfiehlt. Dieser Gin, so fügt er hinzu, sei »geschönt und zwei Jahre alt genauso gut, wenn nicht noch besser als Holland-Gin«.

Dieses Rezept hat die New York Distilling Company in Brooklyn für ihren Chief Gowanus (siehe Seite 181) nachempfunden. Brooklyn war ein frühes Zentrum der Brennkunst. Hier gründete Hezekiah Pierrepont im Jahr 1808 die Anchor Distillery, angeblich die erste gewerbliche Gin-Brennerei in den USA. Wie Henry Reed Stiles in seiner *History of the City of Brooklyn* erwähnt, lagerte Anchor »den Gin ein volles Jahr, was ihm seine weiche Natur verlieh«.

Amerika brannte Gin, weil seine Bürger Mischgetränke zu konsumieren begannen. Aus den anfangs einfachen Punschen (Slings) wurden mit der Zeit Fixes, Sours, Daisys, Juleps und Smashes. Als zu Beginn des 19. Jahrhunderts Bitters dazukamen, hatte man plötzlich *bittered slings* oder *cocktails*. Man trank sie in kleinen Gläsern, bevorzugte sie kalt und schüttete sie als Muntermacher, Katermittel oder Aperitifs in einem Zug hinunter. Und allesamt konnten sie mit Genever zubereitet werden. Anfang genoss man sie nur morgens. Ab 1830 wurde Eis immer leichter verfügbar, was die Drinks zunehmend kälter werden ließ. Das galt auch für das Aufkommen der Cocktail-Shaker Ende der 1840er-Jahre. Mit den Drinks veränderte sich überdies die Umgebung. Die Saloons wurden Solmonson zufolge nun so ausgelegt, dass sie die Menschen anlockten und am Trinken hielten.

Wenngleich die Abstinenzbewegung nicht so drastisch wie Hogarth (siehe Seite 16) für Enthaltsamkeit warb, setzte sie doch stark auf »Familienwerte« als schlagkräftiges Argument.

Mit den Saloons kamen die Bartender und mit den Bartendern kam die Show. Der erste Superstar hinter dem Tresen war Jerry Thomas. Er begann 1849 als Mixer und hatte 1862 schon das erste Cocktailbuch verfasst. Thomas und seine Kollegen »verbesserten« die einfachen Gin-Drinks. Mit der Zeit kamen Apricot Brandy, Absinth, Chartreuse und andere Ingredienzen zum Bararsenal dazu, die einschneidendste Änderung aber war die Entdeckung, wie gut »Romeo« Wermut zu »Julia« Gin passte. In den 1880er-Jahren erschien der Gin Manhattan alias Turf Club. Erstmals schriftlich erwähnt wurde er 1884, obwohl Terrington 1869 einen bemerkenswert ähnlich klingenden Mix erwähnt (siehe Seite 23). Nicht weit entfernt davon ist auch der wermutschwere Martinez. Beide basierten entweder auf Hollands oder Old Tom. Vom Dry Gin findet sich noch keine Spur. Harry Johnsons *Bartenders' Manual* von 1888 erwähnt elf Gin-Drinks mit Hollands und acht mit Old Tom. In Jerry Thomas' Ausgabe von 1888 steht es 6:4 und in William Schmidts *Flowing Bowl* von 1892 sogar 11:4 für Hollands. Aber bereits William Boothby listet 1908 in seinem *World's Drinks and How to Mix Them* sechs Dry Gins auf. Das Blatt wendete sich also. Amerikas Geschmack ging eindeutig in die trockene Richtung – just in der Zeit, als das ganze Land im Begriff war, trockengelegt zu werden.

Während der Prohibition wurde Gin stets beliebter, obwohl die US-Behörden alles taten, um es zu verhindern.

Vom Aufstieg, Fall und Wiederaufstieg des Gins

Man könnte meinen, die Prohibitionszeit in den USA hätte den weltweiten Expansionsdrang der Gin-Hersteller um eine Generation zurückgeworfen. Großbritanniens Brenner hatten jedoch nicht vor, ihren neu erschlossenen Hauptmarkt schon wieder aufzugeben, und verschifften ihren Gin nach Kanada oder auf die Bahamas, von wo er stetig in die Flüsterkneipen floss. Obwohl die Gesamtmenge des verbrauchten Alkohols nicht stieg, so war doch eine Verlagerung von Bier auf Spirits zu beobachten. Das war der Zeitpunkt, an dem Gin zum ersten Mal richtig Popularität erlangte.

Bathtub Gin – der Gin aus der Badewanne

Allerdings wurde Alkoholisches teurer. Vor der Prohibition hatte ein Cocktail 20 Cent gekostet. Nun musste man in illegalen Kaschemmen schon das Doppelte für einen Shortdrink hinlegen. Edelklubs erleichterten ihre Klientel sogar um drei Dollar. Das war ein weiterer Anreiz, sich Drinks zu Hause selbst zu mixen und Freunde damit zu verblüffen. Schon Heublein erklärte seine vorgemischten Gin-Drinks für daheim zu »einem besseren Cocktail, als man in jeder Bar weltweit bekommt«.

Viele, die sich keinen Importbrand leisten konnten, begannen in einer Badewanne Industrialkohol mit Terpentin zu verschneiden. Der ranzige Geschmack wurde mit Sahne und Süßungsmitteln kaschiert. Gepanschter »Gin«, ein immer höherer Alkoholkonsum unter Frauen, ein Anstieg des Verbrauchs an Spirituosen ... klingelt's? Genau: Auch Amerika hatte nun seine Gin-Manie.

Erstaunlicherweise litt das Image des Gins unter den Gesöffen aus der Wanne nicht. Nach 1933 erlebte er sogar eine Blütezeit. 1934 nahm Gordon's in den USA den Brennbetrieb auf. Gilbey tat es ihm 1938 nach, während der kanadische Destillateur Seagram seinen gleichnamigen Gin ab 1939 unter die Leute brachte.

Wechselhaftes Glück

Nicht ganz so gut lief es derweil in Belgien und den Niederlanden. In Belgien erhöhte man 1919 die Alkoholsteuer um das Vierfache, beschränkte den Einzelhandelsverkauf auf ein Minimum von zwei Litern und verbot Spirituosen in Bars, um den exzessiven Konsum einzudämmen (letztere Beschränkung blieb bis 1985 in

Ein Meister bei der Arbeit: Harry Craddock führte im Londoner Savoy Hotel Gin-Cocktails amerikanischer Prägung ein.

Kraft). In den Niederlanden waren 1920 nur noch 14 Brennereien in Schiedam verblieben, weil sie jegliche Modernisierung ablehnten. Da man außerdem auf die Prohibition weniger kreativ reagierte als die britischen Destillateure, ging auch der Verkauf in die USA zurück. Hinzu kamen die Folgen der Weltwirtschaftskrise und des Zweiten Weltkriegs. Kein Wunder, dass Genever angeschlagen in die 1950er-Jahre ging.

In Großbritannien dagegen florierte das Geschäft. Durch die Prohibition hatte sich in Europa die Zahl reicher Amerikaner und vor allem der in den USA ausgebildeten Bartender erhöht. Die wohl bedeutendsten waren Harry Craddock im Savoy Hotel (siehe oben und Seite 200) sowie Harry MacElhone (siehe Seite 204 und 208). Endlich konnte Europa im Cocktailbereich zu den Staaten aufschließen.

Nachkriegstrends

In den Vereinigten Staaten war man nach dem Ende der Prohibition sowohl beim Gin als auch bei Drinks generell auf Trockeneres umgestiegen. Die schwülstigen, süßen, sahnigen Mixturen des 19. Jahrhunderts und der Prohibitionszeit gehörten der Vergangenheit an, und

GESCHICHTE

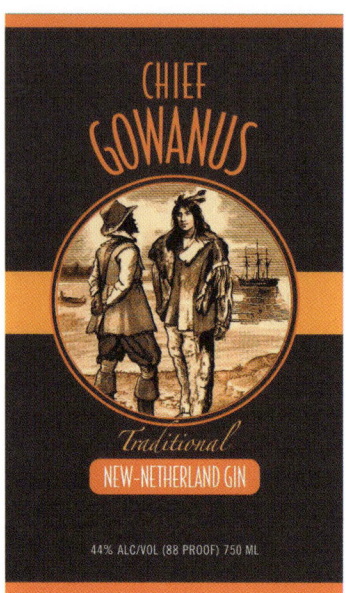

Heute wird wieder Genever amerikanischer Prägung in Brooklyn gebrannt.

damit waren auch Hollands und Old Tom von gestern. Der Verbrauch von trockenem Gin hingegen ging beständig nach oben. Es begann das goldene Zeitalter des Dry Martini, der immer trockener und beliebter wurde. Drei gönnte man sich zum Lunch; zu Hause oder in der Bar kamen weitere dazu. Das Amerika der Fünfzigerjahre marschierte stramm auf Fortschrittskurs – und der Martini passte bestens zu dieser Stimmung. In Großbritannien hingegen tranken die meisten Gin mit Tonic Water (eine Mischung, die in den Staaten als protzig verschrien war) oder Gin and It, die Pub-Version des Martinez, die meine Mutter bei ihrem ersten Date mit meinem Vater orderte. Sie hatte keine Ahnung, was es war, aber sie wusste, dass es Klasse hatte.

Allerdings machte sich ein geschmackloser Meuchler bereit zum Angriff. 1954 ging bereits eine Million Kisten Wodka über die Ladentheke. Vermarktet wurde er mit dem Versprechen, dass er Gin in jedem Drink ersetzen könne und keine Alkoholfahne verursachen würde. Im Jahr 1967 zog er an Gin vorbei. Während dessen Stern in den USA aber nur am Sinken war, galt er in Großbritannien bereits als hoffnungslos veraltet. Man verband ihn mit Golfklubs und Jachten. Kurzum: Er war die Antithese zum Swinging London.

Kaum besser erging es ihm in den Niederlanden. Nach dem Krieg hatte man die Steuern gesenkt, um das Land wieder aufzubauen, was dazu führte, dass Genever zur Massenware verkam und sein Image ruiniert wurde. Die meisten taten ihn nicht nur als billig und altmodisch ab, sondern setzten ihn geschmacklich mit Wodka gleich. Der neutrale »jonge« Stil hatte sich durchgesetzt, es war jedoch ein Pyrrhussieg.

Die Gin-Renaissance
Die blaue Flasche war für jeden eine Überraschung. Was hatte sich Sidney Frank nur dabei gedacht? Nicht nur Gin, sondern auch noch Premium-Gin? 1987 allerdings führte er damit eine neue Generation an den Gin heran. Der Bombay Sapphire (siehe Seite 70–71) war leicht, aromatisch und sexy. Er hauchte der ganzen Gin-Branche neues Leben ein. Mit der Wiederbelebung von Plymouth 1997 machte sich Charles Rolls (heute bei Fever-Tree) diese Trendwende zunutze (siehe Seite 104). Plötzlich wurden Brenner wie Desmond Payne bei

Beefeater (siehe Seite 64), welche die Gin-Flagge im Wodka-Meer hochgehalten hatten, zu Recht gefeiert. In London und New York entstanden wieder Drinks mit Gin als Basis. Das Volk verlangte nach Finesse und Klasse. Wodka konnte das nicht bieten. Gin schon.

Es dauerte etwas länger, bis Genever in die Gänge kam, doch in den letzten Jahren erlebte auch er ein Revival – dank Bols und seiner Beziehungen zur Bartender-Kaste. Fast täglich traten im Zuge des Craft-Brennens neue Gin-Manufakturen auf den Plan, zunächst in den USA, dann in aller Welt. Sie waren von der Geschichte besessen, dachten aber trotzdem nach vorn und waren für Gin, was die Mikrobrauereien für Bier waren.

Heute wird Gin in fast jedem Stil bereitet: ultratraditionell, terroirtreu, als Genever, ausgebaut, wie Old Tom oder mit einem »demokratischen« Botanical-Mix, in dem Wacholder zum Nebendarsteller wird. Man brennt ihn weltweit. Regionales steht hoch im Kurs, etwa die Fynbos-Vegetation in Südafrikas Inverroche (siehe Seite 125), die australische Flora im Botanist (Seite 73) und der Mix aus Exoten und Schwarzwaldgewächsen im Monkey 47 (Seite 130), dessen komplexes Rezept stark an die frühen, langen Zutatenlisten aus mittelalterlichen Kräuterhandbüchern erinnert. Gin hat sich zurückgewandt und damit den Kreis geschlossen.

Genever ist zurück: Die niederländische Marke Bols hat bei der Bar-Community von heute wieder einen guten Stand.

ERZEUGUNG

Was mich seit einer Weile schon fasziniert, ist nicht so sehr die Tatsache, dass es so viele neue Gins auf dem Markt gibt, sondern dass die Neueinsteiger im Brenngeschäft zu denken scheinen, er sei leicht zu erzeugen. Zur Gin-Produktion gehört aber mehr, als nur ein paar angenehm duftende Ingredienzen zusammenzuwerfen und anschließend zu destillieren. Je mehr man sich mit Gin befasst, desto rätselhafter und komplexer wird er.

Man muss zunächst die Qualität des Basisbrands bedenken und sich über die Auswirkung von Form und Größe der Brennblase, der Brenngeschwindigkeit und des Schnitts, an dem man den Gin auffängt, klar sein. Darüber hinaus gilt es stets zu berücksichtigen, wie jede pflanzliche Zutat riecht, ob sie der Textur förderlich ist, wo sie in der Nase und am Gaumen zutage tritt und wie sie mit anderen Ingredienzen interagiert. Wie sorgt man für postenübergreifende Beständigkeit, wenn die (natürlichen) Zutaten wechseln?

Als ich Sean Harrison von Plymouth Gin danach fragte, empfahl er mir zwei Bücher: eines über Aromatherapie und ein zweites über Parfümherstellung. Von ihnen habe ich viel gelernt, aber in die Seele des Gins haben sie mich nicht blicken lassen. Der Gin-Brenner ist eine Mischung aus Chemiker und Künstler.

Dieses Kapitel ist keine Anleitung über die Bereitung von Gin zu Hause (das sollte man, wie ich finde, tunlichst den Experten überlassen). Trotzdem kann es einen Eindruck davon vermitteln, wie komplex der ganze Ablauf ist.

Seinen Geschmack bekommt der Gin von natürlichen essenziellen Ölen, die mit ihm destilliert werden.

»[Organische Chemie] ist die Chemie des Lebens selbst und der Produkte lebender Wesen ... [ihre] praktische Anwendung für den menschlichen Bedarf gehört zu den unersetzlichen Grundlagen moderner Zivilisation.«
An Introduction to Perfumery von Tony Curtis und David Williams

ESSENZIELLE ÖLE

Für den Geschmack von Gin sind die essenziellen Öle in den Botanicals verantwortlich (siehe Seite 33–38). Je näher man sich mit ihren Eigenschaften befasst, desto wundersamer erscheint das Ganze.

Wacholder beispielsweise erhält seinen Charakter vom Zusammenspiel einer kleinen Zahl von Hauptbestandteilen und einer großen Menge weniger wichtiger Komponenten. Selbst Spurenelemente, die in billionstel Anteilen gemessen werden, tragen zur Gesamtwirkung bei. Wacholder hat etwas von Zitrusfrüchten und Rosen, Kiefern und Kampfer in sich. Ähnliches gilt für alle Botanicals. Selbst Zitronenschale riecht nach Orange.

Während der Destillation verdampfen diese Aromen, vermischen sich mit dem Alkohol und steigen in der Brennblase nach oben. Jedes einzelne Element wird an einer bestimmten Stelle freigesetzt. Wenn ein Irrer mit einer Kutsche über eine steinige Straße brettert, fliegt sie irgendwann auseinander. Etwas Vergleichbares spielt sich auch in der Brennblase ab. In den Botanicals lösen sich die flüchtigsten (leichtesten) Komponenten als Erstes, während sich die schwersten erst später freikämpfen können. Gleichzeitig verbinden sich alle mit ähnlichen Verbindungen aus anderen Botanicals – sie halten beim Hochsteigen quasi Händchen. Zusammen sorgen sie für Komplexität.

BOTANICALS

Wacholder *(Juniperus communis)*
Das einzige unverzichtbare Botanical in Gin. Verbreitet ist Wacholder in Europa, Asien und Nordamerika. Hauptanbaugebiete sind die Toskana und Mazedonien, doch kann man ihn auch aus Serbien, Bulgarien und

Skandinavien beziehen. Jahrgang und Terroir wirken sich auf das Aroma der Beeren (eigentlich die ölhaltigen, schuppigen Zapfen) aus. Die Brenner müssen Qualität und Charakter gut überwachen, um Beständigkeit im Aroma zu gewährleisten. Wacholder hat ein leicht erkennbares Kernaroma, das an duftenden Kiefernwald erinnert – verantwortlich dafür sind Alpha-Pinene –, doch ist der aromatische Fingerabdruck wesentlich komplexer und umfasst Zitrus, Lavendel, Kampfer, Terpentin, krautige Pflanzen, Heidekraut, Früchte und Harz. Wer Wacholder versteht, bekommt auch Einblick in die Wirkung von Botanical-Kombinationen. Wacholder steht im Mittelpunkt von Gin. Ohne ihn fällt die Schaltzentrale eines Gins auseinander und es herrscht Anarchie.

Koriander *(Coriandrum sativum)*
Wenn Wacholder Batman ist, so ist Koriander Robin. Seine Samen stammen aus einem Gebiet, das von Marokko über Rumänien und Moldawien bis Russland und Indien reicht. Aus letzterem Land kommt die pfeffrigste Version, aus Marokko die duftigste.

Seinen zitrusfruchtigen Einschlag hat Koriander vom Linalool, das in Richtung Zitronengras geht. Unterpolstert wird es von Ingwer, Thymian, einem blumigen Ton (der Geraniol mit Wacholder zusammenbringt),

Bei der Bereitung von Gin kann eine enorme Auswahl von Botanicals verwendet werden.

Koriandersamen, die treuen Kumpel des Wacholders.

Balsam und einem Hauch moschusartiger Erde. Koriandersamen harmonieren mit Wacholder und fügen dem Aroma Obernoten hinzu.

Engelwurz *(Angelica archangelica)*

Engelwurz ist mit der Möhre verwandt und wird gewerblich in Sachsen und Flandern angebaut. In Gin finden vor allem ihre getrockneten Wurzeln Verwendung. Anfangs erinnert Engelwurz an einen Spaziergang durch einen trockenen Mischwald und vereint in sich Staub, Erde und Holz. Sie offenbart klar den Nutzen einer Basisnote. Ihre größeren Moleküle haften an den aufregenderen flüchtigen Molekülen. Sie tariert duftigere Elemente aus und bringt ein trockenes Moment ins Spiel.

Engelwurz hat aber noch ein paar weitere Tricks auf Lager. Riecht man erneut daran, offenbaren sich Kiefer, eine grün-krautige Note, etwas Süße und der Staubton von Salbei. Insgesamt wirkt alles wie ein Sonnenstrahl in einem grünen Wald. Engelwurz findet sich auch in anderen Spirituosen wie Chartreuse, Bénédictine und Wermut. Damit lassen sich mit ihr weitere aromatische Brücken in Cocktails schlagen. Manche Brenner nutzen auch Engelwurzsamen. Er erinnert etwas an die ölige, blumige bis zitrusfruchtige Strahlkraft von Hopfen (siehe Seite 38) mit einem Quäntchen Sellerie im Hintergrund.

Veilchenwurzel *(Iris pallida, Iris germanica)*

Ungeachtet ihres Namens sind Veilchenwurzeln die unterirdischen Organe der Deutschen oder der Bleichen Schwertlilie. Sie werden in der Toskana, in Marokko, China und Indien kultiviert. Man erntet sie von Hand, trocknet sie bis zu drei Jahre lang, damit die Öle oxidieren, und mahlt sie zu einem Pulver. Veilchenwurzelöl gehört zu den teuersten Ingredienzen von Parfüms, wo man es wie in Gin nicht so sehr für seine aromatischen Eigenschaften, sondern als Fixateur schätzt, denn es verflüchtigt sich langsam und verbindet sich mit volatileren Elementen. Mit der optimalen Menge an Veilchenwurzelöl absolviert das Aroma von Gin (oder Parfüm) Höhenflüge. Das Öl ist jedoch nicht nur Steigbügelhalter für andere, sondern spielt auch selbst eine gewisse Rolle als Aroma, wenngleich sich dieses erst spät am Gaumen bemerkbar macht und Veilchen, süßes Heu und trockene Erde beisteuert.

Die Schalen von Zitronen und anderen Zitruspflanzen geben Gin aromatischen Auftrieb.

Zitruspflanzen *(Citrus)*

Jeder kennt die frische, saure, süße Schärfe der Zitrusfrüchte. Sie weckt die Nase, gibt Energie und lässt die Sonne herein. In Gin spielt sie deshalb eine wichtige Rolle. Vor ihrem Siegeszug sorgten Koriander und Wacholder für die Obernoten in Gin. Zum Einsatz kommen ferner die Schalen von allerlei Zitrusfrüchten sowie gelegentlich ganze Früchte, vor allem aber Zitronen und Orangen. Sie stammen meist aus Spaniens Süden.

Zitrone *(Citrus limon)* hat einen intensiven, sauberen, scharfen, sorbetartigen Schwung, für den das Citral verantwortlich ist. Er kommt schnell und geht auch fast genauso schnell wieder.

Bitterorange *(Citrus aurantium)* bringt einen intensiven, leicht bitteren Ton ins Spiel, der im Mittelteil von Gin für Forschheit und Auftrieb zuständig ist.

Orange *(Citrus sinensis)* kommt im Plymouth (siehe Seite 104) zum Einsatz, der dafür berühmt geworden ist. Sie zeichnet verantwortlich für süße Frische und Länge am Gaumen.

Seit einiger Zeit mischen auch **Grapefruit** (ultrafrisch und süß), **Pomeranze** (grüner und milder als Grapefruit), **Bergamotte** (sehr intensiv süß-sauer mit blumigen Querverweisen zu Koriander), **Yuzu** (intensiv duftend) und **Limette** mit. Limetten sind chemisch mit Wacholder verwandt, was vielleicht erklärt, warum sie in Gin Tonic so gut funktionieren.

Süßholz *(Glycyrrhiza glabra)*

Getrocknete und gemahlene Süßholzwurzeln stammen vorwiegend aus Südostasien und gehören zu den Arbeitern im Hintergrund. Ihr wichtigster Stoff ist Anethol, aber Gin-Brennereien verwenden sie wegen des darin enthaltenen Glycyrrhizins, das die Süße beisteuert. Da Lakritze 50-mal süßer als Saccharose ist und nicht zum Überdestillieren neigt, gibt sie Gin seine Süße und sein Mundgefühl, federt gleichzeitig die trockeneren Botanicals ab und verleiht Textur.

Gewürzrinde *(Cinnamomum aromaticum)*

Die Borke des China-Zimtbaums aus Vietnam, China und Madagaskar verbindet Würze mit einer kraftvollen, leicht trockenen, harzig-medizinalen Schärfe. Leichter zu identifizieren ist der **Ceylon-Zimtbaum**

(Cinnamomum verum) mit seiner Wärme und Süße. Beide unterstreichen die blumigen Noten.

Mandel *(Prunus dulcis)*

Gin-Brenner verwenden zwei Formen. Die traditionellere ist die **Bittermandel *(var. amara)*** mit ausgeprägtem Marzipaneinschlag, einem dezenten Nusston und etwas Süßkirsche. Die **Süßmandel *(var. dulcis)*** suggeriert Honignoten und macht den Geschmack weicher.

Gewürze

Anis *(Pimpinella anisum)*

Seinen typischen Lakritzegeschmack hat Anis von dem Inhaltsstoff Anethol, wobei Lakritze selbst seltsamerweise gar nicht so stark danach schmeckt wie Anis. Aromatisch damit verwandt ist der **Fenchel *(Foeniculum vulgare)***, der eher eine zitronige Obernote beisteuert. Manche Brenner setzen auch auf den warmen, leicht stechenden **Sternanis *(Illicium verum)***.

Kardamom *(Elettaria cardamomum)*

Die Hauptherkunftsregionen der intensiv aromatischen Samen sind Mysore und Malabar in Indien. Die Malabar-Variante fügt eukalyptus- und mentholähnliche Nuancen hinzu, während Mysore-Kardamom eher für den wärmenden, aromatischen, zitrusfruchtig-blumigen Part zuständig ist, was er Linalool verdankt. Kardamom verbindet und unterstützt andere Ingredienzen, muss aber sparsam verwendet werden. **Schwarzer Kardamom *(Amomum subulatum)*** hat ein tieferes, rauchigeres Aroma und taucht selten in Gin auf.

Kubebenpfeffer *(Piper cubeba)*

Er wächst auf Java. Seine Beeren tragen dieselbe stechende Schärfe in sich wie schwarzer Pfeffer, haben aber eine ausgeprägter blumige Note, einen dezenten Roseneinschlag (das Geraniol), etwas Zitrus sowie Schärfe am Gaumen. Hinzu kommt ein feiner Kieferton, wodurch er sich als perfekter Begleiter empfiehlt.

Ingwer *(Zingiber officinale)*

Mit seinem unverwechselbaren, intensiven Aroma steuert Ingwer ein volatiles, trockenes Element bei und transportiert die Aromen in den hinteren Mundbereich.

Kardamomsamen für die Gin-Herstellung werden in Indien von Hand geerntet.

ERZEUGUNG

Blüten wie die des Holunders werden als Botanical für Gin immer beliebter.

Paradieskörner *(Aframomum melegueta)*

Die westafrikanische Pflanze gehört zur Familie der Ingwergewächse. Sie unterstützt das Zitrusfruchtige, Würzige von Koriander, offenbart aber auch eine ähnliche Menthol-Zitrus-Note. Sogar ein Lavendelelement ist dabei, das sich Wacholder anbiedert.

Muskatnuss *(Myristica fragrans)*

Das unschwer erkennbare warme Gewürz enthält Pinen und harmoniert mit Kardamom sowie Gewürzrinde.

Kräuter und Blüten

Lorbeer *(Laurus nobilis)*

Das Küchenkraut taucht langsam in amerikanischen Gins auf. Seine grüne Schärfe mit leichtem Kiefern- und Gewürznelkentouch spielt in Eukalyptus hinein und passt zu den harzigen Anwandlungen von Wacholder.

Kamille *(Anthemis nobilis)*

Kamille wird in blumigen Gins immer häufiger und erweitert damit die aromatische Bandbreite. Die Blüten bringen eine schwere Obernote aus süßem Heu, Apfel und Sommernachmittagen mit ein.

Holunder *(Sambucus nigra)*

Ein weiteres, immer beliebteres blumiges Element. Die getrockneten Blüten bereichern Gin um eine Honignote.

Pelargonien alias »Geranien« *(Pelargonium)*

Die Blätter der fälschlicherweise Geranien genannten Pelargonien mischen seit Jahrhunderten in Parfüms und Spirituosen mit. Die Aromapalette reicht von Ananas über Zitrone und Minze bis zum typischen Geranienduft, für den das Geraniol verantwortlich ist.

Hopfen *(Humulus lupulus)*

In alten Genever-Rezepten sorgte Hopfen für zusätzlichen Auftrieb. Man kennt 120 Sorten, deren Spektrum von Zitrus und Frucht über Gras bis Kiefer reicht.

Mädesüß *(Filipendula ulmaria)*

Das milde Kraut trägt leichte Mandel- und gelegentlich zarte Wintergrünnoten bei. Seine eigene Obernote ist ein Mix aus heißer Butter und Honig.

DEFINITIONEN

Gin wird aus Ethylalkohol gewonnen und mit Wacholderbeeren sowie weiteren Botanicals nach Belieben aromatisiert. Der Wacholdergeschmack muss vorherrschend bleiben. Der Mindestalkoholgehalt von Gin beträgt 37,5 Prozent.

Gin Zum Aromatisieren dürfen natürliche oder zugelassene künstliche Aromastoffe verwendet werden. Der Einsatz von Farb- und Süßstoffen ist keinerlei Beschränkungen unterworfen.

Destillierter Gin Er wird erzeugt durch erneute Destillation von Ethylalkohol mit zugelassenen natürlichen oder künstlichen Aromastoffen bzw. -extrakten. Nach der Destillation dürfen Ethylalkohol der gleichen Zusammensetzung und natürliche oder künstliche Aromastoffe hinzugefügt werden. Färben und Süßen ist erlaubt.

London Gin/London Dry Gin Er wird in herkömmlichen Destilliergeräten durch erneute Destillation von Ethylalkohol unter Zusetzen aller verwendeten pflanzlichen Stoffe gewonnen. Der Mindestalkoholgehalt beträgt 70 Prozent. Nach der Destillation darf Ethylalkohol hinzugefügt werden, sofern er dieselbe Zusammensetzung hat. Färben und Süßen ist unzulässig.

American Gin In den USA darf Gin »durch Destillation von Maische, erneute Destillation oder Mischen mit Neutralalkohol unter Verwendung von Wacholderbeeren und anderen Aromastoffen oder -extrakten erzeugt werden. Sein Hauptgeschmack muss von Wacholder stammen. Er wird mit mindestens 40 Prozent Alkohol abgefüllt.«

Gin mit geschützter geografischer Angabe Gin de Mahón (Menorca) und Vilnius Džinas (Litauen) sind geschützte geografische Angaben (g.g.A.). Der Schutz für Plymouth Gin lief 2014 aus.

Genever wird aus Ethylalkohol/Getreidedestillat erzeugt und mit Wacholder aromatisiert, der aber geschmacklich nicht vorherrschen muss. Fässer dürfen nicht mehr als 700 Liter Rauminhalt haben.

Graanjenever wird zu 100 Prozent aus Getreidedestillat gewonnen.

Oude genever enthält mindestens 15 Prozent Malzwein (Kornbrand) und höchstens 20 g Zucker pro Liter.

Korenwijn enthält mindestens 51 Prozent Malzwein.

Oude graanjenever wird zu 100 Prozent aus Getreide gebrannt und mindestens ein Jahr lang ausgebaut.

Jonge genever enthält höchstens 15 Prozent Malzwein und 10 g Zucker pro Liter.
Folgende Brände haben ihre eigene AOC (Appellation d'Origine contrôlée): Hasseltse jenever, Balegemse jenever, Peket und O'de Flander Echte Oost-Vlaamse graanjenever (Belgien), genièvre Flandres Artois (Frankreich) und Ostfriesischer Korngenever (Deutschland).

DIE DESTILLATION VON GIN

»Gin ist kein Werk der Moleküle.
Er ist ein Werk der Menschen.«
Sean Harrison, Brennmeister, Plymouth Gin

In der elektronischen Musik steht die Abkürzung ADSR – Attack (Anstieg), Decay (Abfall), Sustain (Halten) und Release (Freigeben) – für Länge und Eigenschaften eines Tons von seinem Anfang bis zum Ende. Ähnlich verläuft die Destillation von Gin. Jede Phase schlägt sich im Spirit Safe wie eine musikalische Aromamatrix nieder.

Prüft man den Duft eines Mittellaufs, macht sich die volatile Zitrusnote zuerst bemerkbar. Sie geht über in Wacholder, bevor Gewürze und schließlich Wurzeln auf den Plan treten. In Wirklichkeit überlappen sich diese Elemente, denn Aromastoffe können in mehreren Botanicals vorkommen. Damit jedes Botanical vollständig zum Ausdruck kommt, muss langsam destilliert werden.

Zu Beginn des Brennvorgangs wird der Vorlauf mit den Rückständen der vorherigen Destillation entsorgt. Den anschließenden Mittellauf (die leichtesten Aromen finden sich am Anfang, die schwersten am Schluss) fängt der Brenner ein. Bevor die Aromen zu schmierig werden – bzw. an dem Punkt, der ideal für die Ausgewogenheit des Gins ist –, macht er den Schnitt zum unerwünschten Nachlauf, der zusammen mit dem Vorlauf noch einmal zu Industriealkohol destilliert wird.

Der Brennmeister muss nicht nur darauf achten, dass der Gin ausgewogen ist, sondern auch die Interaktion der Botanicals berücksichtigen, denn sie wirkt sich auf die aromatische Länge, Komplexität und Entwicklung aus. Durch Veränderung der Verhältnisse zueinander verändert man das komplexe Gerüst. Vergleichbar ist das mit dem buddhistischen Prinzip der Verflechtung allen Seins. Der Mix aus Botanicals bestimmt, wann wie schnell destilliert und der Schnitt angesetzt wird.

Im Mittelpunkt steht der Wacholder. Seine zitrusfruchtigen Noten werden durch jene der Zitrusschalen und die Obernoten von Koriandersamen gestützt, die Kieferntöne im Mittelteil von den grünen Beiträgen der Engelwurz und der Ausklang von der Wärme von Gewürzen und Holz. Er ist der »Firnis auf der Leinwand«, wie Desmond Payne von Beefeater es ausdrückt.

Jedes dieser Botanicals ist ein Naturprodukt. Die Menge des Öls im Wacholder variiert ebenso wie der Charakter der Koriandersamen unterschiedlicher Herkunft und die Geschmacksintensität der Zitrusschalen. Ein Brenner muss sein Rezept konstant überprüfen und justieren, um Beständigkeit zu erreichen. Mit Computern lässt sich das nicht machen. Gin-Brenner sind Meister, die nicht nur wissen, wie jede Ingredienz riecht, sondern auch, wie sie sich in der Mischung verhält und am Gaumen sowie in einem Cocktail zum Ausdruck kommt.

Der Basisbrand

Die meisten Gins werden in einem Basisbrand mit etwa 96 Volumenprozent Alkohol erneut destilliert und anschließend mit Wasser auf 60 Prozent verdünnt. Dabei ist der Basisbrand nicht völlig neutral. Der Unterschied zwischen einzelnen Getreidesorten lässt sich schwer ausmachen; alle ergeben einen runden, mitunter butterigen Brand. Bei Äpfeln, Kartoffeln oder Trauben ist die aromatische Wirkung eindeutiger. Der nicht so alkoholstarke Basisbrand aus Pot Stills, aus dem manche neuen Gins gemacht sind, hat einen größeren Einfluss – er liefert etwas, das eher einem Hollands ähnelt.

Die Pot Still

Das Gros der Gins wird mit den Botanicals in einer kupfernen Pot Still ein weiteres Mal destilliert. Dabei spielt

Gin entsteht durch erneute Destillation eines neutralen Basisbrands mit Botanicals in einer Pot Still.

die Form der Brennblase eine Rolle. Vom Kopfraum hängt es ab, wie die Aromaverbindungen nach oben steigen, sich bewegen, kondensieren und (als Rückfluss) erneut destilliert werden. Installiert eine Destillerie eine neue Brennblase, muss sie gegebenenfalls die Zusammensetzung der Botanicals verändern, damit der Geschmack gleich bleibt. Die Brenngeschwindigkeit hat einen Einfluss darauf, wie die Öle freigegeben werden, wie sich das Kondensat in der Brennblase bewegt und wie groß der Rückfluss ist. Destilliert man zu schnell, besteht die Gefahr, dass die Botanicals sich in einem zu aggressiven Ton niederschlagen, deshalb ist eine langsame Destillation vorzuziehen. Schließlich prägt auch die Art und Weise, wie die Botanicals hinzugefügt werden, den Charakter des Gins.

Mazerieren

Häuser wie Beefeater (siehe Seite 63–64) und Sipsmith (siehe Seite 107–108) weichen die Botanicals vor der Destillation eine Weile ein. Das fixiert ihrer Ansicht nach die Öle und macht den Gin reicher. Andere wie Gordon's (siehe Seite 87–88) und Plymouth (siehe Seite 104) fügen sie erst kurz vor dem Brennbeginn hinzu, um ihre Lebendigkeit zu bewahren. Citadelle (siehe Seite 118 und 158) wiederum mazeriert die Botanicals entweder einzeln oder in Kombination unterschiedlich lange, da nicht alle Öle ihre Extraktstoffe gleich rasch freigeben.

Separate Destillation und Verschneiden

Gin Mare (siehe Seite 128), G'Vine (siehe Seite 122–123) und andere brennen jedes Botanical bzw. einzelne Botanical-Mischungen separat und verschneiden die Destillate anschließend. Davon erhoffen sie sich ein beständigeres Produkt. Manche Hersteller lehnen das ab, weil sie glauben, dass eine Interaktion zwischen den Elementen in der Brennblase erforderlich sei. Tanqueray etwa destilliert für seinen No. TEN (siehe Seite 111) jede Ingredienz separat und anschließend ein zweites Mal zusammen mit den übrigen Botanicals.

Dampfextraktion

Statt die Botanicals in den Brand zu tauchen, können Destillateure die essenziellen Öle auch extrahieren, indem sie Dampf durch die Botanicals strömen lassen.

Eine Carter Head sowie eine Bennett Still in der Brennerei Hendrick's im schottischen Girvan.

Aromastoffe lassen sich auch mithilfe von Geistkörben extrahieren, wie hier beim Gin-Hersteller Caorunn.

Carter Head Still

1831 installierte Mary Dakin in ihrer Familienbrennerei in Warrington (siehe Seite 19 und 22), die heute Green-all's heißt (siehe Seite 89), eine Corty Head und später eine Carter Head Still. Auf beiden Brennblasen saß eine Rektifizierkolonne, die einen leichteren, saubereren Brand ergab. Der Nachteil war, dass die Kolonnen auch das Gros der essenziellen Öle herausholten. Also gab man die Botanicals in einen Kupferkorb, der hinter der Kolonne saß. Der Dampf, der sie passierte, holte die Öle heraus und nahm sie mit, bis er kondensierte. Diese Methode ist heute noch bei der Gin-Herstellung gebräuchlich, etwa beim Bombay Sapphire (siehe Seite 70–71).

Die Körbe sind in Segmente unterteilt. Sie enthalten die Botanicals – die gröberen unten, die gemahlenen oben. Weil die Pflanzen feucht sein müssen, um ihre Öle freizugeben, braucht man einen längeren Mittellauf. Befürworter der Methode wenden ein, dass dafür der Gin frischer wird, Gegner behaupten, dass sie allein die Aromen nicht vollständig »fixiert«.

Geistkörbe

Bei Caorunn (siehe Seite 78) und Boë (Seite 68) befinden sich die Körbe in großen Kammern und sind mit perforierten Platten unterteilt, auf denen die Botanicals liegen.

Weitere Destillationsmethoden

Einige Gins, so etwa der Botanist (siehe Seite 73), der Sipsmith V.J.O.P. (Seite 108), der Hendrick's (Seite 92) und der Monkey 47 (Seite 130) entstehen aus einer Kombination von Mazerations- und Dampfmethoden.

One-Shot oder Konzentrat

Bei der »One-Shot-Destillation« sammelt der Brenner den Mittellauf, verdünnt ihn mit Wasser und füllt ihn ab. Eine weitere Methode ist die Verwendung einer sehr hohen Botanicals-Dosis und das anschließende Verringern der Konzentration durch Hinzufügen von Ethylalkohol.

Vakuum

Obwohl es die Vakuumdestillation schon im 18. Jahrhundert gab, ist sie in der Gin-Herstellung erst seit Kurzem gebräuchlich. Durch Verringerung des Drucks in einer Still sinkt auch der Siedepunkt aller Ingredienzen. Dadurch

Bei der Erzeugung von Genever wird zunächst eine dicke Maische vergoren.

werden die Öle frei, ohne dass die Botanicals »gekocht werden«, was einen frischen, klaren Brand liefert. Moderne Glasvakuum-Brennblasen kommen bei Sacred (siehe Seite 106) und Cambridge (Seite 77) zum Einsatz. Sie fangen die gesamte Bandbreite der Aromastoffe exakt ein. Beide Firmen destillieren ihre Botanicals einzeln und verschneiden erst danach die Posten. Oxley (siehe Seite 103) dagegen destilliert die Botanicals zusammen im Vakuum bei extrem niedrigen Temperaturen.

Superkritische Flüssigkeitsextraktion (SFE)

Diese Methode ist in der Parfümherstellung zur Isolierung spezifischer Moleküle verbreitet. Erstmals in der Gin-Erzeugung zur Anwendung aber kam sie bei Hepple, einer Brennerei in Northumberland. Die Erhöhung des Drucks auf das CO_2 macht das Gas zur »superkritischen Flüssigkeit«, sodass es als Lösungsmittel für die Botanicals dient. Durch anschließendes Abziehen des Kohlendioxids und die Senkung des Drucks lassen sich die reinen essenziellen Öle – bzw. die darin enthaltenen Verbindungen – exakt extrahieren. Selbst Verbindungen, die bei der normalen Destillation verloren gehen, können damit eingefangen werden.

Essenzen

Bei manchen Gins werden die Essenzen natürlicher Botanicals erst nach der Destillation hinzugefügt; bei Hendrick's sind dies beispielsweise Rosen- und Gurkenessenzen (siehe Seite 92).

GENEVER-HERSTELLUNG

Am Anfang der traditionellen Genever-Destillation steht ein geschmacksintensiver, reich texturierter Malzwein aus einer Getreidemischung, in der Roggen, Weizen, Mais oder gemälzte Gerste enthalten sein können. Hersteller wie Filliers (siehe Seite 170 und 177), der in den Niederlanden und in Belgien 99 Prozent des Malzweins erzeugt, arbeiten mit unterschiedlichen Mischungen.

Zunächst wird der Mais bzw. Weizen gekocht, um die Stärke weich zu machen. Dann lässt man ihn abkühlen und fügt Roggen hinzu. Nach einer weiteren Erhitzung kommt gemälzte Gerste hinein, deren Enzyme die gesamte Stärke in Zucker umwandeln. Nach dem

Abkühlen wird die Maische mit Hefen beimpft, um bis zu einer Woche lang zu gären. Am gängigsten ist Bäckerhefe, Zuidam (siehe Seite 174–176 und 179) arbeitet aber auch mit einer Mischung aus Brau- und Destillationshefe. Das Bier wird anschließend dreifach in Pot Stills destilliert. Alle Genever-Brenner destillieren einen Teil des Malzweins erneut in Pot Stills, aber diesmal mit Botanicals. Danach verschneidet man sämtliche Posten.

Zum Schluss wird der Brand auf Abfüllstärke gebracht und auf Flaschen gezogen oder ausgebaut. Meist verschneidet man ihn mit neutralem Alkohol aus Weizen oder Zuckerrübenmelasse. Im *Jonge*-Stil sind wenigstens 85 Prozent Neutralalkohol enthalten, während der *oude* einen Mindestanteil von 15 Prozent Malzwein, meistens aber bis zu 40 Prozent oder, im Falle des *korenwijn*, auch wesentlich mehr enthält (siehe Seite 39). Je mehr Malzwein, desto charaktervoller der Genever. *Oude* Genever wird anschließend ausgebaut, meist nur kurz, aber auch bis zu 20 Jahre. Verwendung finden in der Regel gebrauchte Fässer, Zuidam indes setzt einen komplexen Mix aus Refill-, Ex-Sherry- und neuen amerikanischen Fässern ein.

Noch immer der Meinung, dass das Brennen von Gin eine einfache Sache ist?

Durch die Destillation in Pot Stills bewahrt sich Genever seine reiche, brotige Malzweinbasis.

ZUR BENUTZUNG DIESES BUCHS

Schwierig war nicht so sehr, einen Anfang, sondern ein Ende zu finden. In der Geschichte des Gins waren noch nie so viele Marken erhältlich. Die ausgewählte Liste musste also nicht nur alle gängigen Fabrikate enthalten, sondern auch einen repräsentativen Querschnitt durch die Riege der Neuzugänge, die Bereitungsverfahren, die Ursprungsregionen und die Stile (Dry, Old Tom, Genever, fassgereift, fruchtig usw.) bieten.

Gleichzeitig wollte ich keinen Wettbewerb. Eine Best-of-Liste zu erstellen und dann keine Tipps zu geben, wie man Gin am besten genießt, ist sinnlos – und auch gar nicht möglich. Es geht hier darum zu sehen, wie Gins sich schlagen, wenn man sie wie ursprünglich vorgesehen im Verbund mit anderen Getränken konsumiert.

Allerdings wird man Gin nicht gerecht, wenn man ihn nur mit Tonic zusammenschüttet. Gin ist in erster Linie ein Teamplayer: Er funktioniert in vielen Cocktails. Wie aber reagieren die einzelnen Marken im Zusammenspiel mit süßem Wermut und Campari (ein Spagat, bei dem die meisten Spirits in die Knie gehen würden)? Und wie machen sie sich in exponierterer Position in einem Martini? Wie genießt man am besten Frucht-Gin, Old Tom, Fassversionen und Genever?

Mein Ziel ist, Ihnen zum größtmöglichen Gin-Genuss zu verhelfen, damit Sie, falls Sie Ihre Lieblingsmarke nicht finden, andere Optionen haben. Als echter Gin-Genießer werden Sie mehrere Marken griffbereit haben. Vor dem Mixen musste ich daher zuerst einmal den Gin selbst verstehen.

BEWERTUNG

5*   Unübertroffen. Die perfekte Synthese aus Gin und Mixer. Wenigstens ein solches Dream-Team sollte jeder haben.

5   Überragend. Elegant und mühelos. Perfekt ausgewogen, sodass der Gin hervorgehoben wird.

4.5   Zwischen überragend und sehr gut.

4   Sehr gut. Ein großartiger Drink, an dem es nichts auszusetzen gibt. Könnte ich die ganze Nacht genießen.

3.5   Zwischen sehr gut und gut angesiedelt.

3   Gut. Ordentlich ausgewogen. Ich trinke einen, steige später aber vielleicht auf einen anderen Drink um.

2.5   Zwischen gut und mittelmäßig angesiedelt.

2   Mittelmäßig. Nehmen Sie lieber etwas anderes.

1   Meiden.

X   Manche Gins lassen sich nicht kombinieren.

Die Wertung wird für den Cocktail und nicht für den Gin vergeben. Selbst wenn eine Marke im Verbund mit Zutaten schlecht abschneidet, sagt das nichts über ihre Qualität aus. Lesen Sie die Beschreibung und finden Sie andere, bessere Kombinationen.

DAS VERKOSTEN

Das Verkosten von Gin erfordert eine Neujustierung der Sinne. Andere Spirits, etwa Whisky oder Rum, deuten Aromen nur an; sie riechen beispielsweise nach Heidekraut, Honig oder tropischen Früchten. Eine solche kreativ interpretierte Bandbreite gibt es bei Gin nicht. Die Aromen, die man in ihm ausmacht, sind tatsächlich vorhanden: Sie stammen von den Botanicals. Das erlaubt einerseits einen analytischeren, präziseren Ansatz, erfordert andererseits aber eine intensivere Beschäftigung mit ihnen, denn das Verkosten eröffnet ganz neue Duft- und Geschmackswelten. Seien wir ehrlich: Wer von uns hat schon täglich mit Veilchenwurzel oder Engelwurz zu tun, ganz zu schweigen von noch exotischeren Pflanzen, die inzwischen zum Dienst im Gin verpflichtet werden? Durch die Beschäftigung mit Gin bekommen Sie ein größeres Verständnis für die Welt draußen. Die in ihm enthaltenen Aromen sind keine künstlichen, sondern natürliche Stoffe.

Die Abfolge der Aromen, die man erschnüffelt, entspricht der Reihenfolge in der Brennblase. Man bemerkt die flüchtigen zuerst und die schweren zuletzt. Sie riechen somit auch Zeit. Entspannen Sie sich und schwelgen Sie in dieser komplexen Sinnenfreude. Statt nur Gin zu schmecken, erleben Sie einen Zitrusauftakt mit Zitrone, Orange und Grapefruit oder einer Kombination aus allem. Aber wo sind die Koriandersamen? Wie macht sich der Wacholder bemerkbar? Wo treten die Wurzeln und Gewürze zum Vorschein? Es handelt sich auch um ein retronasales Erspüren; das heißt, dass Sie mehr Aromen ausmachen, wenn der Gin sich schon in Ihrem Mund befindet. Dort spüren Sie deutlicher, wie sie sich vermischen, wie sie anheben und wieder verklingen.

Entscheidend ist die Ausgewogenheit, nicht der abrupte Übergang zwischen den Geschmackskomponenten. Wie ist der Gin texturiert – dick, breit, leicht? Widmen Sie sich wieder dem Glas: Haben sich die Aromen verändert oder sind sie einfach verflogen (sie sollten eine gewisse Beständigkeit haben)? Erkennt man den Wacholder, sind sie zitrusfruchtig, würzig, blumig, krautig? Wer seinen Gin durchschaut, weiß auch, wie er ihn am besten genießt.

ZUR BENUTZUNG DIESES BUCHS

GESCHMACKSSTILE

Jeder Gin ist ein Individuum. Gleichzeitig aber lassen sie sich zu Gruppen mit ähnlichen Interessen und Wesenszügen zusammenfassen. So bekommt der Gin-Freund die Möglichkeit, jene Marke zu finden, die ihm zusagt, und sich innerhalb einer Gruppe souverän zu bewegen.

Gin lässt sich nicht so klar abgrenzen wie andere Spirituosen. Da er so komplex ist, wird (oder sollte) sich nie ein Aroma als Hauptdarsteller profilieren und seine Begleiter auf Nebenfiguren reduzieren, die etwas im Hintergrund murmeln. Stattdessen ergibt sich ein faszinierender Moiré-Effekt. Selbst wenn Wacholder dominiert, kann man den Einfluss von Zitrus oder Wurzeln nicht außer Acht lassen. Deshalb nenne ich bei der Beschreibung des Geschmacksstils mitunter einen zweiten prägenden Zug.

Wacholder

Dies sind die traditionellsten Gins, selbst wenn Neueinsteiger sie auf den Markt bringen. In ihnen bekommt der Wacholder am meisten Raum. Das anfängliche Aroma wird deshalb mit Kiefer, Heidekraut und Lavendel bereichert, die auch am Gaumen ein gewichtiges Wort mitzureden haben. Wer die Ursprünge von Gin verstehen will – oder auch nur ergründen will, wie Wacholder schmeckt –, sollte hier ansetzen.

Zitrus

Zitrusschalen wurden in der zweiten Hälfte des 19. Jahrhunderts en vogue. Die klassischen Vertreter der Stilrichtung stammen aus jener Ära, doch gibt es durchaus Exponenten, die zu anderen Zeiten entstanden sind. Die Zitrusschalen geben dem Aroma Volatilität bzw. Auftrieb, doch auch Koriander spielt sich in den Vordergrund, obwohl Wacholder seinen Stellenwert behält. Gins dieses Lagers sind eher frisch als leicht.

Würzig

Ein modernerer Stil, in dem die pfeffrigen Noten von Koriander sowie seine Kohorten Gewürzrinde/Zimt und Peperoni zum Tragen kommen. Der Wacholder ist nicht mehr so dominant.

Blumig

Ein wichtiger neuer Geschmacksstil. Diese Gins zeichnen sich durch einen duftigen, parfümigen Charakter aus. Das rührt mitunter von den Blüten in der Botanicals-Mischung her oder ergibt sich aus der Reduzierung der Wacholder- und Wurzelnote auf wenig mehr als einen Hauch. Auch Gins mit krautigem Element fallen in diese Kategorie, wenngleich sie ein wenig kräftiger sind.

Ohne Kategorie

Da Old Tom, fassgereifte und aromatisierte Gins sowie Genever ihre eigenen Stile haben, wurden sie nicht diesen Geschmacksstilen zugeordnet.

Als König der Mixgetränke muss der Negroni stets ausgewogen sein.

DAS MISCHVERHÄLTNIS IM NEGRONI

Die Mischverhältnisse in Cocktails, behaupten manche, seien in Stein gemeißelt, und sie zu verändern sei, als würde man unanständige Bilder in die Bibel kritzeln. Warum verändern, was so gut wie perfekt sei? Weil es in der Natur des Menschen liegt – und weil es darum geht, die zwei obersten Gebote jedes Mixdrinks zu beachten: Komplexität und Ausgewogenheit.

Der Negroni ist ein Gin-Getränk mit großmäuligen Begleitern, die lauthals singend in eine Bar poltern können. Der Wermut brummt im Bariton vor sich hin, der Campari benimmt sich wie eine rothaarige Dragqueen. Das mag unterhaltsam sein, aber die beiden sollten sich zurücknehmen. Das rechte Maß zu finden fällt schwer, weil jeder Gin anders ist. Manche sind kraftvoll, andere zurückhaltend. Der Tanqueray kann sich im klassischen Mischverhältnis behaupten (siehe Seite 110), ein zartes Geschöpf wie der Bombay Sapphire (Seite 70–71) geht dort unter. Für einen ausgewogenen Drink muss man daher das Verhältnis anpassen. Die Zahlenfolge steht für Gin:Wermut:Campari.

N1

1:1:1 Dieser klassische Mix eignet sich bestens für größere, wacholderschwere Gins, weil der Gin sich durchsetzt und seine Begleiter in die Schranken verweist.

N2

1½:1:1 Zitrusfruchtigen Gins (und anderen) behagt dieser Mix am besten. Die Frische und die Obernoten müssen erhalten bleiben und unterstützt werden.

N3

2:1:½ Das Verhältnis kommt würzigeren, krautigen Gins entgegen, die vom Mittelteil geprägt sind. Der Campari-Pegel muss etwas zurückgefahren werden, weil dessen Würze und Bitterkeit Dissonanzen verursacht.

N4

2:1:1 Der Mix für die leichte, blumige Gruppe. Der Campari-Anteil mag hoch erscheinen, doch sorgt er mit seinen Obernoten für Ausgewogenheit.

Das Tonic Water von Fever-Tree findet den perfekten Mittelweg zwischen Kohlensäure, Süße und Chinin.

FILLER

Tonic Water

Chinin war, wie Fiammetta Rocco in ihrem Buch *The Miraculous Fever-Tree* herausstreicht, »die erste Arzneidroge der Moderne«. Es wurde erstmals um 1630 aus der Rinde von Chinarindenbäumen *(Cinchona)* extrahiert und ursprünglich als Pulver in Wein zur Senkung von Fieber eingesetzt. 1809 entsandte die britische Armee eine Expedition ins niederländische Walcheren, wo prompt Malaria Lücken in ihre Reihen riss. Daraufhin wurde klar, dass man die Soldaten mit Chininvorräten ausstatten musste. 1823 begann das Unternehmen Rosengarten & Sons in Philadelphia mit der Produktion von Chininpillen für Arbeiter in malariagefährdeten Gebieten. Die britische Armee hielt jedoch an der flüssigen Form fest. Nach 1850 begannen ihre Truppen den extrem bitteren Geschmack des Präparats mit Zucker und Gin zu mildern. Das machte sich Erasmus Bond zunutze, indem er 1858 das erste Tonic Water in Umlauf brachte. 20 Jahre später tat es ihm Jacob Schweppe nach.

Als der Mix immer beliebter wurde, senkte man den Chininanteil so stark, dass er nur noch geschmackgebende Funktion hatte. Warum aber blieb Gin Tonic bis nach 1960 ein rein britisches Getränk? Vielleicht, weil die Amerikaner ihr Chinin nur in Pillenform nahmen.

Der ideale Gin-Begleiter ist meiner Ansicht nach Fever-Tree. Das Chinin in diesem Tonic Water stammt aus dem Grenzgebiet von Ruanda und dem Kongo, die Bitterorange aus Tansania. Süßt man mit Zucker anstelle von Aspartam oder Saccharin, wird die Perlage des Kohlendioxids feiner. Tonic Water ist ein sauberer, leicht zitrusfruchtiger, ausgewogener Filler.

Sicilian Lemonade

Ein unmöglicher Filler? Moment. Ich habe mit Gin und Schweppes Bitter Lemon angefangen. In Spanien entdeckte ich die Freuden von Gin und Fanta Limón, Zitronenfanta. Als Nächstes lernte ich die einfachen frühen Gin-Drinks zu schätzen, die mit frischem Zitronensaft

ZUR BENUTZUNG DIESES BUCHS

daherkamen. Als ich die drei verglich, blieb ich an Sicilian Lemonade von Fever-Tree hängen. Das Getränk ist herber als Fanta, zitroniger als Bitter Lemon und nicht so scharf wie Saft. Im deutschsprachigen Raum bekommt man es, doch muss man ein bisschen suchen.

Wermut

Wermut und Gin sind für mich ein Beweis, dass an Einsteins Theorie von der »spukhaften Fernwirkung« etwas dran ist. Obwohl Teilchen voneinander getrennt sind, stehen sie doch in irgendeiner Verbindung: Bewegt sich eines, tut es auch das andere. So wie die Geschichte von Gin und Wacholder ist auch die von Wermut und Wermutkraut miteinander verbunden. Die spirituelle Heimat des Wermuts ist Piemont und insbesondere Turin, wo sich mit der Arzneipflanze gewürzte Weine, Hippocras genannt, ab dem 16. Jahrhundert als Spezialität etablierten. Allerdings ergab die Untersuchung von Rückständen in alten chinesischen Bronzegefäßen, dass Wein schon seit mindestens 3.000 Jahren mit Kräutern und Gewürzen aromatisiert wird. Modernen Wermut gibt es seit 1786, als Antonio Carpano die erste Version in Turin zusammenmischte. Von dort aus verbreitete er sich über die Alpen bis Chambéry und zur südlichen Rhône, wo Joseph Noilly ab 1813 eine französische Version erzeugte. Ab Mitte des 19. Jahrhunderts wurde er exportiert, obwohl er in den USA ein Nischendasein fristete, bis Barmixer ihn entdeckten. Als man ihn mit Gin zusammenbrachte, war Gin nie wieder derselbe. Ohne den jeweils anderen wären beide interessante Spezialitäten geblieben – zusammen eroberten sie die Welt.

Wermut besteht aus einem gespriteten und mit Botanicals gewürzten Basiswein. Jeder Erzeuger hat sein Geheimrezept, häufig Verwendung jedoch finden Engelwurz, Anis, Kalmus, Kardamom, Gewürznelke, Holunder, Ährige Edelraute, Enzian, Zitronenmelisse, Lakritze, Veilchenwurzel, Rhabarber, Rosmarin, Vanille und Tonkabohnen. Kein Wunder, dass Wermut so gut mit Gin harmoniert. Darüber hinaus aber bringt er auch Süße mit ein. Er macht den Auftakt weicher, gibt seinem Compagnon später aber Kraft. Kurzum: Die Kombination der beiden ist besser als die Summe der Einzelteile.

Nach umfassenden Tests fanden folgende Wermuts für die Cocktails Verwendung:

Die Sicilian Lemonade von Fever-Tree ist ein vielseitiger Filler.

ZUR BENUTZUNG DIESES BUCHS

Noilly Prat ist der ideale Wermut für Dry Martini.

Campari, das lauteste Mitglied der Negroni-Gang.

Süß

Cocchi Storico erwies sich als Spitzenreiter, doch gleich dahinter kamen der **La Quintinye Rouge** und als Dritter der **Martini Rosso**. Cocchi wurde 1891 von Giulio Cocchi in Asti gegründet. Der Storico Vermouth di Torino ist eine Nachschöpfung des Originalrezepts auf Moscato-Basis. Er hat eine komplexe Nase mit Kakao, Minze, Pomeranze, Muskatnuss, Ingwer und Gewürznelke, schmeckt durch die Wermut-, Enzian- und Rhabarberanteile klassisch bittersüß und offenbart Länge und Vielschichtigkeit. La Quintinye Rouge aus der Charente basiert auf einem Weißwein und rotem Pineau de Charentes mit 28 Botanicals. In der Nase geben sich Vanille, Kirsche, Pflaume, Lakritze, Orangenschale und Gewürznelke ein Stelldichein, während der Gaumen fruchtig-süß durchstartet, bevor Chinarinde und Wermutkraut eingreifen. Er ist reintönig und ausgewogen.

Trocken (Dry, auch »französisch« genannt)

Noilly Prat Original Dry war der Sieger, aber der weinige **Vya Extra Dry** und der **La Quintinye Extra Dry** schlugen sich ebenfalls gut. Im Noilly bilden Picpoul und Clairette eine Allianz. Sie werden zunächst in Bottichen ausgebaut und dann ein Jahr lang Wind, Wetter und Sauerstoff ausgesetzt, bevor man sie spritet und mit 20 Botanicals anreichert. Präsent sind Kamille/Holunderblüten, weitere Kräuter, Mineralien, Mandeln und ein ausgewogenes Verhältnis bitterer und süßer Anteile.

Campari

Der legendäre Aperitif-Bitter wurde in den 1860er-Jahren in Novara in Piemont erfunden. Sein Schöpfer, Gaspare Campari, nannte ihn zunächst *Bitter all'uso d'Olanda*, »Bitter nach holländischer Art«. Sein Rezept ist geheim. Er entsteht durch Mazerieren von Botanicals in Wasser und Alkohol sowie anschließendes Süßen und Färben. Zunächst wurde er mit Vermouth Amaro zum Torino-Milano, dann mit Martini Rosso zum Milano-Torino und schließlich mit Soda zum Americano. 1920 betrat Graf Camillo Negroni die Bar Casoni (siehe Seite 186), und fortan war nichts mehr wie zuvor. Campari ist dicht und bitter. Womöglich sind Enzian, Kalmus, Engelwurz und Bergamotte dabei. Seine Bitternote wird von einer zitrusartigen Süße abgefedert.

ZUR BENUTZUNG DIESES BUCHS

Im englischsprachigen Raum wird der Gin Tonic meist mit G&T abgekürzt.

BASISREZEPTE

Gin Tonic

Der Gin Tonic ist der wahrscheinlich beliebteste Long-drink der Welt. Der trockene Biss von Chinin, die leicht zitrusfruchtige Süße, das Wispern der Perlage, das den zufriedenen Seufzer nach dem ersten Schluck vorweg-nimmt und den Duft des Gins der Nase anträgt ... geben Sie's zu, Sie brauchen jetzt einen.

Gin Tonic erlebt gerade eine Renaissance. Ausgelöst hat sie das plötzliche Interesse für Gin bei einer neuen Generation von Spirituosenliebhabern in Spanien. Auf der Iberischen Halbinsel entdeckte ich zum ersten Mal, dass Gin Tonic nach dem Essen getrunken wird – was bei den Spaniern heißt: ungefähr um Mitternacht. Es erweckt die Geschmacksknospen zu neuem Leben, vertreibt den Rioja aus dem Kopf und macht bereit für die nächste Etappe des Nachtlebens. Aber auch die Zusammensetzung war anders. Keine Spur von den paar Tropfen Gin, einer schlaffen Zitronenscheibe, wässerigem Eis und einem Meer aus Tonic Water, wie man G&T in britischen Pubs serviert, stattdessen eine massive Dosis Gin, ein Quäntchen Tonic und gutes, har-tes Eis. Seit einiger Zeit ist es in Spanien Usus gewor-den, Gin Tonic im dicken Burgunderglas zu servieren.

Ich habe mich am spanischen Ansatz orientiert, ihn aber etwas abgemildert. Bei allen Beispielen war das Tonic:Gin-Verhältnis 2:1. War dies zu stark, ging ich auf 3:1 zurück. Das gilt auch für Sicilian Lemonade.

Nicht vergessen: Filler sollen die Spirituose verlän-gern und betonen, nicht verdrängen. Verwenden Sie nach Möglichkeit kleine Flaschen, große sind nur sinn-voll, wenn man sie in einer einzigen Sitzung leeren kann.

Martini

Mehr über den Martini gibt es weiter hinten in diesem Buch, fürs Erste nur so viel: Ich habe mich mit ihm in dem Glauben befasst, dass es sich um einen Drink aus Gin mit Wermut als Nebendarsteller handelt. In ihrem Buch *The Mixellany Guide to Vermouth & Other*

ZUR BENUTZUNG DIESES BUCHS

Apéritifs argumentieren die Cocktail-Historiker Anistatia Miller und Jared Brown überzeugend, dass Martinis nur deshalb trockener geworden sind, weil man vergessen hat, Wermut als Wein zu behandeln, und ihn im Regal sauer werden ließ. Gin und frischer Wermut hingegen sind eine fantastische Kombination. Ich habe bei allen mit einem Gin:Wermut-Verhältnis von 4:1 angefangen. War der Wermut zu dominant, habe ich den Mix auf 5:1 verlängert. Manche Martinis waren auch »nackt« am besten. Also ganz ohne Wermut.

Negroni

Der Grund für die unterschiedlichen Mischungsverhältnisse bei Negronis wurde bereits ausgeführt (siehe Seite 49). Noch nicht erwähnt habe ich die Bedeutung der Temperatur, was übrigens für Martini genauso gilt. Wermut sollte im Kühlschrank stehen und rasch verbraucht werden (kaufen Sie gegebenenfalls halbe Flaschen), Campari auch. Der Gin stammt idealerweise direkt aus der Gefriertruhe. Sie werden erstaunt sein über den Unterschied – und Ihre Freunde beeindruckt.

Weitere Cocktails

Ausprobiert habe ich ferner Genever und Old Tom, im Fass ausgebaute Gins und Frucht-Gins. Old Tom ist vielseitig, aber es war faszinierend, wie »altmodisch« er sich verhielt. Spannend auch fassgereifte Vertreter und Genever, der jedoch nicht mit trockenem Wermut zurechtkommt. Also holte ich noch den Gin Cocktail, den Gin Fizz und den Martinez ins Boot. War Letzterer zu sehr von Wermut dominiert, stieg ich auf Turf Club um.

GIN COCKTAIL

Es gibt viele Rezepte für diesen Drink, ich habe das älteste und einfachste übernommen.

30 ml Gin

5 ml Zuckersirup oder Gomme (siehe Seite 188)

Spritzer Angosturabitter, Boker's oder Orangenbitter (nach Belieben)

Zutaten auf Eis schütteln und in eine Coupette abseihen.

GIN FIZZ

Dasselbe Rezept wurde für die Fruit Gin Fizzes verwendet.

30 ml Gin

1½ TL frischer Zitronensaft

1 TL Zuckersirup oder Gomme (siehe Seite 188)

Soda zum Auffüllen

Alle Zutaten außer Soda auf Eis schütteln und in ein gekühltes Cocktailglas abseihen. Mit Sodawasser auffüllen.

MARTINEZ

30 ml süßer Wermut

15 ml Gin

½ TL Maraschino

**Spritzer Angosturabitter, Boker's oder Orangenbitter
(nach Belieben)**

Alle Zutaten auf Eis schütteln und in ein gekühltes
Cocktailglas abseihen.

TURF CLUB

45 ml Gin

45 ml süßer Wermut

**2 Spritzer Angosturabitter, Boker's oder Orangenbitter
(nach Belieben)**

Alle Zutaten auf Eis schütteln und in ein gekühltes
Cocktailglas abseihen.

Sehr erfrischend: der Gin Fizz (Collins).

GINS

»Das Lustige an meinem Gin«, meinte ein Brenner eines Tages zu mir, »ist, dass ich der Einzige bin, der weiß, wie er wirklich schmeckt.« Eine seltsame Bemerkung, denn die Marke, von der er sprach, war nicht gerade unbekannt. Er meinte damit allerdings, dass jeder seinen Gin, ganz gleich, wie sehr er ihn mag, als Erstes in einen Cocktail schüttet. Gin ist keine Spirituose, die man pur trinkt und mit der man sich beschäftigt – die Einzigen, die ihn solo oder mit einem Tropfen Wasser trinken, sind, nun ja, die Gin-Brenner. Natürlich hatte er recht.

Wer die Persönlichkeit eines Gins versteht, bekommt eine Vorstellung davon, wie er ihn am besten genießen sollte. Manche Gins sind dafür gemacht, in Longdrinks einzufließen. Andere blühen nur in einem Negroni oder Martini richtig auf. Es gibt Gins für das Mittagessen und solche für den frühen Abend, Verdauungs-Gins und – ich wage es kaum zu sagen – Frühstücks-Gins. Hier warten 120 auf Sie, die ich alle in verschiedenen Konstellationen probiert habe.

Tauchen Sie ein in die Welt der Gins.

GROSSBRITANNIEN

Die Gins in diesem Kapitel wurden alle in Großbritannien erzeugt, also entweder in England, Schottland oder Wales. Mit dabei sind die ganz großen Marken, einige altgediente Postpferde, aber auch Jungstars, welche die Vorhut der neuen Gin-Welle bilden.

Nur zu leicht lässt man sich von der Aufregung anstecken, dass jede Woche ein weiterer Gin auf der Bildfläche erscheint – wahrscheinlich sitzt in fünf Jahren schon in jeder Stadt ein Hersteller. Wie die Verkostungen gezeigt haben, sollte man nämlich den alten Marken aus dem 19. Jahrhundert nicht einfach die kalte Schulter zeigen, nur weil strahlender Nachwuchs die Bühne betritt. Die großen Marken haben nicht mit Marketingtricks so lange überlebt, sondern weil sie Qualitäten besitzen. Bei Marken, die sich allein durch clevere Werbung halten, kommt irgendwann jemand und fragt, warum der Kaiser keine Kleider anhat. Ein hochwertiger Gin braucht das nicht zu fürchten.

Und noch etwas: Lassen Sie sich nicht blenden von der Zahl der auf der Flasche angegebenen Botanicals. Schmecken Sie den Gin. Finden Sie ihn komplex? Ist er ausgewogen? Geben ihm die Botanicals mehr Charakter und Tiefe oder sind sie lediglich Augenwischerei?

Freilich werden Sie hier auch unter den Jungstars neue Favoriten finden – mir zumindest ging es so. Aber Sie werden hoffentlich auch die Qualitäten einiger bewährter Marken wiederentdecken.

6 O'CLOCK GIN 43 %

Ein Werk von Bramley and Gage (siehe Seite 167). Inspirieren ließen sie sich zu diesem Gin vom Urgroßvater des Direktors Michael Kain. Der setzte sich abends um sechs Uhr hin, trank einen Gin Tonic, ließ den Tag Revue passieren und schmiedete Pläne. Es scheint funktioniert zu haben, denn er wurde ein erfolgreicher Ingenieur. Seine Parole lautete »Ausgewogenheit, Haltung und Präzision«. Was zusammenfasst, wie ein guter Gin sein sollte.

Das Aroma hebt an mit einer leicht gebackenen Erdnote und blumigen Anwandlungen, die von dezentem Wacholder, Orange und etwas Marzipan gestützt werden. Der Gin ist ausgewogen und präzise, hat aber auch ausreichend Wurzeln und Gewürze, die alles zusammenhalten. Wasser fördert Koriander und eine fast keksige Komplexität zutage. Am Gaumen ist er süß, intensiv und recht schwer; saubere Zitruselemente dominieren den leicht austrocknenden Mittelteil. Der blumige, zitrusfruchtige Ton hält bis zum Schluss durch.

STIL	Zitrus
3	**Gin Tonic** Zu Anfang viel aromatischer Auftrieb, aber das Chinin drängt mit Macht nach vorn. Die Kohlensäure gibt ihm Drive, doch wirkt er ein bisschen kurz.
3.5	**Mit Sicilian Lemonade** Ein Cashew-artiger Nusscharakter entwickelt sich. Etwas scharf im Mund, das Ganze hat aber Dichte und Länge.
3.5	**Negroni** N2 Mehr Gewürze und bittere Wurzeln kommen ins Spiel. Auf der Zungenmitte ereignet sich eine Fruchteruption, bevor ein Geranienton anhebt. Etwas hin- und hergerissen.
4	**Martini** Sechs Uhr ist Martini-Zeit für mich, wie also macht er sich? Ich empfehle 5:1, damit der Wermut nicht noch mehr Power hineinpackt und den Aromen Freiräume lässt. Bleibt intensiv und trocken.

ADNAMS COPPER HOUSE 40 %

John McCarthy destillierte diesen Gin im (fast) brand-
neuen, 2010 fertiggestellten Brennhaus der Brauerei
Adnams in Southwold an der Küste von Suffolk in East
Anglia. Mit ihm wagte sich das Unternehmen erstmals
auf hochprozentiges Terrain, doch sind inzwischen
noch Whisky, Wodka, Absinth, Apfelbrand, Triple Sec
und Fernet dazugekommen. Traditionelles wird mit
dem Copper House modern interpretiert. Schwere
Blütendüfte dominieren dank Hibiskus, während Holunderblüten, Sultaninen und krautige Nuancen lediglich
Randbemerkungen bleiben. Mit Wasser wird der Brand
fetter und saftiger und gewährt salbeiartigem Wacholder sowie Koriander etwas Freiräume. Er schmeckt, wie
er riecht, und erinnert mit seinen Blüten, süßen Gewürzen, getrockneten Früchten, Zitrusnoten und frischen
Kräutern irgendwie an die nordafrikanische Küche.
Lang und schwer der Nachhall.

STIL	Blumig/würzig
3.5	**Gin Tonic** Bei 1:2 kommt ein leicht gekochtes Element zum Tragen; wird daher am besten verlängert, um Ausgewogenheit zu erreichen – dann zeigt sich auch der Wacholder.
4	**Mit Sicilian Lemonade** Die Aromatik und vor allem jene schwere blumige Note brauchen einen frischeren Filler. Auch hier tut eine leichte Verlängerung wieder gut.
4	**Negroni** N4 Das Blumige bleibt erhalten, wenn man dem Campari und Wermut nicht zu viel Raum lässt, was dem Drink generell guttut. Sauber, mit einer neuen Kirschnote und erfrischendem bittersüßem Ausklang.
3.5	**Martini** Behält seinen schweren Duft, aber die Kälte und der Wermut mildern seinen Überschwang. Wird trockener und damit ausgewogener. Ich empfehle ihn kurz, schnell und hart.

ANNO 43 %

Als Dr. Andrew Reason und Dr. Norman Lewis Glaxo-SmithKline 2011 verließen, um in den vorzeitigen Ruhestand zu gehen, wussten sie, dass sie nicht für den Rest ihres Lebens Golf spielen wollten. Weil sie Brände mochten, dachten sie sich, dass ihnen die Erzeugung von Gin gefallen könnte. Binnen weniger Monate ließen sie in Marden in der Grafschaft Kent eine Christian-Carl-Brennblase installieren und tüftelten ein Botanical-Rezept aus, in dem sich ihre heimatliche Grafschaft widerspiegelte, weshalb Hopfen, Lavendel, Holunderblüte, Hagebutten und Meerfenchel mit hineinmussten.

Die leichte Nase kommt mit einer sauberen, fruchtigen Obernote daher, die sich schweren Blütentönen und einer dezenten Mineralik nähert. Mit einem Hauch Lavendel und Wacholder schlägt die Zitrusfrucht durch. Ausgewogen und charmant. Mit Wasser bekommen gewachste Früchte und Stachelbeeren eine Chance. Im frischen Geschmack Lavendel und trockene Wurzeln.

STIL	Duftig/fruchtig
3	**Gin Tonic** Das Tonic schiebt aus irgendeinem Grund Früchte und Blüten nach vorne. Sauber und frisch, aber etwas kurz.
3.5	**Mit Sicilian Lemonade** Die fruchtige Melange wird bereichert von einer Extradosis Zitrus. Saftig. Am Gaumen sauber. Ein Longdrink für den Sommer.
3.5	**Negroni** N3 Sauber. Hopfen bricht sich mit Bitterschalen Bahn. Zeigt gute Ausgewogenheit mit einem Anflug von Gummibärchen. Ein unbeschwerter Spaß.
4	**Martini** Reintönige Früchte, Wildkräuter und ein stärkeres mineralisches Element, was ihn interessant macht. Weich, schöne Tiefenwirkung und Länge. Probieren lohnt sich.

BATHTUB GIN 43,3 %

Badewannen-Gin? Warum benennt jemand sein Premiumprodukt nach einem Stil, der eher Gift denn Gin war? Mit der Brühe aus dem Badezuber (siehe Seite 28) hat er nicht das Geringste zu tun. Vielmehr steht er für die alte Kunst des Cold Compounding, bei dem die Botanicals nicht mitdestilliert, sondern »kalt« in hochprozentigen Getreidebrand eingelegt werden, wodurch der Gin eine gelbliche Tönung bekommt. Ob der geheimnisumwobene Erzeuger Professor Cornelius Ampleforth (siehe Seite 154) ihn in der Wanne ansetzt? Man weiß es nicht.

Wacholder drängt sich in der frischen, trockenen Nase nach vorn. Ihm folgen Koriander mit eher zitrusfruchtiger Persönlichkeit, Gewürznelkenöl, Zimt und Glühweingewürze, weshalb er in Gin Punch (siehe Seite 190) so gut funktioniert. Als Nachzugler stellen sich noch Nussnoten ein. Im Mund hebt er ruhig an, bevor er im Mittelteil austrocknet. Dann melden sich die Glühweingewürze wieder. Er ist etwas aggressiv und braucht daher Wasser.

STIL	Würzig	
3	**Gin Tonic** Sauber, mit trockenem, würzigem Kick und leidlicher Persistenz.	
3.5	**Mit Sicilian Lemonade** Die Paarung funktioniert geringfügig besser als Gin Tonic, da sie dank der Zitrusnote, die die durchgeknallten Gewürze im Zaum hält, etwas mehr Länge hat. Ordentliches Gleichgewicht.	
3.5	**Negroni** N3 Unglaublich aromatisch, mit der Kraft eines Rugby-Spielers in voller Fahrt. Der Geschmack wirkt etwas flach, wird aber von der Orangennuance gestützt.	
4	**Martini** Gut. Die trockenen Gewürze stechen von Anfang an heraus, harmonieren aber mit den dezenten Wermutnoten. Ein Verhältnis von 5:1 schafft einen klassischeren Rahmen mit reichlich retronasaler Aktion, stört aber das Gleichgewicht.	

BEEFEATER 47 % (Export Strength)

James Burrough war eigentlich Apotheker. 1863 erwarb er John Taylors Gin-Brennerei in der Londoner Cale Street. 1876 debütierte seine Marke Beefeater. Die Firmenbrennerei in Lambeth wurde 1958 stillgelegt, und seither entsteht der Gin in Kennington, einen Ballwurf vom weltbekannten Cricketstadion Oval entfernt.

In dem dezent komplexen Gin tritt Wacholder in kiefernwürzigem Gewand auf, während der Koriander und die Schalen eine zitrusfruchtig-frische Schnittmenge finden, die den Gin dominiert. Die Engelwurz steuert eine leicht hopfige Note bei; ihre Trockenheit wird von der Säure austariert. Wacholder zeigt konstante Präsenz. Der Beefeater ist der perfekte Drink zum Mittag oder frühen Abend und weckt Erinnerungen an lange Sommermonate. Es existiert neben dieser Version in Export Strength mit 47 Prozent auch die Standardabfüllung mit 40 Prozent, doch wer die Wahl hat, sollte sich für die höherprozentige entscheiden.

STIL	Zitrus/Wacholder
5	**Gin Tonic** Die Frische des Gins bleibt erhalten, doch kommt auch eine erfrischende Säure hinzu, wodurch man einen blitzsauberen Drink erhält. Das Tonic Water verfällt nie in Bitterkeit. Dieser Gin Tonic lässt einen zufrieden seufzen.
5*	**Mit Sicilian Lemonade** Wie zu erwarten, rollt hier eine Zitruswelle heran, die einen glauben lässt, dass man mit dem Kopf in einem Zitrusbaum während der Ernte steckt. Aber es funktioniert – da ist Länge und fröhliche Persistenz.
5	**Negroni** N2 Dieses Mischungsverhältnis bewahrt die Intensität, während sich im Hintergrund der Wacholder mit dem Wermut verbrüdert. Krautig und reintönig, mit saftigem Gewicht. Ein beispielhaftes Zeug.
5*	**Martini** Angenehm ölig, mit exzellentem Gleichgewicht. Der Wacholder spielt sich anfangs nach vorn, doch ist da genug zitrusfruchtige Aktivität, um ihn in seine Schranken zu weisen. Frisch und ultrasauber. Zu Mittag oder am Abend.

Wacholder • Koriandersamen •
Engelwurz und Engelwurzsamen •
Pomeranze • Zitronenschale • Süßholzwurzel • Bittermandel • Veilchenwurzel • Grapefruit • Sencha-Tee •
chinesischer grüner Tee

BEEFEATER 24 45 %

Hier wird der Gin Tonic zum Gin-Tee. Brennmeister Desmond Payne von Beefeater legt zunächst den klassischen Beefeater-Grundstock, wenngleich in etwas abgewandelten Anteilen. Dann spielt er Grapefruitschale, japanischen Sencha-Tee und chinesischen grünen Tee aus. Der Schnitt ist hier sehr hoch angesetzt, da der Tee schnell bitter wird. Ansonsten präsentiert sich der Gin frisch, komplex und zitrusfruchtig. Der präzise Einsatz der Grapefruit sorgt für zusätzlichen Auftrieb, bevor die Pomeranzenschalen auf den Plan treten.

Der Wacholder macht auf Kiefer, während die Grasnote vom Sencha-Tee stammt. Mit Wasser wird der Gin dezent kiefernwürzig, streift aber auch grünen Sellerie und mildes Wurzelgemüse. Im reifen, subtilen und langen Geschmack zeichnet sich in der Zungenmitte der Tee ab. Ein sehr selbstbewusster neuer Gin.

STIL	Zitrus
4	**Gin Tonic** Duftig und kühl. Beschwört den Sommer herauf. Ein sehr frischer Nachmittagstrunk, vielen Dank.
4	**Mit Sicilian Lemonade** Noch jemand Zitrus gefällig? Der Mix funktioniert. Obwohl die Gefahr besteht, dass zu viel zusammenkommt, wird durch das Ensemble Zitrone-Grapefruit ein ausgezeichnetes Gleichgewicht erreicht.
4.5	**Negroni** N2 Hier merkt man die Tees erst so richtig. Sie steuern frische grüne bzw. grasige Noten bei und sorgen für duftigen Auftrieb im Mittelteil. Vielleicht müsste der Campari etwas verringert werden, aber das sind Peanuts.
5	**Martini** Die Tees melden sich – die frische grüne Chlorophyllnote tut sich mit der krautigen Seite des Wermuts zusammen. Allerdings muss das Verhältnis 5:1 sein, sonst klappt es nicht.

BOTANICALS
....
Wacholder • Koriandersamen •
Engelwurz • Kubebenpfeffer •
Basilikum • Salbei • Lavendel •
Kaffernlimettenblätter

BERKELEY SQUARE 40 %

Nach dem Erfolg des Bloom (siehe Seite 67) ging Joanne Moore von Greenall's (siehe Seite 89, 94 und 102) ein weiteres Mal in den Garten und sammelte dort ein paar frische Kräuter: Basilikum, Lavendel und Salbei. Dann warf sie noch Kaffernlimettenblätter mit hinein. Die zarten Blätter kommen in einen Stoffsack und werden 24 Stunden eingeweicht, damit sie ihr Aroma freigeben. Destilliert wird sehr behutsam, um ein Übermazerieren zu vermeiden. Die hoch aromatische Nase gibt etwas Lavendel preis, was ebenfalls auf das Konto von Wacholder geht, und wirft anschließend eine mächtige Ladung Lavendel in die Waagschale. Später kommt Limette dazu. Der moderne, frische Brand ist ein Kräutersud, mit dem sich völlig neue Gin-Welten auftun. Im supersauberen, äußerst weichen Geschmack üben sich die krautigen Elemente etwas in Zurückhaltung. Mit Wasser bleibt er schön ausgewogen. Ein großer Neuzugang in der Gin-Szene – nicht zu trocken, nicht zu süß, nicht zu krautig.

STIL	Blumig/krautig
3	**Gin Tonic** Ich bin nicht sicher, ob das Tonic Water überhaupt etwas beiträgt, denn der Geschmack ist sehr geradlinig. Ein ordentlicher Drink, doch Tonic Water macht ihn nicht besser.
4	**Mit Sicilian Lemonade** Die Kräuter werden gedämpft. Es ergibt sich ein sehr schönes Gleichgewicht zwischen dem Filler und dem komplexen Gin. Man sollte ihn als Longdrink oder Collins (siehe Seite 188) genießen.
4	**Negroni** N4 Schöne Zitrus- und Kräuterelemente, die sich auf minzigem Terrain bewegen. Die Kräuter harmonieren von Natur aus mit den übrigen Ingredienzen. Die Süße des Drinks unterstreicht den Mittelteil.
5	**Martini** Ein mit Kräutern aromatisierter Wein ist der ideale Partner dieses Gins. In schöner Regelmäßigkeit feuert er Kräutersalven ab. Zum Schluss platzt sogar eine kleine lavendelartige Wacholderbombe. Den muss man mögen!

BLACKWOODS VINTAGE DRY GIN 2012 40 %

Die Blackwoods-Sage ist nordisch geprägt. Obwohl die ursprünglichen Besitzer anderes behauptet haben, entstand der Gin nie auf den Shetlands, selbst wenn Shetland-Botanicals zum Einsatz kommen. Noch komplizierter wird es, weil es inzwischen eine Gin-Brennerei auf Unst gibt. Sie ist jedoch nicht gemeint. Nur weil man sich über die Herkunft uneins ist, heißt das nicht, dass der Blackwoods kein guter Saft ist. Die krautige, saubere Nase hält die Zitrusfahne hoch und offenbart zunächst einen honigartigen, fast butterigen Mädesüßeinschlag, woraufhin sich ein milder, fast blütenfeiner Wacholder outet. Der Gin legt den Schwerpunkt auf Zitrusfrucht und bewahrt sich eine frische Lebendigkeit am Gaumen, bevor Pfeffer auftritt, dem Gewürzrinde und Koriander folgen. Ganz zum Schluss kehren die Blüten und die Zitrusnote zurück.

STIL Zitrus

3.5 **Gin Tonic** Gut und einnehmend. Der Gin bekommt durch den Filler ein wenig Leben und vertieft die Basisnoten. Ganz ordentlich.

4 **Mit Sicilian Lemonade** Da gibt es erwartungsgemäß eine natürliche Verbindung, die auf der frischen säuerlichen Energie und einer anständigen Länge basiert. Appetitanregend.

3 **Negroni** N2 Die staubigen Botanicals machen sich bemerkbar. Recht fest, die bitteren Schalen brechen durch, doch scheint er etwas unentschlossen, ob er artig bleiben oder frech werden will.

3.5 **Martini** Gut mit einem Verhältnis von 4:1, denn der Gin profitiert von den kleinen Seitenhieben des Wermuts. Die krautigen Elemente harmonieren mit denen im Gin. Der Brand selbst bleibt zwar verhalten, doch ist er sauber und hat Biss.

BLOOM 40 %

Er ist der erste Versuch von Master Distiller Joanne Moore, mit Blüten zu arbeiten (siehe Seite 65). Kamille und Geißblatt bekommen hier zusätzlichen zarten Auftrieb durch die Pampelmuse anstelle der traditionellen Zitrusfrüchte. Das sehr leichte, zarte Aroma schlägt Honigtöne an, bevor ein schwungvoller Zitrusakkord anklingt, der in eine kühle Mentholnote übergeht. Alles bleibt recht verhalten und von wiesenartiger Beschaulichkeit. Am Gaumen wird Kamillen- und Kräutertee gereicht, während ein flüchtiger Duft vorüberzieht. Wasser macht deutlich, dass in diesem Garten Wacholder und Veilchen wachsen. Es gibt dem Gin Raum und verankert ihn. Ein sehr gut gemachter Brand, dessen Blüten nicht überextrahiert wirken.

STIL	Blumig
4.5	**Gin Tonic** Wird sehr blumig und bekommt schlagartig Leben. Der perfekte, kühle Gin Tonic für den Sommer – ein Erlebnis, als würde man den Kopf in einen Brautstrauß stecken.
2.5	**Mit Sicilian Lemonade** Nicht ganz so gelungen, denn die Limonade fährt zu viel Zitrus auf und vernichtet die Pampelmuse. Der Gin wird überwältigt.
3.5	**Negroni** N4 Dieser Cocktail ist ein bisschen viel verlangt für so einen zarten Gin, denn Campari dominiert immer. Besser ist vielleicht eine radikalere Abwandlung der klassischen Negroni-Formel. Versuchen Sie es mit Aperol und rosa Wermut.
4.5	**Martini** Der Gin darf nicht ins Hintertreffen geraten, weshalb der Wermutanteil etwas zurückgefahren werden sollte. 5:1 ist hier für mich ideal, weil er zurückhaltend bleibt, aber auch direkt mit den Gartenblüten verknüpft ist. Schön.

BOË 47 %

Sein Schöpfer ist Ian MacMillan von der Deanston Distillery bei Stirling in Schottland. Er begann seine Lauf-
bahn in London in der Gin-Fabrik Booth's. Wegen der
Fragilität vieler neuer schottischer Gins drängt sich ein
Vergleich mit Indie-Gruppen der Glasgower Musik-
szene auf: Sie sind irgendwie nett, wirken aber manchmal etwas arg leicht. Dieser Exponent setzt ganz auf
Zitrusfrucht und viel Aroma mit zartem Fenchel und
Wacholder im Hintergrund. Mit der Zeit melden sich
ferner Pfefferminze, Zitronenschale, Ingwer und Zimt
zu Wort. Der winterfrische Geschmack geizt nicht mit
Minzenoten, die er in einen blumigen, von Wacholderbeeren garnierten Kontext stellt. Wie bei den Bands
muss man hinter die Fassade blicken.

STIL	Blumig/duftig
3.5	**Gin Tonic** Mit Tonic tritt eine leichte Fruchtnote zutage, die sich parallel zur Zitrone entwickelt. Der Mix ist sauber, könnte aber etwas mehr Energie gebrauchen. Sein Aroma allerdings hält an.
3.5	**Mit Sicilian Lemonade** Anfangs übernimmt der Filler das Regiment, doch dann prescht der Gin mit wehenden Zitrus-fahnen nach vorn. Gut gelungen und ideal als Fizz, bei dem etwas mehr Pfiff dahintersteckt.
3	**Negroni** N4 Bleibt leicht und fährt jetzt eine krautigere Schiene. Ordentlich austariert, mit einer anständigen Wacholderdosis. Passt.
3.5	**Martini** Hier gilt es, den Wermut im Zaum zu halten, weshalb ich 5:1 empfehle, was die Süße und nicht die unverhohlen botanischen Elemente ins Rampenlicht zu rücken scheint. Mit dem würzigeren Drive erreicht er ein gutes Gleichgewicht.

BOMBAY DRY 40 %

Der Erfolg des Bombay Sapphire hat eine Schatten-
seite: Sein viel älterer Bruder geriet ins Hintertreffen,
was schade ist, weil es sich um einen ausgezeichneten
traditionellen Gin handelt. Er basiert auf einem Rezept,
das Thomas Dakin 1761 in Warrington (siehe Seite 89)
austüftelte. Es wurde verfeinert, als die Brennerei in den
1830er-Jahren eine Carter-Head-Brennblase bekam
(siehe Seite 43). 1960 taufte man ihn Bombay, nachdem der New Yorker Rechtsanwalt Alain Subin beschlossen hatte, ins Spirituosengeschäft einzusteigen.

Dies ist ein tadelloser, leichterer London Dry Gin mit
Wacholder und staubigem Holz im Vordergrund, Orangenschale, Marzipan und süßer Würze. Wasser entlockt
ihm versengte Erde, eine für Veilchenwurzel und Kiefer
typische Note. Am Gaumen gibt er sich anfangs überraschend süß, bevor weißer Pfeffer in der Nase kitzelt und
schließlich Zitrustöne rasch alles ausgleichen. Die Textur
ist seidig; schwere Elemente treten zum Schluss auf.

STIL	Wacholder	
3.5	**Gin Tonic**	Reich und ausgewogen, mit einer angenehmen Pfefferabtönung, die im Mittelteil für Abwechslung sorgt. Ordentliche Persistenz.
5	**Mit Sicilian Lemonade**	Ein schöner Auftrieb, der eine weitere Facette im Mix freilegt, was immer gut ist. Im Mittelteil sehr schön austariert. Ausgezeichnet.
4	**Negroni**	N1 Dieses Verhältnis lässt den würzigen, fast ingwer-artigen Pfefferzug stärker zutage treten, während Wacholder und Veilchenwurzel ihre Position behaupten. Mittelschwer, charaktervoll. Ein guter Drink.
3.5	**Martini**	Ölig, reich und dick. Eine massive Geschmacksdosis. Es mangelt ihm vielleicht etwas an Finesse, aber er hat einen ungestümen Charme.

BOMBAY SAPPHIRE 40 %

Wo wäre Gin heute ohne den Bombay Sapphire? Er würde wahrscheinlich noch immer mitten in der Flaute stecken. Denn es war dieses Haus, das die Gin-Renaissance angestoßen hat, indem man es wagte, eine neue, leichtere Version herauszubringen. Traditionalisten mögen über diesen Sapphire die Nase rümpfen, doch tut man ihm damit unrecht. Er macht seine Sache nämlich gut. Im Duft gibt er sich als zartes Wesen, bei näherem Besehen indes kann man eine verhaltene Intensität entdecken. Zitrus, Pfeffer und warme, süße Gewürze stechen hervor, doch klingt auch eine laubige Engelwurznote vor einer Kulisse aus Wacholder und einem gekochten vegetabilen Element an. Im Mund kristallisiert sich eine spitzenzarte Textur heraus. Schalen drängen in den Vordergrund wie Schulkinder in den Pausenhof. Denken Sie an Zitronen-Käsekuchen und Sie liegen schon ziemlich richtig. Mit der Zeit macht Pfeffer auf sich aufmerksam.

STIL	Blumig/duftig
2.5	**Gin Tonic** Sauber und sehr würzig, grün und direkt. Schon beim zweiten Schluck aber ist die aromatische Eruption abgeklungen – genießen Sie ihn also kurz und schnell.
3.5	**Mit Sicilian Lemonade** Der Filler beherrscht den Gin behutsam und verlängert seine aromatische Persistenz. Auf der Zunge ist das Duo recht durchschlagend. Wird am besten getrunken, um den Kopf freizubekommen. Oder als Fizz.
4	**Negroni** N4 Dieses Verhältnis gibt dem Gin die Möglichkeit, sich in Gegenwart zweier Schwergewichte zu behaupten. Angenehm duftig, mit exotischen Gewürzen. Leicht pfefferig mit einer schwachen Bitternote, die den süßen Mittelteil austariert.
4	**Martini** Weil der Sapphire so zart ist, muss der Martini trockener ausfallen. 5:1 oder sogar 6:1 hebt die Komplexität des Gins hervor und setzt die Aromen langsamer frei, wodurch er auch etwas Länge bekommt, sofern er kühl serviert wird.

BOTANICALS

....

Wacholder • Koriandersamen • Engelwurz • Süßholzwurzel • Veilchenwurzel • Gewürzrinde • Mandel •
Zitronenschale • Kubebenpfeffer •
Paradieskörner • Zitronengras •
schwarzer Pfeffer aus Vietnam

BOMBAY SAPPHIRE EAST 42 %

Der klassische Sapphire-Mix bekommt hier durch Zitronengras und schwarzen Pfeffer aus Vietnam einen süd-
ostasiatischen Einschlag. In der Nase ist der schwarze
Pfeffer unverkennbar, während das Zitronengras etwas
mehr Zurückhaltung übt und es vorzieht, zusammen
mit der Zitrusbande und dem Wacholder hinter dem
Fahrradschuppen herumzuhängen. Zunächst stoßen
gekochtes Gemüse, dann nach und nach Menthol,
Pfeffer und etwas Wacholder hinzu. Der Geschmack
ist sauber und verhalten.

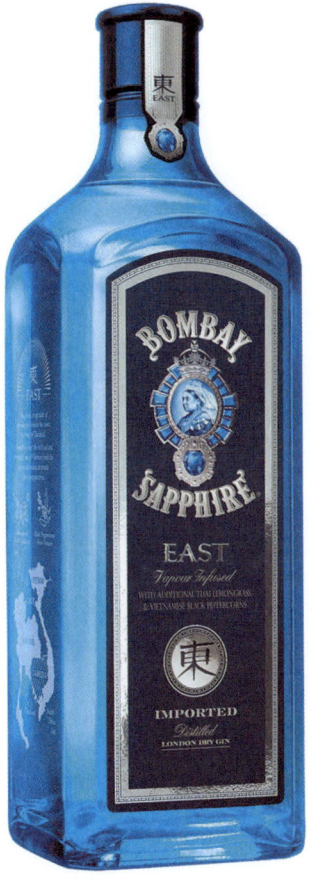

STIL	Würzig	
2.5	**Gin Tonic**	Frisch und pfefferig, verklingt aber rasch.
3.5	**Mit Sicilian Lemonade**	Besser. Gut, der Mix ist leicht, aber erkennbar von Sapphire geprägt. Ich hätte zwar eine Ladung Zitronen und Zitronengras erwartet, doch bleibt alles entspannter. Bräuchte nur etwas zusätzlichen Schwung.
3.5	**Negroni**	N3 Die duftige Pfeffernote kommt sehr sauber zum Tragen. Andeutungsweise adstringierend, aber das Zitronengras meldet zusammen mit delikaten Gewürzen Ansprüche an. Ordentlich.
3.5	**Martini**	Nicht schlecht, vor allem wenn man ihn trockener gestaltet, etwa mit einem Verhältnis von 5:1. Sauber, gute Intensität. Trocknet etwas aus und scheint zum Schluss vor Gewürzen fast auf der Zunge zu prickeln. Die beste Variante.

BOODLES 40 % (45,2 % Export Strength)

Die alte Marke war anfangs der Haus-Gin im Boodles-
Herrenklub in der Londoner St James's Street. Inzwischen wird sie von Beefeater (siehe Seite 63–64) fast
ausschließlich für den US-Markt produziert. Das Unge-
wöhnliche an ihm ist das Fehlen jeglicher Zitrusingredienzen. Die überraschend milde Nase ist in etwa so ruhig
wie der Aufenthaltsraum des Herrenklubs nach dem
Essen. Es herrscht eine dezente Stimmung mit leichtem
Zitruston (möglicherweise von Koriander), etwas Lavendel, Veilchen, Rosmarin, schwarzem Tee und einer
salbeiartigen Wacholdernote als flankierender Maßnah-
me. Mit Wasser präsentiert sich der Boodles zu Beginn
saftig, bis sich eine allgemeine Weichheit ausbreitet.
Am Gaumen gibt er sich anfangs relativ süß, doch fährt
eine überraschende Adstringenz sogleich dazwischen.
Er wird frischer, fester und wurzeliger, als man zunächst
vermutet. Die Herren im Klub sind doch nicht so mild-
herzig, wie man denken könnte.

STIL	Fruchtig/Wacholder
3	**Gin Tonic** In der Nase sehr würzig – hier überhaupt etwas dazuzuschütten scheint gar nicht nötig. Das Tonic Water gibt ihm Struktur, während die Süße gegen die Bitternote kämpft. Engelwurz und Lakritze schlagen durch.
3.5	**Mit Sicilian Lemonade** Fügt man Zitrus hinzu, scheint der Mix eine sichere Sache zu sein. Er wirkt zwar stimulie-rend, doch fehlt dem Geschmack der Auftrieb, der das Duo verankert.
3.5	**Negroni** N2 Sehr höflich und artig, sagt die Nase. Insgesamt angenehm und harmonisch, mit einer gewissen minzigen Mentholseite, doch zündet er nicht so recht.
3.5	**Martini** 5:1 müssen es sein, da der Wermut eine fast unsicht-bare Rolle im Hintergrund spielen muss – gerade so viel, um dem Ganzen Kraft zu geben. Doch er bleibt ruhig und sehr verlässlich, wenn auch nicht übermäßig aufregend.

THE BOTANIST 46 %

Eine Whiskybrennerei, die Gin erzeugt, ist nicht gerade alltäglich, aber auch nicht so selten, wie man meinen könnte. Springbank (siehe Seite 76 und 101) tut es, Balmenach (Seite 78) und Deanston (Seite 68) tun es auch, und die Grain-Anlagen Girvan (Seite 92) und Cameronbridge (Seite 87) unterhalten sogar separate Gin-Brennereien. Überraschender hingegen ist es, dass selbst in den Entstehungsgefilden rauchiger Whiskys Gin zur Welt kommt: Bruichladdich verkauft sich als »fortschrittliche Hebriden-Destillerie« – und was könnte fortschrittlicher sein als ein Gin mit Botanicals von Islay? Der hebt in der Nase zunächst sanft, reich und ölig an, doch bald beschwört er einen Waldspaziergang herauf, bei dem man Beeren, schweren Blütendüften, Kiefern, Salbei, trockener Rinde und Honig begegnet. Dann ziehen Kamille, Heidelbeeren, Himbeerlaub, Wildkräuter und gemahlene Gewürze vorbei. Komplex eben. Der weiche Geschmack mit gemischten Gewürzen klingt mit Schokolade aus.

STIL	Wacholder/fruchtig
4.5	**Gin Tonic** Anfänglich knebelt das Tonic Water den Gin etwas, doch im Mund befreit er sich und zeigt gute Länge, eine solide Wacholdervorstellung und eine gewisse Duftigkeit.
3	**Mit Sicilian Lemonade** Breit, schön ausgewogen, aber vielleicht etwas zu trocken. Im Mittelteil ein bisschen rau.
4	**Negroni** N3 Der Wermut wurde etwas reduziert, sodass sich die duftigere Nase besser entfalten kann. Da sind Tiefe, Reichhaltigkeit und ein gut integriertes Ganzes.
5	**Martini** Ordentlich ölig, der milde Wermut steht im Verbund mit den kräuterwürzigeren Elementen. Ich ziehe 5:1 vor, weil sich dann die Komplexität des Gins offenbart.

BRECON BOTANICALS 43 %

Er ist derzeit der einzige walisische Gin und stammt
aus der Whiskybrennerei Penderyn in den Ausläufern
der Brecon Beacons. Mit seiner sehr feinen, delikaten,
wacholderwürzigen Nase lässt er sich eindeutig dem
Lager der neuen Gins zuordnen. Beizeiten schlägt er
eine leichte Anisnote vor, die er mit Kiefer, Salbei, Heidekraut und Bergamotte abtönt – alles sehr sauber, frisch
und dezent. Der Geschmack bringt leicht blumige, krautige und honigartige Einwürfe mit etwas beerenartiger
Frucht aufs Tapet. Ein cleverer, komplexer Gin, der mit
jedem Riechen ein neues Aroma parat zu haben scheint.
Sein milder, sauberer und weicher Geschmack legt das
Hauptgewicht auf die Zungenmitte, wo die Schalen
dazustoßen und der Wacholder seine Nuancen langsam
verteilt. Im Abgang trocknet er fast enzianartig aus, was
ihm einen spröden Zug verleiht.

STIL	Zitrus
4	**Gin Tonic** Anregend, was etwas überrascht, wenn man bedenkt, wie ruhig der Gin pur ist. Es ist reichlich krautige, würzige Aktivität auszumachen. Der Geschmack unterhält mit einer ganz leichten Süße, Komplexität und Persistenz. Gut!
3	**Mit Sicilian Lemonade** Angesichts des guten Soloauftritts hätte ich erwartet, dass dieses Ensemble wie ein Knabenchor singt, doch duckt sich der Gin weg. Etwas nervös.
5	**Negroni** N2 Anfangs blumig und fast hochfahrend, erhebt sich der Gin über Campari und Wermut auf einem Bett aus Rosen. Dann beginnt sich der Wacholder zu zeigen, während der Geschmack tiefer wird. Ausgewogen und hochklassig.
4.5	**Martini** Bei 4:1 herrscht ein ideales Gleichgewicht mit ausreichend Zitrusfrucht, um bis zum Schluss auszuhalten. Die ganze Komplexität wird nach und nach aufgedeckt. Ausgewogen und komplex. Zu empfehlen.

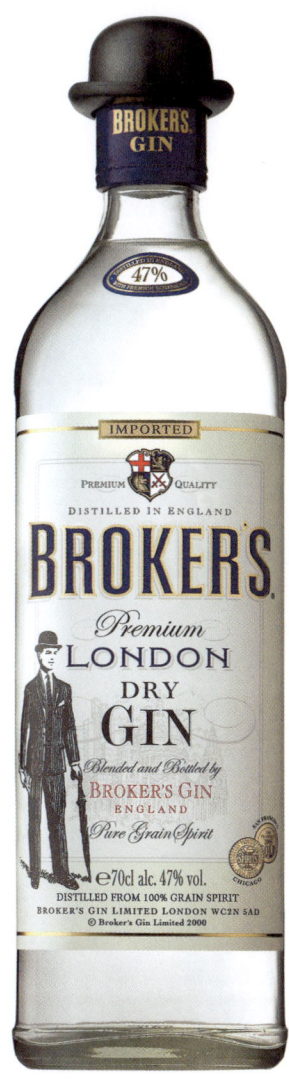

BOTANICALS

Wacholder • Koriandersamen •
Veilchenwurzel • Muskatnuss •
Gewürzrinde • Zimt • Süßholzwurzel •
Engelwurz • Orangenschale •
Zitronenschale

BROKER'S 47 % (Export Strength)

Ich bin durchaus dafür, dass Drinks Spaß machen, aber die Melone auf dem Flaschenhals habe ich immer als ein bisschen marktschreierisch empfunden. Der Gin wurde zum ersten Mal 1998 in der Langley Distillery bei Birmingham in den West Midlands nach einem alten Rezept für die Gebrüder Martin und Andy Dawson gebrannt und erwies sich in den USA als Bombenerfolg. Vielleicht hilft die Melone ja doch etwas.

Der Broker's ist wacholderlastig, schwer und wurzelhaft trocken, wie man es von einem Traditions-Gin erwartet. Außerdem manifestiert sich ein sprödes, fast keksiges Element. Koriander, Sellerie, Veilchen und Gewürze folgen auf dem Fuß, begleitet von einer verhaltenen Zitrusnote. Am Gaumen bekennt er sich zu Viskosität und einer erklecklichen Süße mit sehr pfefferigem Koriander, dann verdichtet sich eine Wacholderwolke zu Wurzeln und einer leichten Nussigkeit. Lang und wesentlich seriöser, als die Flasche vermuten lässt.

STIL	Wacholder
5*	**Gin Tonic** Sauber und trocken, mit viel Gin bei 2:1, weshalb man ihn vielleicht noch etwas stärker verlängern möchte. Duftig zum Abschluss, wie man es bei diesem Gin Tonic im alten Stil auch erwartet.
3.5	**Mit Sicilian Lemonade** Der Gin zeigt sich hier ziemlich spröde, was gegen den Filler arbeitet und nicht genügend Süße durchlässt.
5	**Negroni** N1 Riesig, mit Salbei, Kiefer und Bitterkräutern sowie echter Komplexität. Diesen Mix umgibt ein selbstbewusstes Flair mit reichlich weichen Schichten. Ein klassischer Negroni.
4	**Martini** Trocken, aber sehr präsent und keck. Sollte 4:1 sein, damit der Wermut wie ein Eheberater auftritt, die Gemüter kühlt und den Wacholder in seine Schranken weist.

CADENHEAD'S CLASSIC 50 %

Dieser Gin und seine Schwestermarke Old Raj (siehe Seite 101) werden vom unabhängigen Abfüllunternehmen J & A Mitchell, dem Besitzer der legendären Whiskybrennerei Springbank in Campbeltown, gebrannt und haben vor allem in den USA eine große Fangemeinde. Der sehr forsche und – nicht zu vergessen – starke Gin trägt unverhohlen Wacholder und Wurzeln, allen voran Engelwurz, zur Schau. Im Duft legt er sich auf tiefe, reiche und weiche Klänge mit Waldaromen und fast enzianartiger Trockenheit fest. Der fruchtige Geschmack spielt rasch Zitrusnoten aus, bevor er austrocknet und sich in Kiefernwälder begibt. Zum Schluss ein Anflug von Süße. Ein ernsthafter, aber vor allem ausgewogener Gin, der als solider, guter Entertainer auftritt.

STIL	Wacholder
4	**Gin Tonic** Bewahrt bei 2:1 seine erdige, kraftvolle Art. Er hält sogar eine ordentliche Verdünnung aus – schließlich handelt es sich nicht gerade um einen zaghaften Brand. Gute Persistenz, aber für manche vielleicht ein wenig zu trocken.
3	**Mit Sicilian Lemonade** Der Mix wird seltsamerweise leicht merkwürdig, wenn sich ein zitrusfruchtiger Filler wie dieser dazugesellt. Sauber und etwas frisch, aber die Wacholder-Wurzel-Gruppe sorgt für Dissonanzen.
4.5	**Negroni** N1 Natürlich ist Wacholder dabei – was haben Sie erwartet? Hier aber wagt sich der Drink auch auf Salbei- und Kiefernterrain mit einer leichten Mentholnote. Eine Weichheit im Hintergrund ist zu spüren, ansonsten ist es ein Kraftpaket.
4	**Martini** Kraftvoll und leicht vegetabil. Nach einiger Zeit kommt mehr Süße auf, der Wermut schiebt seine krautigen Geschmacksnuancen nach vorn und schafft Ausgewogenheit. Allerdings bleibt er heftig. Sie sind gewarnt.

CAMBRIDGE GIN AUTUMN/ WINTER 2014 44 %

Will Lowe begann seinen Gin in einer Vakuum-Brennbla-
se herzustellen. Anfangs erzeugte er nur maßgeschnei-
derte Versionen nach Kundenvorgabe, bald aber fertigte
er exklusive Posten für Sternerestaurants. Alle Botanicals (beim Anty Gin waren sogar Waldameisen dabei)
werden unterschiedlich lange eingelegt und separat
destilliert, bevor Lowe sie verschneidet. Zweimal im Jahr
machen sich er und seine Frau Lucy auf die Suche nach
Botanicals der Saison für 50 Liter Cambridge Gin. Die
Herbst-Winter-Version suggeriert eine Kiefernnase mit
Zitronen-Baiser-Torte-Akzent und Rosmarinkulisse.
Der Geschmack zeichnet sich durch milde Süße, weiche
Textur, Reichhaltigkeit und intensive Parfümnoten aus –
er wird zum Spaziergang durch den Kräutergarten mit
Anis im Abgang. Am besten pur mit Eis genossen.

STIL	Wacholder/krautig
2.5	**Gin Tonic** Die kräuterwürzigen Elemente sind sofort da, aber hier wirkt das Tonic Water ausnahmsweise einmal viel zu süß.
2.5	**Mit Sicilian Lemonade** Groß und mächtig, fast moosige Noten, dann Bitter Lemon. Der Gin wird auch hier vernichtet.
3.5	**Negroni** N2 Die krautigen Noten treten in der Nase zurück, aber die enorme Aromaladung hat sich am Gaumen erhalten, wo sie vom Wermut gedämpft wird. Der Campari allerdings ist als Gast nicht gern gesehen.
5	**Martini** Ist mit 5:2 sauber und lässt der Textur Raum. Ein milder, ruhiger Mix, subtil rund dank Wermut und pfefferigem Nachhall. Sehr gut.

CAORUNN 41,8 %

Dieser relativ neue Schotten-Gin, ausgesprochen »Karuhn«, entsteht in der Balmenach-Brennerei in den wilderen Randgefilden der Speyside in den Highlands. Er macht viel Aufhebens um den Einsatz heimischer Botanicals – der Name ist gälischen Ursprungs und bedeutet »Vogelbeere« –, die ihn fest in seiner Heimatlandschaft verwurzeln. Seltsam ist, dass der Balmenach als schwerer, traditioneller Whisky bekannt ist, während der Caorunn eindeutig als zarter New Gin firmiert.

Er hebt sehr einnehmend an mit Apfelnoten, einem kurzen Wacholderakkord und zarten blumigen Tönen. Obwohl alles überaus frisch wirkt, verfliegen die leichteren Aromen sehr schnell. Was bleibt, ist eine saubere, dezent parfümierte, zitrusfruchtige Basis. Mit Wasser kommt das Holz besser zur Geltung. Der Caorunn schmeckt süß, hat etwas Textur im Mittelteil und ist trockener, als die Nase glauben macht.

STIL	Blumig/duftig
2.5	**Gin Tonic** Leicht, angenehm und frisch. Macht Spaß, hat aber etwas wenig Persistenz. Schnell austrinken!
3	**Mit Sicilian Lemonade** Selbst mit 2:1 ist der Filler noch zu stark in der Nase. Trotzdem ein angenehmer Drink.
4	**Negroni** N4 Bei diesem Verhältnis kann die Parfümnote in die Nase steigen, aber der Wermut und der Campari verankern den Mix aromatisch und balancieren ihn nicht nur aus, sondern geben ihm Gewicht. Ein Bonus: der bittere Abgang.
3.5	**Martini** Sauber, spröde und frisch. Niedrige Temperaturen fixieren die flüchtigen Botanicals und geben dem Mittelteil Tiefe. Trinken Sie ihn kalt und lassen Sie die Mundinnenseite die Arbeit machen.

Wacholder • Zimt • Muskatnuss • Gewürzrinde • Paradieskörner • Ingwer •
Kreuzkümmel • Gewürznelke • Koriandersamen • Engelwurz • plus Holunderblüten und Zitrustee

DARNLEY'S VIEW 40 %

Der Gin ist ein Werk der Thames Distillers in Clapham im
Südwesten Londons, die ihn für die schottischen Brenner bzw. Abfüller Wemyss Vintage Malts zubereiten. Er
hebt an mit einer leicht scharfen Ouvertüre, in der er
ausführlich über Zitrus improvisiert und die Intensität
bis in Bergamottehöhen hochschraubt. Anschließend
zeichnet sich etwas Gewürzrinde vor mäßigen Wachol-
derandeutungen im Hintergrund ab. Wasser streicht die
pfefferige Seite heraus. Am Gaumen hingegen legt der
Gin eine sehr weiche Seite offen. Einige der blumigen
Tee-Elemente (vermutlich Holunderblüten) und die
Wurzeln einigen sich auf einen leicht austrocknenden
Grip, der sich auf zitrusmarmeladiges Terrain wagt.
Zum Ende hin steht er ganz im Zeichen von Gewürzen.

STIL Zitrus/würzig

3.5 **Gin Tonic** Frisch, mit einer unbestimmten Zitrusnote, die ein
weiches, leicht honigartiges Element einbringt. Es fehlt ihm
nur die Persistenz.

4 **Mit Sicilian Lemonade** Sehr hochtourig und alert. Gibt
der Limonade etwas Gewicht, während die Schalen
darüber moussieren.

2.5 **Negroni** N3 Begibt sich leider in allzu erdige Tiefen.
Die Gewürze sorgen für Dissonanzen.

4 **Martini** Ideal mit 4:1, wenn das Blumige des Wermuts eine
natürliche Verbindung zur Aromatik des Gins bildet. So wird
eine Brücke ins Zitrusfeld geschlagen und der Pfeffer gedämpft, sodass er nur noch im Abgang durchschlägt. Gut.

Wacholder • Engelwurz • Limetten-schalen • Lorbeer • schwarzer und grüner Kardamom • Himbeerlaub • Honig

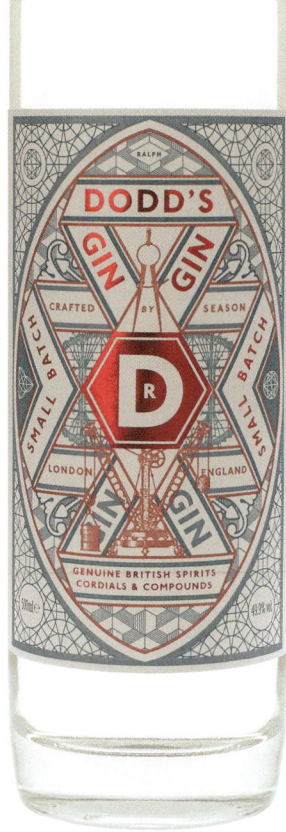

DODD'S 49,9 %

Der im Süden Londons gebrannte Gin ist benannt nach Ralph Dodd, einem Unternehmer, der unter anderem im 19. Jahrhundert die London Distillery Co. ins Leben rief. Das Projekt scheiterte zwar – Dodd wurde sogar vor den Kadi gezerrt, weil er einen innovativen Weg gefunden hatte, übertragbare Anteile zu vergeben –, aber sein Geist lebte weiter. Als die neue London Distillery Company 2013 die Gin-Produktion aufnahm, nannte sie sich Dodd's. Das Gros der Botanicals, darunter Honig, wird in einer kupfernen Pot Still gebrannt, während man die zarteren in einer Vakuumbrennblase kaltdestilliert. Anschließend werden beide Posten verschnitten.

Der Duft legt sich zunächst auf eine cremige Note fest, bis ein laubiges, Shiso-artiges Aroma mit fetten Früchten im Hintergrund die Führung übernimmt. Später kommen eine subtile Wacholdernote, Menthol, Sellerie und Süße dazu. Das seidige Mundgefühl lenkt anfangs vom frischen, warmen Duft ab.

STIL	Wacholder/würzig
4	**Gin Tonic** Lebendig, ja, sogar samtig, mit schweren Blütendüften. Am Gaumen zunächst fest, dann schlägt Zitrus durch, bevor der Mix in trockenere Wacholderwelten übergeht. Cremig, fast medizinal.
X	**Mit Sicilian Lemonade** Die Schalen bringen eine Kerzenwachsnote ins Spiel, der Gin ist zu kräftig – selbst wenn man ihn streckt.
4	**Negroni** N1 Wird sehr fruchtig und saftig, mit massiver Frucht, aber positivem Wacholder. Gewichtig. Die cremige Art des Gins balanciert die bitteren, dunkleren Züge aus.
5	**Martini** Der Wacholder steht frischen, fruchtigen Elementen gegenüber. Dass der Martini hochklassig ist, verdankt er jedoch seinem cremigen Geschmack.

EDINBURGH GIN 43%

Diesen Spirit hat Alex Nicol von der Spencerfield Spirit
Company erdacht. Er erinnert daran, dass die schottische Hauptstadt früher viele, oft illegale Gin-Brenn-
blasen beherbergte, die ihre Version des Old Tom bzw.
Hollands unter das Volk brachten (siehe Seite 11 und
23–24). Inzwischen hat Nicol eine eigene Gin-Brennerei
auf der Royal Mile, der Edinburgh Gin allerdings entstand noch vor dieser Zeit.

Mit einer leichten, esterigen und fruchtigen Nase, in der
sich gekochte Süßigkeiten, Kaugummi und selbstbe-
wusste Zitrusfrucht abzeichnen, fesselt er von Anfang
an die Aufmerksamkeit. Er braucht Zeit (und Wasser),
um seine kieferigen Elemente und etwas Zitronensorbet
preiszugeben. Im süßen Geschmack mit Himbeer- und
Kirschblüten steuert er auf einen großen, breiten Mittelteil zu, wo krautige Elemente in Erscheinung treten, bevor Kiefern und Heidekraut um Aufmerksamkeit buhlen.

STIL	Duftig/fruchtig
4	**Gin Tonic** Wer einen sehr aromatischen Gin Tonic bevorzugt, bekommt hier genau das Richtige. Der relativ trockene Geschmack des Gins passt gut zum Tonic und bekommt einen würzigen Kick. Öffnet sich gut.
4.5	**Mit Sicilian Lemonade** Frucht und Würze sind die Zauberwörter hier. In diesem Mix spielt die Länge eine wichtige Rolle. Trinken Sie ihn lang und entspannt.
3.5	**Negroni** N4 Ein ziemlich spröder Negroni mit Harz und leicht pfefferigen Anwandlungen sowie einigen Früchten als Stütze.
4.5	**Martini** Die leichte Frucht des Wermuts rundet ihn ab, während die Kühle die esterigen Noten herunterfährt, damit der Geschmack mehr Gewicht bekommt. Gut.

FIFTY POUNDS GIN 43,5 %

Der Name erinnert an das dritte Gin-Gesetz von 1736 (siehe Seite 17), mit dem man Händlern eine Lizenzgebühr von 50 britischen Pfund auferlegte, was viele zum Aufgeben veranlasste – oder in den Untergrund trieb. Charles Maxwell erzeugt den Gin bei den Thames Distillers (siehe Seite 79, 84, 93, 105 und 166) und füllt ihn in eine sehr schwere Flasche im Hollands-Stil ab. Der Gin ist wie die Flasche: sauber und breitschultrig. Eine leichte vegetabile Note und nussige, keksige Anwandlungen machen zitrusfruchtigen Elementen – gefrorene Schalen sowie Zitronensorbet – Platz, bis schließlich sehr salbei- und kiefernartige Wacholderdarbietungen die Aufmerksamkeit fesseln. Der Fifty Pounds braucht Zeit, um Parmaveilchen und aufgeweckte Gewürznuancen zuzulassen. Am Gaumen lernt man ihn fett und süß mit reichlich Salbei und Lavendel kennen, während der Wacholder immer selbstbewusster wird. Ein öliger, klassischer Gin.

STIL Wacholder/Zitrus

3 **Gin Tonic** Bei so einem massiven Gin wirkt es seltsam, dass er in sich zusammenzufallen scheint, sobald er mit Tonic Water in Berührung kommt. Das Chinin wird ein bisschen zu dominant.

5 **Mit Sicilian Lemonade** Wesentlich besser als der Gin Tonic. Die Zitrusnuancen des Gins bekommen eine Begleitung, die auf derselben Wellenlänge liegt. Sehr erfrischend.

4 **Negroni** N2 Lässt der kompletten Aromapalette Raum zur Entfaltung, so auch dem neuen Thymianelement bzw. der krautigen Note. Hinzu kommen reichlich Zitrus und eine ausgewogene Süße, die der Wermut beisteuert.

4 **Martini** In der Nase scheu, doch macht der Geschmack das mit Gewicht, viel Wacholder und ordentlicher Komplexität wett. Mehr Wermut verlängert den Drink und beschert ihm einen leicht süßen Abgang. Wer ihn dry mag, erhöht auf 5:1.

FINSBURY PLATINUM 47 %

Den in Langley (siehe Seite 75) gebrannten Finsbury gibt es bereits seit 1740. Heute allerdings ist er ausschließlich für den deutschen Markt bestimmt, wo er zu den meistverkauften Gins gehört. Gerade weil er so allgegenwärtig ist, wird er oft übersehen. Diese Premiumversion wird etwas stärker abgefüllt. Sie wartet mit einer fast überwältigenden Aromatik auf, in der nicht nur reichlich Zitrone als Leitnote auftritt, sondern Blüten, Koriander im Überfluss und ein Erdton mitmischen. Saftiger Wacholder ist ebenso präsent wie eine leicht stahlige Seite mit mineralischem Einschlag. Der Geschmack beginnt mit einer bescheidenen Wacholderandeutung, wird dann aber reicher und tiefer, als die Nase vermuten lässt. Im Mittelteil sind Festigkeit und trockene Würze erkennbar. Zu steif? Mal sehen.

STIL	Zitrus
3	**Gin Tonic** Tatsächlich wirkt er spröde und flintig, wie eine unverheiratete alte Tante, die den ganzen Unsinn überhaupt nicht lustig findet.
3	**Mit Sicilian Lemonade** Auch diese Konstellation bleibt ziemlich trocken. Selbst der warme, bittersüße mediterrane Einfluss kann ihm seine Steifheit nicht nehmen.
3	**Negroni** N2 Sauber und ebenfalls ziemlich trocken. Dagegen lässt sich kaum etwas machen – nicht einmal der heißblütige Wermut führt ihn in Versuchung. Alles sehr ernst und bieder.
4	**Martini** Hier gelingt dem Wermut die dringend nötige Süße, während die kräuterwürzigen Elemente alles weicher machen und das kalte Herz schließlich erwärmen. Ein sauberer und ziemlich guter Martini.

FORDS 45 %

Simon Ford war viele Jahre der Markenbotschafter für Beefeater (siehe Seite 63–64) und Plymouth (Seite 104) und eine Legende in der Branche. 2013 beschloss er allerdings, sein eigenes Unternehmen auf die Beine zu stellen, das er 86 Co. nannte. Natürlich wollte er damit Gin brennen, und so begann er mit Charles Maxwell von den Thames Distillers (siehe Seite 79, 82, 93, 105 und 166) zusammenzuarbeiten. Als Erstes fällt auf, wie schön ausgewogen alles ist. Sicher ist der Gin kräftig, auch konzentriert, aber die Botanicals reihen sich in fein abgestimmter Linie auf, um sich geordnet zu präsentieren. Die lebendige Zitrusnote schaltet sich früh ein; sie wird begleitet von munteren, mit Lavendel durchsetzten Wacholderakzenten. Dann stößt Gewürzrinde dazu, bevor sich blumige Jasminschwere ausbreitet und Fülle beisteuert. Mehr Drive hat der Geschmack mit seinen Zitruslaunen, die er auslebt, bevor er auf angenehme Weise ins trockene Fach wechselt. Schön komponiert.

STIL Wacholder/Zitrus

4.5 Gin Tonic Das Tonic Water gibt den Zitrusschalen noch mehr Raum. Sehr schöner Mittelteil und gute Persistenz. Die Grapefruit bereichert den Nachhall um ein Kribbeln.

4 Mit Sicilian Lemonade Hier ist die Volatilität ausgeprägter, was nicht wirklich eine Überraschung ist. Entscheidend ist aber, wie das Gewicht im Mittelteil mit der Süße und dem sauberen, trockenen Abgang harmoniert.

4 Negroni N2 Das kiefern- und lavendelartige Wacholderelement ist sehr sauber, während die Schalen mit dem Wermut und Campari zusammenarbeiten. Ein Anflug von Süße gibt dem Ganzen Länge und Finesse. Ein gutes Zeug.

5 Martini Elegant, mit krautigen Einsprengseln. Sauber und sehr präsent, mit direktem Mittelteil. Ausgezeichnet.

GERANIUM GIN 44 %

2009 wurden Henrik Hammer und sein Vater fündig. Lange hatten sie nach einem neuen Botanical gesucht, das Gin ihrer Meinung nach brauchte, um komplett zu sein. Sie fanden es in Geranienblättern, was nicht ganz so hanebüchen ist, wie es klingt, denn Geranien haben ähnliche Duftstoffe wie Wacholder und Zitruspflanzen, vor allem Geraniol. Geranien treten denn auch sofort mit ihrem warmen, staubigen Rosen-Zitrus-Charakter auf die Aromabühne. Sie bekommen bald Unterstützung von Lavendel, Kiefer, Zitrone und einem Hauch Gewürznelke. Das Geheimnis des Gins ist seine Textur – sie drängt die Botanicals in eine rosenartige Richtung. Allerdings begibt man sich mit Geranien auf eine gefährliche Gratwanderung, weshalb optimale Ausgewogenheit das A und O ist. Der Geranium Gin hält dieses Gleichgewicht hervorragend. Am Gaumen wird eine kühle Frische deutlich, bevor sich Wacholder mit Pfeffer und anderen Gewürzen in den Mittelpunkt stellen.

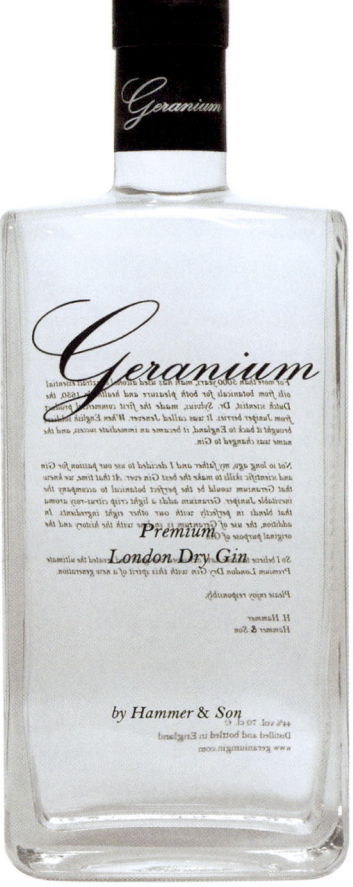

STIL	Blumig
4.5	**Gin Tonic** Das Duftige passt hier; die zentralen adstringierenden Elemente tragen zur Ausgewogenheit bei.
3.5	**Mit Sicilian Lemonade** Hier muss der Gin verlängert werden, denn bei höherer Alkoholstärke herrscht zu viel Chaos. Die Kohlensäure ist nicht fehl am Platz, aber die Geranien sind kein idealer Partner.
3.5	**Negroni** N4 Zusammen mit dem Parfümduft manifestiert sich ein starkes Zitruselement. Samtig, mit etwas Rosen, dann aber ungeheuer blumig und süß mit Reminiszenzen an Eingemachtes.
5	**Martini** Sauber und porzellankühl. Frische ist ausreichend vorhanden. Die blumigen Töne können dank der Temperatur nicht dominieren. Ein Drink mit Klasse. Kurzum: Halten Sie ihn einfach und lassen Sie ihn selbst sprechen.

GILPIN'S 47 %

Er wird von den Thames Distillers (siehe Seite 79) produziert und nennt sich selbst »der Geist Englands«. Seine saubere, recht trockene Nase wird umweht von einer würzigen Korianderfrische und von Walddüften, die vermuten lassen, dass Engelwurz ein gewichtiges Wörtchen mitredet. Dann verschiebt sich das Aroma in eine moosige Richtung, bis Unmengen frischer, von Limetten dominierter Zitrusfrüchte den Abschluss bilden. Der Wacholder gibt sich leicht und bewegt sich um einen krautigen Kern herum, der wieder Waldlichtungen heraufbeschwört. Im Mund hebt der Brand süß an, breitet sich in der Mitte fett aus, als wollte er noch einmal Atem schöpfen, bevor er mit süßen Zitrusnoten, Kräutern und Gewürzen den Abgang einläutet.

STIL Zitrus

3.5 Gin Tonic Frisch und duftig in der Nase – genau so, wie man es dort erwartet. Salbeiähnliche Wacholdernoten dringen durch. Sauber, doch fehlt ihm etwas Persistenz.

3.5 Mit Sicilian Lemonade Weil schon der Partner Zitrus hat, passen sie gut zusammen. Ein subtiles, gut aufgelegtes, ausbalanciertes Duo. Man muss den Mix aber rasch trinken. Was Verantwortungsbewusste natürlich nie tun würden.

3.5 Negroni N2 Der Gin wirkt hier anfangs etwas verloren, entwickelt aber am Gaumen eine saubere, recht trocken-spröde Lavendelnuance. Im Endspurt pfefferig.

3.5 Martini Sauber. Der Wermut ist das Bindeglied, das dem Mittelteil Pep gibt und schön mit der Engelwurz harmoniert. Charaktervoll, komplett und ausdrucksvoll. Trinkt man ihn kalt, setzt die Wärme im Mund die Aromen frei.

GORDON'S 37,5 %

Großbritanniens meistverkaufter Gin. Seine Geschichte beginnt 1769 in Bermondsey im Süden Londons. Dort errichtete Alexander Gordon seine erste Rektifizier-anlage. 1786 zog er nach Clerkenwell um, wo er seinen London Dry und viele andere Marken bis 1989 erzeugte, als das Unternehmen nach Laindon in Essex ging. Heute entsteht der Gordon's in der Cameronbridge Distillery von Diageo im schottischen Fife. 1992 senkte die Mutter-gesellschaft die Stärke auf 37,5 Prozent, womit sie den Gin nicht nur auf ein Niveau mit den wichtigsten Kon-kurrenten brachte, sondern auch die Produktionskosten senkte und damit Geld freimachte für die Werbung.

Leicht und sauber. Koriander übernimmt die Führung, doch sind auch Zitruselemente auszumachen. Spürbar ist eine leicht ölige Wacholdernote mit etwas Süße, beigesteuert von Engelwurz. Hat zwar viele Botanicals, ist aber nicht sonderlich intensiv. Öffnet sich schön am Gaumen mit Koriander, Veilchenwurzel und Wacholder.

STIL	Würzig/Wacholder
2.5	**Gin Tonic** Leidlich. Der Gin zeigt nicht genug Wirkung, nicht einmal mit 2:1, wodurch der Cocktail eher zum Tonic Gin wird. Das Trockene des Tonic Water betont die Wurzeln.
X	**With Sicilian Lemonade** Bizarr. Riecht nach gebackenen Bohnen und passt im Mund überhaupt nicht zusammen. Bekommt sogar etwas leicht Seifiges.
3	**Negroni** N3 Es ist schwer, dem Koriander Einhalt zu gebieten, aber hinter dem Wermut und Campari spitzt ein bisschen Engelwurz hervor. Ein leichter Aperitif.
3	**Martini** Leicht wurzelig, aber wie von einem Gin mit relativ geringem Alkoholgehalt zu erwarten hat er wenig Gewicht und Persistenz.

GORDON'S EXPORT 47,3 %

Der Gordon's, den der Rest der Welt außerhalb Großbritanniens genießt – und ich meine auch »genießt«.
Obwohl es exakt derselbe Gin wie der mit 37,5 Prozent
(siehe Seite 87) ist, hat er wesentlich mehr Obernoten
mit Zitronenschale und Limettenmarmelade zu bieten.
Er wirkt wesentlich leuchtender – so, als ginge die
Sonne auf. Selbst die schwereren Botanicals scheinen
mehr Energie einzubringen, während die Wurzeln sich
nicht so ungebührlich aufführen. Koriander spielt auf
der zitrusfruchtigen wie auf der würzigen Klaviatur und
gibt sich weniger kraftvoll, Wacholder steuert Lavendel und Menthol bei, und selbst von verloschenem
Feuer ist ein Hauch zu spüren. Man hat das Gefühl, als
wäre es ein völlig anderer Gin. Was das Gewicht und
die Wacholderpräsenz betrifft, so ist er zwar durch und
durch ein London Dry Gin alten Stils, doch hat er auch
zitronigen Auftrieb und Energie. Ein sauberer, mentho-
liger, minziger Gin. Kein Vergleich mit dem anderen.

STIL	Würzig/Wacholder
3	**Gin Tonic** Der Koriander schlägt wieder sehr stark durch und die eigentlich schöne Energie verfliegt.
3.5	**Mit Sicilian Lemonade** Mehr Wacholder macht sich bemerk-bar, der schön mit dem Filler verschmilzt. Ein aufregender Mix, den man durchaus einmal als Collins probieren kann (siehe Seite 188), wenngleich der Abgang etwas kurz ist.
4	**Negroni** N1 Koriander hat immer noch die Nase vorn, aber am Gaumen behauptet sich Wacholder. Schöne Harmonie.
3.5	**Martini** Hier meldet der Wacholder seinen Führungsan-spruch mit mehr Nachdruck an, während der Wermut sich mit den krautig-grünen Elementen verbündet. Jetzt ist auch Zitrus da und lässt dem pfefferigen Koriander Raum.

GREENALL'S DRY GIN 37,5 %

Die Gin-Brennerei in Warrington wurde 1761 von Thomas Dakin gegründet (siehe Seite 69). Seine Familie blieb hundert Jahre lang im Besitz des Betriebs, bevor er von der örtlichen Brauerei Greenall's (Seite 65, 67, 94 und 102) übernommen wurde. Es ist nach wie vor eine respektable Destillerie, die eigene Marken erzeugt und auch für Dritte brennt (so etwa bis 2014 für Bombay). Brennmeisterin ist Joanne Moore.

Greenall's Dry Gin entsteht in Pot Stills und ist eine alkoholschwächere Version von Dakins Original von 1761. Das wirkt sich nachteilig auf die Komplexität aus, doch die Zitrusnoten, das obere Wacholderspektrum und die Zitronenschale sind erhalten geblieben. Frische und Präzision sind die Markenzeichen des klassischen, leichten London Dry Gin mit Ingwer-Limetten-Note. Er kommt nur langsam in die Gänge, ist aber ausgewogen. Der Wacholder zeigt sich zum Schluss von seiner stärksten Seite. Begleitet wird er von Veilchen und Gewürzrinde.

STIL	Zitrus/Wacholder
3	**Gin Tonic** Ist zwar leicht, funktioniert aber. Solide, sauber und charaktervoll. Selbst wenn die geringe Alkoholstärke Grenzen setzt, so ist er mehr als annehmbar.
4	**Mit Sicilian Lemonade** Der Filler zeigt in der Nase ordentlich Präsenz, doch der Geschmack bietet mit Verve Paroli. Die angenehm pikante, schwungvolle Note hält das Interesse hoch.
3	**Negroni** N2 Ein sauberer, spritziger Gin-Cocktail mit Andeutungen an volatile Zitrustöne, die den allgemeinen Eindruck von Frische unterstreichen. Ihm fehlt nur etwas Schlagkraft.
3.5	**Martini** Wird leicht nussig und bewahrt sich den Zitrus-Wacholder-Duft, ohne sich vom Wermut in die Ecke drängen zu lassen.

HAYMAN'S LONDON DRY 40 %

Die Familie Hayman brennt seit vier Generationen Gin. Derzeit führen Christopher Hayman, Sohn James und Tochter Miranda das Geschäft. Seit 2013 entstehen ihre Brände in Witham (Essex). In der Firmengeschichte spielt Tradition eine wichtige Rolle – und das gilt auch für ihren Vorzeige-Gin, den London Dry. Mit seinem silbrigen Schimmer wirkt er wie ein Hochglanzprodukt und stellt in der Nase sogleich klar, dass er kraftvoll, wurzelbetont und robust mit Wacholder als Leitmotiv ist. Später, wenn die Parmaveilchen- und Erdtöne von Veilchenwurzel und Engelwurz (hier in sellerieartigem Inkognito) übernehmen, formiert sich Kiefer. Nach diesem Frontalangriff begegnet man Koriander, Gewürzrinde, Muskatblüte und Zimt, die später von Limetten- und Zitronenobernoten begleitet werden. Der seidige Geschmack setzt auf Zitrus, Wacholder, Süßholzwurzel, im Ausklang auch auf Wurzeln. Exzellentes Gleichgewicht.

STIL	Wacholder
5	**Gin Tonic** Kraftvoll. Das Tonic Water schwemmt Engelwurz und Lakritze an die Oberfläche und sorgt für leichte Süße, was der Ausgewogenheit dient. Im Ausklang ist er trocken, aber dem kann man mit einer Limettenscheibe entgegensteuern.
3.5	**Mit Sicilian Lemonade** Hier werden Zitrus und Lakritze unterstrichen, woraufhin die Gewürze mit dem Wacholder und den Wurzeln in den Hintergrund treten müssen.
4.5	**Negroni** N1 Unmengen Wacholder. Der Wermut macht ihn süßer und tiefer, während die Bitternote des Campari mit Orangenschale und Engelwurz verschmilzt. Groß, ernsthaft.
4.5	**Martini** Selbst mit 4:1 hat man noch einen knochentrockenen Martini, dem der Wermut nur einen dezenten krautigen Einschlag verleiht. Harmonisch.

HAYMAN'S ROYAL DOCK 57 %

Vernagelt Fenster und Türen, Leute, ein Gin-Sturm zieht herauf. Die Familie Hayman bereitet stolz ultratraditionelle Gins – und diese harte Breitseite eines Brands in »Naval Strength«, also mit einem Alkoholgehalt von 57 Prozent, ist keine Ausnahme. Man aromatisiert ihn mit den zehn Standard-Botanicals des Hauses (siehe gegenüber), allerdings in einem anderen Verhältnis als beim London Dry. Das Überraschende an ihm ist, dass der Alkohol kaschiert wird und nicht übermäßig scharf wirkt. Anfangs bringt sich zitroniger Koriander in Stellung, dann ziehen weihnachtliche Düfte mit Kiefer, gemischten Schalen, Ingwer und Koriander heran. Mit Wasser dringt man noch tiefer in den Wald ein. Am Gaumen wirkt der Gin sehr reintönig und viskos, doch braucht er, um ehrlich zu sein, Wasser. Es macht ihn dick, belegt die Zunge, entfesselt die Botanicals und holt zum Schluss noch einen Hauch Veilchen aus der Versenkung.

STIL Wacholder

5* **Gin Tonic** Hier braucht der Gin viel Filler, damit ein ausgewogener Gin Tonic herausspringt. Dabei wird er wesentlich sanfter, denn das Tonic macht den Mittelteil »wet«, nass.

3.5 **Mit Sicilian Lemonade** Überraschend zitrusfruchtig. Man wundert sich, wo der Gin hin ist, doch dann meldet er sich auf der Zunge zurück und macht den Mix etwas zu trocken. Die beiden Elemente haben widerstreitende Interessen.

5* **Negroni** N1 Man möchte es kaum glauben: Ein sehr artiger Mix – so, als hätte der unglaubliche Hulk Bruce Banners Persönlichkeit behalten und wäre nicht zum Tier geworden. Der Gin beeinflusst und optimiert jede Facette des Drinks.

5 **Martini** Lang und fest rühren, um eine gewisse Verdünnung zu erreichen – dieser Martini ist gefährlich. Beschränken Sie sich auf einen pro Abend und halten Sie ihn »wet«, weil der Wermut den Mittelteil um eine zusätzliche Schicht bereichert.

HENDRICK'S 41,4 %

Der inzwischen verstorbene Charles Grant Gordon war ein Whiskymann: Sein Familienunternehmen zeichnet für Glenfiddich, Balvenie und Grant's verantwortlich. Wie die meisten Whiskybrenner aber war er auch ein Gin-Liebhaber und wünschte sich eine Version, die roch wie ein Picknick in einem englischen Rosengarten. So entstand der Hendrick's. Für ihn wurden zwei Posten ein und derselben Botanicals in leicht unterschiedlichen Anteilen mit einer Carter Head Still und einer Bennett Pot Still aus dem 19. Jahrhundert in der Grain-Destillerie Girvan im schottischen South Ayrshire gebrannt und anschließend verschnitten, bevor Rosen- und Gurkenessenzen hineinkamen. Wenn das einem Garten nachempfunden war, dann versteckte sich darin Wacholder hinter Büschen, während zarte Blüten und grüne Kräuter auf dem Rasen fröhliche Urständ feierten. Die Szenerie wird jedoch beherrscht von Koriandersamen, die zitrusfruchtige Obernoten und Gewürze suggerieren.

STIL	Würzig
3	**Gin Tonic** Wird mit dem Tonic Water mild und überlässt den blumigen Noten Raum. Doch auch die Süße hat sich merklich erhöht. Koriander meldet im Mund Führungsansprüche an, ist sich aber mit dem Chinin uneins. Zum Schluss wird's wurzelig.
4	**Mit Sicilian Lemonade** Ein erfolgreicherer, strahlenderer Mix. Die Süße des Gins wird betont, während der Koriander seine Zitrusseite offenbart. Im verhaltenen Geschmack entdeckt man anstelle von Staub Gewürze und eine spröde Art.
3.5	**Negroni** N3 Der Campari ist der Troll, deshalb muss er (wie der Wermut) auf ein Maß heruntergefahren werden, das ein ausgewogenes Verhältnis ermöglicht. Funktioniert gar nicht schlecht. Angenehm, wenn auch von Koriander dominiert.
3.5	**Martini** Der Cocktail muss »wet« gehalten werden, damit der Wermut eine Chance hat, eine weiche Stimmung zu verbreiten und sich mit den Obernoten zu verbünden. Schön.

JENSEN'S BERMONDSEY 43 %

Christian Jensens Gin schlich sich mit seiner minimalistischen Verpackung erstmals 2004 auf den Markt und gewann mit seinem schnörkellosen, wacholdergeprägten Stil viele Anhänger. Der traditionelle Old-School-Gin zeichnet sich durch ein unprätentiöses Wesen aus. Im ersten Jahrzehnt erzeugte ihn Charles Maxwell von den Thames Distillers (siehe Seite 79, 82, 84, 105 und 166), inzwischen aber entsteht er in Jensens eigener Brennerei in Bermondsey im Süden Londons. Das vorliegende Exemplar stammt schon von dort. Der Gin setzt unverhohlen auf Wacholder. An Kiefer und Salbei schließen sich ruhige Lakritze-, Anis- und Veilchentöne an. Erst dann dürfen Koriander und die Schalen von der Leine – sie bringen süße Gewürze und Tangerinen mit. Staubnoten werden von der öligen Natur des Brands im Zaum gehalten. Der anfangs fast dezente Geschmack nimmt im Mittelteil Fahrt auf und klingt mit Mandelnoten aus. Ein ruhiger, geordneter, präziser und komplexer Gin.

STIL	Wacholder
5*	**Gin Tonic** Ein anständiger Gin Tonic alter Schule, dem das Tonic sprudelndes Temperament und ein leicht austrocknendes Element verleiht, ohne dem Gin etwas zu nehmen. Mit der Zeit zeigen sich erdige Noten. Schöne Persistenz.
3.5	**Mit Sicilian Lemonade** Die trockene Erdnote ist auch hier spürbar, was allerdings zu Beginn für leichte Dissonanzen sorgt. Sobald der Mix im Mund aber Fahrt aufgenommen hat, ist schon alles im Lot.
5	**Negroni** N1 Trocken, von Wacholder und Wurzeln dominiert und mit stärkerem Parmaveilchenanteil. Ein großer, appetitanregender Cocktail – man kann ihn fast essen.
5	**Martini** Der Wacholder steht erwartungsgemäß im Rampenlicht, Wermut ist der milde Nebendarsteller. Langsam voranschreitender, ausgewogener Mittelteil. Reich.

Elf Botanicals, darunter: Wacholder •
Orangenschale • Zitronenschale •
Koriandersamen • Süßholzwurzel •
Eichenrinde

LANGTONS NO.1 40%

Greenall's (siehe Seite 65, 67, 89 und 102) brennt ihn
für Nick Dymoke-Marr und Tim Moor. Das Wasser dafür
holen die beiden aus einem Bohrloch am Skiddaw, einem Berg im Lake District im Nordwesten von England.
Heraus kommt ein großer, breiter Gin, der den Wacholder als graue Eminenz im Hintergrund wirken lässt und
stattdessen auf Kräuter setzt. Wie in einigen anderen
neuen Gins haben Himbeerblätter auch hier ein Forum
bekommen. Sie vermitteln eine gewisse Süße im Aroma
neben Rosen und leicht vegetabilen Anwandlungen wie
frischem Spinat, was gar nicht so unangenehm ist, wie
es sich anhört. Am Gaumen wird er sellerieartiger, doch
stößt man dort auch auf Wacholder und eine sich aus-
weitende Zitrusdimension. Da das Ganze schon recht
volatil ist, kommt den Kiefer- und Wurzelelementen
eine wichtige Rolle beim Abmildern einiger nervöser
Aromen zu. Sehr weich der Ausklang.

STIL	Zitrus/blumig
2.5	**Gin Tonic** Wirkt anfangs etwas künstlich, wie Gummi-bärchen, dann drängen Früchte heran, bevor der Gin-Kern zum Tragen kommt.
2.5	**Mit Sicilian Lemonade** Der Gin wird vom Filler an die Wand gedrängt.
4	**Negroni** N4 Ich habe dieses Verhältnis gewählt, um Textur und Aromatik des Gins zu erhalten und zudem den übrigen Ingre-dienzen einen Platz im Mittelteil zuzugestehen. Ergebnis: ein frischer, blumiger Mix mit Wacholder und saftigem Mittelteil.
3.5	**Martini** Diese Aromen bleiben beherrschend, was ihn zu einem guten Gin für Gin-Neulinge macht. Eine Andeutung von Artischocke im Mittelteil, dann Rosen und etwas Tiefe. Schöner sauberer Ausklang.

LONDON HILL 40%

Ein bewährtes altes Postpferd. Der London Hill wird in der Langley Distillery (siehe Seite 75) für den schottischen Whiskybrenner und -blender Ian MacLeod hergestellt und gehört zu der Kategorie, die unbeachtet bleibt, vielleicht weil die Verpackung nicht ansprechend genug ist oder der Preis nicht passt (womöglich sogar zu niedrig ist). Was auch immer der Grund sein mag, er verdient, dass man ihm noch einmal eine Chance gibt. Der mittelschwere London Dry Gin bringt wintergrünähnlichen Wacholder mit etwas Balsam, hellen Zitrusschalen und einer würzigen Koriandernuance zusammen, die gemeinsam Waldblüten, Orangenschale und Engelwurz einen Besuch abstatten. Der anfangs weiche Geschmack gewinnt erst im Mittelteil an Kraft. Ein klassischer, wacholderstarker Gin der alten Schule. Ich würde ihn wirklich gern einmal mit einem etwas höheren Alkoholgehalt ins Glas bekommen.

STIL	Wacholder
3.5	**Gin Tonic** Wird dank der Kohlensäure viel strahlender. Prickelnd, klingt aber leicht bitter aus. Trocken, braucht also eine Limettenspalte.
3.5	**Mit Sicilian Lemonade** Ein ordentlicher Durchschnitts-Cocktail mit Gewicht, einer gewissen Länge und ansprechenden Obernoten. Als Fizz wäre er mir wahrscheinlich lieber.
3.5	**Negroni** N1 Recht zurückhaltend und mild, mit reichlich widerhallenden tiefen Noten. Hält sich am Gaumen gut, wird leichter, zitrusfruchtiger und zum Ende hin angenehm bitter.
4.5	**Martini** Eine bemerkenswerte Verwandlung ist hier zu beobachten. Als Martini zieht der Gin seinen Smoking an, poliert die Manschettenknöpfe und mutiert zum charmanten Gentleman. Spritzig und schön konfiguriert.

....

Wacholder • Süßholzwurzel • Veilchenwurzel • Zimt • Mandel • Bohnenkraut •
Koriandersamen • Engelwurz • Gewürzrinde • Zitronenschale • Orangenschale • plus Mazeration mit Bergamotte und Gardenienblüten

THE LONDON NO.1 47 %

Der für das Sherry-Haus Gonzalez Byass von den
Thames Distillers (siehe Seite 79) gebrannte London
Dry Gin ist zunächst mal ein ziemlich klassischer Vertreter seiner Gattung. Seinen bläulichen Ton verdankt
er den Gardenienblüten, die lange in ihm mazeriert
werden. Zunächst zeigt er sich ein bisschen scheu, was
angesichts seiner Kraft doch erstaunt, und outet sich
als krautig. Recht zurückhaltend trägt er die Orangenschalen zur Schau, während Bergamotte hervorsticht.
Dann wirbt er mit zarten Wacholderzuflüsterungen,
Eukalyptus und wildem Thymian. Sein Aroma deutet
eher auf spanischen Gin als ein Londoner Gewächs hin.
Der spröde Geschmack ist fester als erwartet und paart
leichte Pfeffernuancen mit Obstblüten.

STIL	Zitrus/krautig	
5	**Gin Tonic** Das Tonic Water unterstreicht den Gin ordentlich und sorgt für einen überbordenden, exotischen Mix. Man kann ihn verlängern, aber ich würde es wie die Spanier handhaben und ihn härter lassen.	
3.5	**Mit Sicilian Lemonade** Der Filler dominiert in der Nase, erst im Geschmack stellt sich eine gewisse Einheit ein. Ein erwachsener, weicher Drink.	
3.5	**Negroni** N2 Etwas verkniffene Nase und ein fleischiger Geschmack. Groß und süß, mit Pep und Stil.	
4	**Martini** Na gut, er ist blau, aber wenn Sie das stört, trinken Sie ihn eben im Dunkeln. Weicher und süß, sehr hervorstechende Bergamottenoten und etwas Wacholder. Hat sich im Griff und ist angenehm.	

MARTIN MILLER'S 40 %

Als dieser Gin 1999 auf der Bildfläche erschien, fragten sich die meisten Gin-Freunde, was der inzwischen verstorbene Martin Miller mit dem Einsatz von isländischem Wasser und Gurkenessenz wohl bezweckte. Sie ahnten nicht, dass Verfahren wie diese die Norm werden würden. Der New Gin war alles andere als eine Eintagsfliege.

Millers Kreation ist nach wie vor ein zehn Botanicals starker Gin, der von Langley (siehe Seite 75) in zwei Durchgängen destilliert wird – einmal mit Wurzeln und Gewürzen und einmal mit Zitrusfrüchten. Schließlich kommt noch die Gurke dazu, bevor man ihn nach Island verfrachtet, wo er mit Gletscherwasser verdünnt wird. Das zitrusfruchtige Leitmotiv wird von Limette, Orangenkernen, Tangerine, Zitrone und (ebenfalls zitrusfruchtigem) Koriander getragen. Dahinter postiert sich harziger Wacholder. Alles sehr lebendig und persistent. Früh setzt im Mund ein austrocknendes Element ein, obwohl die Zitrusnote anhält. Wächsern der Ausklang.

STIL	Zitrus
4	**Gin Tonic** Die Frage, welche Zitrusschale hier zum Einsatz kommen soll, stellt sich nicht. Denn es ist gar keine nötig. Der Mix tritt überraschend frisch und lebendig auf. Obwohl der anfängliche Überschwang abebbt, hat er Drive.
4	**Mit Sicilian Lemonade** Schon seltsam, dass gerade ein zitrusfruchtiger Filler die wurzeligen Elemente an die Oberfläche befördert und im Mittelteil auch noch etwas Süße herausholt.
3.5	**Negroni** N2 Zitrus bleibt der Hauptprotagonist, aber ohne Wachsnote. Ausgewogener Geschmack mit Pomeranze, doch eine bittersüße Anwandlung macht ihn geringfügig adstringierend.
4	**Martini** Frisch und sehr wächsern. Die Zugabe von Wermut setzt die aromatischeren Obernoten frei und verleiht ihm etwas Parfümigeres. Ordentlicher Auftrieb.

GINS: GROSSBRITANNIEN

MARTIN MILLER'S WEST-BOURNE STRENGTH 45,2 %

Dieser nach Martin Millers einstigem Büro in Westbourne Grove im Londoner Stadtteil Notting Hill benannte Gin veranschaulicht auf faszinierende Weise den Unterschied zum Original (siehe Seite 97). Er ist alkoholstärker und enthält dieselben Botanicals, jedoch in anderer Gewichtung, was sich in einem breiteren Charakter niederschlägt. Der Zitrus-Tsunami, der die Brudermarke charakterisiert, fällt schwächer aus, sodass sich ein besseres Gleichgewicht zwischen allen Botanicals einstellt und mehr Engelwurz Raum zur Entfaltung bekommt. Er ist fetter und fast schon herbstlich, während das Original eindeutig frühlingshaft wirkt. Der dicke, leicht vegetable Geschmack gibt deutlichere Zitronen- und Wacholderakzente frei. Sein typischer Wachston ist in zurückhaltender Form erhalten geblieben. Schwungvoll der Ausklang.

STIL	Zitrus/Wacholder
4	**Gin Tonic** Postuliert mit 2:1 alkoholische Ernsthaftigkeit. Sehr leicht, aber ein solider, recht trockener Mittelteil mit genug Zitrusfrucht verhindert, dass das Chinin sich an die Wurzeln heftet und alles nach unten zieht. Gute Persistenz.
3	**Mit Sicilian Lemonade** Zu Anfang fällt ein leicht gekochtes Aroma auf. Außerdem wird das Wächserne betont, wenn sich die Zitruselemente vereinen. Trotzdem ein ordentlicher Mix.
3.5	**Negroni** N2 Bleibt wächsern. Skizziert einen geringfügigen Salbeiton. Der Wermut bringt ein paar angeschlagene Früchte ins Spiel. Ausgewogen und recht trocken.
4.5	**Martini** Sehr zitrusfruchtig und elegant, was der Alkohol unterstützt. Wermut bildet die Kulisse. Gutes Gewicht im Mittelteil. Das Wachs hat sich in tückische Öligkeit verwandelt.

Wacholder • Gewürzrinde • Koriandersamen • Engelwurz • Gewürznelke •
Kreuzkümmel

MOMBASA CLUB 41,5 %

England hat den Old Raj (siehe Seite 101), sodass es auf der Insel zwangsläufig einen weiteren Gin dieser Kategorie geben muss, der an die alten Zeiten des britischen Weltreichs erinnert. Er wird von den Thames Distillers (siehe Seite 79) gebrannt und bekommt eine Botanicals-Mischung zugeteilt, die eher dem würzigen Lager entstammt, was durchaus angemessen ist, schließlich liegt Mombasa nicht weit von der Gewürzinsel Sansibar entfernt. Die trockene Aromatik wird beherrscht von Nussöl, viel erdigem und zitronigem Kreuzkümmel, reichlich Gewürznelke und Muskatnuss. Sie erinnert ein bisschen an Garam masala in Alkohol. Ein weicher und – was sonst? – würziger Geschmack mit trockener Mitte öffnet sich mit der Zeit und zeigt, dass er auch noch lavendelartigen Wacholder, Veilchen, schwarzen Pfeffer und Muskatnuss auf dem Kasten hat.

STIL	Würzig
3	**Gin Tonic** Ziemlich interessant, ja, kurios: erinnert an Haut nach dem Geschlechtsakt. Nur beim Daran-riechen kommt man sich schon wie ein Voyeur vor. Aber der Mangel an Obernoten hält ihn auf dem Boden und auch ein Schuss Zitrus hilft.
5	**Mit Sicilian Lemonade** Wer Obernoten braucht – hier sind sie. Die zitronigen Elemente in Koriander und Kreuzkümmel dürfen ihre Aromatik ausleben. Funktioniert auch als Collins gut (siehe Seite 188), denn die Kombination ist ideal.
3.5	**Negroni** N2 Sicher dominiert das Würzige, doch ist es so übermächtig, dass man den Wermutanteil erhöhen muss, um alles ins Lot zu bringen. Danach bekommt man einen etwas rastlos zappelnden Drink, der aber auch Spaß macht.
3.5	**Martini** Nun wird alles recht weihnachtlich, was gar nicht so übel ist – in einem Gin Punch (siehe Seite 190) etwa. Hier aber erhalten wir einen glühweinartigen Martini, der doch etwas bizarr wirkt. Besser zum Martinez umfunktionieren.

NO.3 46 %

Das ehrwürdige Londoner Wein- und Spirituosenhaus Berry Bros. & Rudd betreibt seit 1698 von der St James's Street Nr. 3 aus Handel und belieferte den Adel der Hauptstadt, als der Pöbel Mother's Ruin hinunterkippte. Mit dem No. 3 stieg es 2010 in den Premiummarkt ein.

Der von Dr. David Clutton zusammengestellte und in Holland gebrannte Gin ist eine Verbeugung vor der Geschichte, wie die Einfachheit des Botanical-Rezepts offenbart, und zugleich ein Zugeständnis an die Moderne, erkennbar an der Verwendung von Grapefruit. Die elegante, reiche Nase wird zunächst von den warmen Mentholnoten des Kardamoms erfüllt, bevor Wacholder mit Kiefern und Lavendel dazwischenfunkt. Gerade als sich der Gin unaufhaltsam in Richtung der Wurzeln bewegt, treten Grapefruit, Orange und Koriander auf, um ihm die Strahlkraft zurückzugeben. Später übernehmen Schalen den Hauptpart. Wasser legt eine angenehm staubige Veilchenwurzelnote frei. Glatt der Geschmack.

STIL	Würzig/Wacholder
4	**Gin Tonic** Von der Rückkehr des Kardamoms geprägt. Anfangs recht duftig, widmet sich dann aber eingehend dem Wacholder. Persistenz und gute Länge.
3	**Mit Sicilian Lemonade** Hier treten Unstimmigkeiten auf. Die bitteren Schalen der Limonade und der Kardamom aus dem Gin kommen nicht unbedingt gut miteinander aus.
5	**Negroni** N2 Grapefruit ist die Geheimwaffe, denn sie schlägt eine Bresche, während sich Wacholder und Kardamom mit Wermut verbrüdern. Der Campari integriert sich gut und steuert Süße bei. Ein sehr urbaner Drink.
5*	**Martini** Hier ist der Gin in Hochform. Ein exotischer Martini, in dem sich alle Elemente in Einklang befinden. Seine Reichhaltigkeit und sein Gewicht sind unverkennbar. Der Wermut schießt gerade so viel Süße zu, wie nötig ist.

OLD RAJ 55 %

Ein legendärer, nein, ein Kult-Gin. Der Old Raj entsteht
in der Whiskybrennerei Springbank in Campbeltown
auf der schottischen Halbinsel Kintyre. Berühmt geworden ist er vor allem, weil nach der Destillation noch ein
Quäntchen Safran dazukommt, was ihm eine schwach
zitronengelbe Färbung verleiht. Trotz seines hohen Al-
koholgehalts entsendet er eine ausgefeiltere Aromatik
als die Schwestermarke Cadenhead Classic (siehe
Seite 76). Das Sagen haben Kiefern- und Zitrusnoten.
Obwohl er ohne Zweifel trocken ist, lassen sich Kräuter,
ein Hauch Menthol, ein geringer blumiger Auftrieb und
die weiche Tiefe von Safran und Mandeln aufspüren. Ein
dickes, viskoses Mundgefühl beschäftigt die Sinne, während Wacholder den Geschmacksreigen einleitet, bis
prickelnde Zitruskaskaden einsetzen, um später in ein
ausgewogenes Wurzelsystem überzugehen. Der Alkohol steuert eine gewisse Schärfe bei. Ein verlässlicher
alter Haudegen. Haben Sie etwas anderes erwartet?

STIL	Wacholder/Zitrus
4.5	**Gin Tonic** Gutes Zitrusmanagement, aromatischer Auftrieb und dank der hohen Alkoholstärke auch anständige Persistenz. Sauber und lang. Gut so.
5*	**Mit Sicilian Lemonade** Die Kiefern- und Zitruselemente verschmelzen miteinander. Ein duftiger Akzent erscheint am Gaumen. Einer jener Drinks, bei denen das Ganze mehr ist als die Summe seiner einzelnen Bestandteile.
4	**Negroni** N1 Ein sauberer Gin mit leichten Honigimpressionen, die vom Basisbrand stammen. Der Cocktail streicht die Zitruselemente heraus, während sich Wacholder und Wurzeln in die weichen Wermutkissen sinken lassen.
5*	**Martini** Mit 4:1 etwas fett, da der Wermut die Kräuterseite stärker hervorhebt, aber man braucht ihn leicht verwässert, weil er sonst zu stark ist. Elegant, mit echter Persönlichkeit.

BOTANICALS

Nicht deklariert, aber mit: Wacholder • Koriandersamen • Engelwurz • Kubebenpfeffer • Kardamom • Ingwer • Schwarzer Pfeffer • Orangenschale • Zitronenschale • Grapefruitschale

OPIHR 40 %

Ein gewürzter Gin von Greenall's (siehe Seite 65, 67, 89 und 94), der wie ein Currygericht riecht? Der Mix aus Pfefferkörnern, Kubebenpfeffer, Kreuzkümmel, Koriander, Curryblättern, Kurkuma und Bockshornklee macht es möglich. Man kann sich vorstellen, auf den nicht belegten Papadams herumzukauen. Wo der Wacholder sich versteckt, lässt sich schwer herausfinden. Am Anfang ist der Gin am Gaumen gar nicht so scharf und pfefferig, weshalb er in falscher Sicherheit wiegt, bis die Gewürze mit Gewalt herandrängen. Das Ganze ist zugegebenermaßen etwas merkwürdig, aber wie so oft bei solchen Kuriositäten nicht uninteressant.

STIL	Würzig (und noch mehr)
4.5	**Gin Tonic** Ich hätte nicht gedacht, dass das funktioniert – der Gin ist zu kraftvoll, der Wacholder bleibt im Verborgenen –, aber es funktioniert. Welchen Drink würden Sie zu einem Currygericht wählen? Wohl keinen Gin Tonic. Aber dieser hier ginge.
X	**Mit Sicilian Lemonade** Geht nicht. Die Süße wirkt fehl am Platz, die scharfe Würze sorgt für bittere Dissonanzen.
4	**Negroni** N1 Der ganze Kardamom bricht sich neben Pfeffer und Ingwer ungehindert Bahn, aber am Gaumen findet alles in Harmonie zusammen, wobei die Gewürze erst zum Schluss voll durchschlagen. Macht Spaß.
2.5	**Martini** Wie Sie inzwischen gemerkt haben, ist der Ophir kein Gin, den man unterdrücken oder in eine neue Richtung schieben kann. Eine niedrige Temperatur mildert zwar die Schärfe der Gewürze, aber der Geschmack ist chaotisch.

OXLEY 47 %

Er war zunächst ein Experiment des Bacardi-Konzerns, dem auch der Bombay Sapphire gehört (siehe Seite 70). Man destilliert ihn bei niedrigen Temperaturen im Vakuum, damit keine gekochten Komponenten durchschlagen. Bereitet wird er in einer speziellen Abteilung der Thames Distillers (siehe Seite 79). Alle 14 Botanicals werden separat gelagert, vakuumversiegelt und eingefroren, damit sie ihre Intensität bewahren. Dann brennt man sie zusammen.

Im Bukett macht sich eine Fenchelnote bemerkbar, ferner Lakritze, intensive Pomeranzentöne und Tangerine, bevor die Gewürze mit dezentem Wacholder auftreten. Mit Wasser wird er mächtiger und bekommt fast schon eine leichte Süße. Am Gaumen stellen sich die Botanicals nach und nach ein. Im langen, sauberen Ausklang wird er recht aromatisch und pfefferig und deutet Menthol, Muskatblüte, Lakritzesüße und Wacholder an. Mit Wasser wird er exotisch. Kalt, pur und mit Eis genießen.

STIL	Zitrus/würzig
3.5	**Gin Tonic** Sauber und knackig frisch. Die Grapefruit tritt stärker hervor. Bleibt relativ leicht, also das Tonic Water gering halten und rasch trinken.
3	**Mit Sicilian Lemonade** Die bittere Zitronennote bedrängt den Gin etwas, aber der Mittelteil, in dem sich alles Trockene, Süße und Bittere trifft, ist interessant. Auch hier gilt: als Shortdrink schnell genießen – nach Fizz-Art also.
3.5	**Negroni** N2 Weil der Gin so zart ist, braucht man ein leichteres Mischungsverhältnis – ich würde sogar den Campari durch Aperol ersetzen. Aber selbst dann ist noch zu viel da, als dass sich ein Gleichgewicht einstellen würde.
3.5	**Martini** Gehen Sie auf 5:1 und Sie bekommen einen frischen, knackigen Drink. Er bleibt allerdings zart, weshalb ich mich frage, ob so der klassische Frühstücks-Martini aussieht. Oder ist es unverantwortlich, so früh … ?

PLYMOUTH GIN 41,2 %

Mr. Coates eröffnete seine Black Friars Distillery 1793. Sein Ziel war es, edlere Brände zu erzeugen als diejenigen, die in Umlauf waren. Mitte des 19. Jahrhunderts lieferte die Firma der britischen Marine über 1.000 Fässer Navy Strength Gin im Jahr. In den 1980er-Jahren allerdings waren die goldenen Zeiten des Plymouth Gin längst passé. Interesselose Besitzer hatten die Alkoholstärke gesenkt und das Rezept verändert. 1996 kaufte Charles Rolls (jetzt bei Fever-Tree) die Marke, fuhr den Alkoholgehalt wieder hoch und kehrte zum Ursprungsrezept zurück. Der Plymouth feierte ein Comeback. Weicher Wacholder mit Heidekrautabtönung steht im Vordergrund, flankiert von Zitrusnoten. Dann werden Menthol, Salbei und eine zarte Süße ein Thema. Am Gaumen geriert sich der Gin ausgewogen und ruhig, wobei die Botanicals eher geschichtet als aufgereiht auftreten. Kiefern stoßen dazu, die Zitrusnoten gleichen aus. Veilchen und sehr milde Wurzeln runden ihn ab.

STIL	Wacholder
4.5	**Gin Tonic** Gute Wacholderpersistenz. Ziemlich leicht und ausgewogen. Arbeitet gut mit dem Tonic zusammen und hat Länge.
4.5	**Mit Sicilian Lemonade** Die süße Zitrusnote und die Zitrone befinden sich völlig im Einklang. Volatil und frisch.
5	**Negroni** N1 Die Orange, beigesteuert von den Fillern, spielt hier eine Schlüsselrolle. Komplex, dekadent, seidig und sexy.
5*	**Martini** Der Wermut bereichert den komplexen Mix um Heckennoten. Die ölige Textur wird verdickt, sodass ein sehr sinnlicher Martini Formen annimmt. Sehr charakterstark, mild und lang.

Wacholder • Zitronenschale • Bitterorangenschale • Koriandersamen •
Veilchenwurzel • Engelwurz • Gewürzrinde • Süßholzwurzel • Muskatnuss

PORTOBELLO ROAD NO. 171 42 %

Die Londoner Bartender-Legende Jake Burger rief die-
sen sauberen, würzigen Gin mit Ged Feltham ins Leben.
Er wird nach ihren Vorgaben vom Gin-Virtuosen Charles
Maxwell in der Brennerei der Thames Distillers (siehe
Seite 79, 82, 84, 93 und 166) hergestellt. Den Botanical-
Reigen eröffnen Muskatnuss und Gewürzrinde, jedoch
tragen ihnen schwache, aber erkennbare mentholige
Wacholder- und Koriandernuancen ihr Geleit an. Aus
der Engelwurz bildet sich eine laubig grüne Nebenlinie.
Der komplexe, clever zusammengestellte Gin braucht
Zeit, sich zu entwickeln. Verdünnt man ihn, erwacht er
zum Leben und suggeriert Schalen, Veilchen und Zimt.
Im sauberen, die Zunge einhüllenden, leicht öligen Geschmack ist jedes Element gut eingebettet: ein Hauch
Wacholder, ein Quäntchen Zitrus, eine Prise Gewürz
sowie reichlich Gewürzrinde und Muskatnuss zum Abschluss. Jake und Ged betreiben auch das London Gins-
titute über ihrer Bar, dem Portobello Star in Notting Hill.

STIL	Würzig/Wacholder
3.5	**Gin Tonic** Ein raffinierter, sauberer GT, der sich seinen Charakter und seine Persistenz bewahrt, obwohl der Ausklang ein wenig abrupt endet, wenn man vergisst, Zitrus hinzuzufügen.
4	**Mit Sicilian Lemonade** Wesentlich besser als der Gin Tonic. Angenehm volatil, was den Gin erblühen und nicht über die dunkleren, bitteren Elemente des Lebens brüten lässt.
5	**Negroni** N2 Ein hervorragender Negroni, gewichtig und sukkulent. Der Wermut greift lenkend ein, während die Gewürze, der Wacholder und der Campari wild durcheinanderjagen.
5	**Martini** Wie von einem Bartender-Gin zu erwarten, ist er wie geschaffen für Cocktails und zeigt sich im Martini denn auch von seiner besten Seite. Sauber, positiv, vielschichtig und kraftvoll, aber nie übermächtig. Beispielhaft ausgewogen.

SACRED GIN 40 %

Ian Hart ist ein Revolutionär. Er hat gezeigt, dass es möglich ist, Weltklasse-Gins in der Behaglichkeit des eigenen Heims zu erzeugen. Seit 2009 brennt er seine Botanicals einzeln in einer Vakuumbrennblase und verschneidet sie anschließend zu einer immer breiteren Palette von Gins.

Der Sacred ist sein Vorzeigebrand. Neben elf weiteren Botanicals enthält er Weihrauch, dessen lateinischer Name *Boswellia sacra* der Brennerei den Namen gab. In der verhaltenen, eleganten Nase sind alle Elemente auf Harmonie bedacht. Es dominiert eine frische Zitrusnote, während sich der Wacholder bedeckt hält. Man fragt sich, ob etwas das ausgezeichnete Gleichgewicht dieses differenzierten Brands stören kann. Am Gaumen bleiben die einzelnen Geschmacksnuancen präzise und gut ausgearbeitet. Der Weihrauch postiert sich mit seiner warmen, harzigen Tiefe an der Seite von Lavendel, scharfen frischen Zitrustönen und warmen, süßen Gewürzen. Er hat zwar Verve, bleibt aber gelassen.

STIL	Zitrus/würzig
3.5	**Gin Tonic** Weihrauch bringt sich ganz klar in Stellung, zudem kommt noch Zitrus dazu. Gutes Mundgefühl – der Sacred ist ein Gin zum Schmecken, nicht zum Riechen. Aber mit der Persistenz hapert es.
3	**Mit Sicilian Lemonade** Sehr feinsinnig und recht sanft. Aber wie befürchtet schlägt er nicht so richtig ein.
5*	**Negroni** N2 Die Aromatik präsentiert sich in gutem Licht und fügt sogar eine exotische Komponente hinzu, die die Minze-nuance gut ergänzt. Parfümduftig und weich der Geschmack. Ein komplexer und gar nicht scheuer Gin. Hat Klasse.
4.5	**Martini** Funktioniert gut, aber nur, wenn man den Wermut auf 6:1 zurückschraubt, damit der sehr dezente Gin seine Vorzüge unter Beweis stellen kann. Schöne Komplexität.

SIPSMITH 41,6 %

Sam Galsworthy und Fairfax Hall betraten die Gin-Szene 2009, als das Revival gerade Fahrt aufnahm, aber noch keine 1.001 neuen Marken um Kunden buhlten – mit anderen Worten: genau zur rechten Zeit. Da sie keine Brennerfahrung hatten, heuerten sie den Cocktail-Historiker Jared Brown als Berater an (er ist inzwischen Brennmeister), bauten eine Garage im Südwesten Londons um und machten sich ans Werk. Inzwischen haben sie eine größere Destillerie errichtet, was zeigt, dass sie ganz gut auf der neuen Gin-Welle zu surfen verstehen.

Mit einem Historiker im Boot war klar, dass der Sipsmith nie ein New Gin werden würde. Man behielt die Vergangenheit im Blick, nahm sich aber die Freiheit zu experimentieren. So entstand ein traditioneller London Dry Gin mit leicht erdiger Kiefernwald- und -zapfennote, der auch Flieder und Currygewürze aufbietet. Im Geschmack fusionieren komplexe grüne Töne mit denen der Nase. Ein generöser, milder, leicht cremiger Gin.

STIL	Wacholder
4	**Gin Tonic** Ein erwartungsgemäß selbstbewusster, reicher, ausdauernder Mix. Das Chinin wird ausbalanciert. Es ist gerade so viel Prickeln vorhanden, um den Gin Tonic interessant zu machen.
4.5	**Mit Sicilian Lemonade** Ich ziehe diese Kombination der ersten vor, weil sich hier durch die Zitruskomponente eine neue Dimension auftut und das Vielschichtige um eine weitere Facette bereichert wird.
5	**Negroni** N1 Ausgewogen und reich, mit positiven Wacholderabtönungen, die hier subtil gesüßt werden. Die Veilchennuance hat Bestand. Der Cocktail verabschiedet sich mit einem Lakritzekuss.
5	**Martini** Der Wermut bereichert den Mittelteil um einen fast honigartigen, weinigen Akzent. Das optimiert die Aromatik und gibt ihr Auftrieb. Tiefgründig und vielschichtig.

Wacholder • Koriandersamen • Engelwurz • Süßholzwurzel • Veilchenwurzel •
Mandel • Gewürzrinde • Zimt • Pome-
ranzenschale • Zitronenschale

SIPSMITH V.J.O.P. 57,7 %

Die Idee mit der an Cognac angelehnten Prädikatsbe-
zeichnung V.J.O.P. für »Very Junipery Over Proof Gin« –
zu Deutsch »sehr wacholderiger, alkoholstarker Gin« –
kam Jared Brown, als er darüber sinnierte, wie viel Wacholder ein Gin verträgt, ohne nach Terpentin zu riechen.
Er fand die Lösung, indem er den Wacholder auf dreier-
lei Weise in den Gin einschleuste: durch Mazerieren, vor
der Destillation und im Geistkorb. So konnte er ein und
derselben Ingredienz mehrere Töne entlocken. Man fühlt
sich, als hätte man sich in einer Christbaumplantage
verlaufen und würde das Geräusch sich nähernder Ket-
tensägen hören, während man sich gegen die harzigen
Nadeln drückt. Der Gin hat eine einnehmende medizinale
Seite und bringt Zigarren/Zedern, Salbei sowie Lavendel
aufs Tapet. Im trockenen Geschmack sorgt Orange für
Auftrieb, bevor Mandel und Koriandersamen weichzeich-
nerisch eingreifen. Trotzdem ist der V.J.O.P kein Gin für
Zartbesaitete und Liebhaber dezenter Düfte.

STIL Wacholder

5* **Gin Tonic** Groß, nein, riesengroß. Der Wacholder erhebt sich
aus seinem Sessel, in dem er es sich gemütlich gemacht
hatte, und schlägt einem ins Gesicht. Mit dabei ist auch ein
scharfes Zitruselement.

3.5 **Mit Sicilian Lemonade** Der übermächtige Charakter ist noch
immer präsent, aber hier ist er zu viel des Guten. Zu trocken.

5* **Negroni** N1 Der Wacholder ist gut in den Drink eingebunden
und lässt Früchten (ich denke an Schwarzkirschen) zwischen
bittersüßen Ausbrüchen Raum. Riesig, dunkel, bedrohlich
und köstlich.

5 **Martini** Der massive Gin hat irgendwie etwas leicht Lächer-
liches an sich. So muss der Martini ziemlich »nass« sein, um
seinen schieren Überschwang aufzufangen. Würzig-pikant,
mit auf- und abtauchenden Kräutern. Irrsinnig stark.

TARQUIN'S 42 %

Tarquin Leadbetter brennt diesen Gin in homöopathischen Mengen in seiner winzigen Brennblase in St Ervan, Cornwall (er hatte auch die geniale Idee, einen Cornwall-Pastis herzustellen). Der Brand gehört zur New-Gin-Kategorie und wird nicht lange auf Verehrer warten müssen. Nach einem trockenen, zitrusfruchtigen, fast blumigen und artigen Auftakt verweist er auf Veilchenwurzeln hinter einer Zitronenkulisse, lässt sich von Kardamom mit einer Mentholnuance einfärben und deutet zudem süße Lakritze an. Er ist, um es anders auszudrücken, im Gleichgewicht. Sobald das Glas die Lippen berührt, sind auch geröstete Gewürze auszumachen. Der weiche Geschmack strotzt zwar nicht gerade vor Kraft, offenbart jedoch eine milde mittlere Schwere mit Waldnoten und Mandeln. Dies ist ein erstklassiger Neuzugang.

STIL Zitrus/Wacholder

3.5 Gin Tonic Groß und sauber, mit einem soliden Wacholder-Chinin-Duo, das gut harmoniert, aber etwas an Effet verliert, da der Gin in der Mitte so weich ist. Leidliche Länge.

3.5 Mit Sicilian Lemonade Sauber und bittersüß (genau das, was gewünscht ist), mit einem schwungvollen Geschmack, der Bewegung in die Sache bringt. Am Schluss lässt der Druck etwas nach.

5 Negroni N2 Bei diesem Mischverhältnis können sich die Obernoten behaupten: Das Veilchen verbündet sich mit dem Wermut und der Wacholder bettet sich auf dunkle rote Früchte. Fleischig, sehr stimmig. Hat Leben und ist ausgewogen.

4.5 Martini Sauber und recht elegant. Ein Drink für den späten Nachmittag oder frühen Abend. Sehr artig und blitzsauber. Spritzig, mit langsam austrocknenden, lebendigen Obernoten. Ideal mit einem Verhältnis von 4:1.

TANQUERAY LONDON DRY GIN
43,1 %

Charles Tanqueray gründete sein Unternehmen 1830 im Londoner Stadtteil Bloomsbury, der damals für sein Wasser bekannt war. Mit seiner einfachen Mischung aus Botanicals ist der Gin bis heute typisch für die damalige Zeit geblieben. Koriander und Wacholder prägen ihn.

Heute wird der Tanqueray, einer der ganz großen Namen des Gins, in der Cameronbridge Distillery (siehe Seite 87) gebrannt. Sie verwendet nach wie vor die Old Tom Still, die schon am alten Standort in Einsatz war. Der Brand ist knochentrocken und direkt. Er hebt an mit einer massiven kieferigen Wacholder- und Koriandernote. Jede Ingredienz hat ihre eigene Präsenz und unterstützt dabei die übrigen Botanicals – ein Triumph der Einfachheit. Der Geschmack ist anfangs etwas staubig und braucht Zeit, bis der Wacholder sich ausgebreitet hat. Ein Gin für Traditionalisten, nicht Modernisten.

STIL	Wacholder
4	**Gin Tonic** Ein selbstbewusster Mix, den man mit 1:3 oder noch länger zusammenstellen sollte. Durch seine Trockenheit wird das Chinin noch präsenter. Ausgewogen, aber nichts für schwache Gemüter.
4,5	**Mit Sicilian Lemonade** Ich habe Konflikte erwartet, aber der Mix ist überraschend gefügig und setzt auf ein dezentes, kantiges Zitruselement.
5	**Negroni** N1 Sinnlos, in diesem polternden, reichen, tiefgründigen Cocktail die kraftvollen Kiefernnoten zu unterdrücken. Sie bekommen durch den Wermut einen exotischeren Anstrich. Der Campari fügt eine bittere Zitrusnuance hinzu.
5*	**Martini** Für ihn ist der Tanqueray gemacht. Der Wermut wird zum Hauptdarsteller und sorgt für Auftrieb, während die Öligkeit des Gins durchschlägt. So sollte der Tanqueray getrunken werden. Daher mein Tipp: keine Experimente.

Wacholder • Engelwurz • Koriandersamen • Süßholzwurzel • Kamillen-
blüten • frische Orangenschale •
frische Limettenschalen • frische
Grapefruitschale

TANQUERAY NO. TEN 47,3 %

Die im Jahr 2000 als Erweiterung des Sortiments ein-
geführte Abfüllung ist angeblich der erste Gin, in dem
frische statt getrocknete Schalen zum Einsatz kamen.
Sie werden in der Tiny Ten Still gebrannt, bevor das
Destillat mit den anderen Botanicals in die Haupt-Pot-
Still von Tanqueray kommt.

Die Basis ist zwar dieselbe wie in der Standardversion
(siehe Seite gegenüber), von dieser Wacholderbombe
aber ist der No. Ten dennoch meilenweit entfernt. Er
wirkt wie ein etwas verwirrter Junggeselle, der sich in
einen Harem verirrt hat: Da locken Unmengen frischer
Zitrustöne, grüne Engelwurzverheißungen, wieder
etwas Kiefer, fast an Zedern und Eiben erinnernde Zuflüsterungen und Sandelholzdüfte. Der fleischige Geschmack ist schwer mit Blüten und Fruchtsirup beladen,
aber die Kiefer hält sich wacker. Alles ist kontrolliert und
bewusst eingesetzt. Ein Gin, wie er im Buche steht.

STIL	Zitrus
2	**Gin Tonic** Die Früchte und das Tonic Water kommen nicht miteinander zurecht. Die Kohlensäure sät noch mehr Zwietracht, anstatt alles zu einen. Später wird der Drink fast seifig.
3.5	**Mit Sicilian Lemonade** Besser und zugänglicher; die Früchte finden zusammen. Eine leichte, frische und, ja, fruchtige Allianz.
5	**Negroni** N2 Aromatisch. Das Zurückfahren der beiden Filler bringt ein neues, rosenartiges Aroma zusätzlich zu den Zitrus-, Frucht- und Kiefernnoten hervor. Ein sauberer, frischer Nachmittags-Negroni mit kuriosem krautigem Abschluss.
5*	**Martini** Auf diese Kombination hat der Gin gewartet. Wer es duftig mag, entscheidet sich für das »nassere« 4:1-Verhältnis, wodurch der Martini üppig und luxuriös wird. Ich persönlich empfehle 5:1, weil der Wacholder so besser ausbalanciert ist.

TANQUERAY RANGPUR 41,3 %

Die 2009 eingeführte Variante besteht aus dem Stan-
dardrezept (siehe Seite 110) plus Rangpur-Limetten.
Und die sind unverkennbar. Man hat das Gefühl, im
Limettenröckchen einen Limettenbaum hinunterzu-
rutschen. Die Zitruselemente in der Nase bringen das
ganze Ensemble schon fast in die Nähe von Badeöl,
wenngleich noch eine gewisse Nussigkeit thematisiert
wird. Die Schalen steuern nicht nur Aroma bei, sondern
auch eine leichte Bitterkeit am Gaumen. Fast scheint
es, als hätte man ein bisschen Zucker dazugegeben,
um diesen Ton abzufedern. Wer Limetten mag, wird
diesen Tanqueray mögen.

STIL	Zitrus
2	**Gin Tonic** Gegen die Limetten in Aroma und Geschmack ist kein Kraut gewachsen. Das Chinin macht den Drink hart und bitter.
3	**Mit Sicilian Lemonade** Etwas besser, aber selbst bei starker Verdünnung bleibt die Bitternote.
3	**Negroni** N2 Insbesondere der Wermut hat die aggressiven Limettentöne abgemildert und unterstützt die Süße des Gins, während der Campari interessante Obernoten anschlägt. Braucht eine behutsame Hand, hat aber Potenzial.
3	**Martini** Ich würde einen Naked Martini daraus machen. Wenn Sie das machen, ist es okay. Sofern Sie Gimlets mögen.

Nicht deklariert, enthält aber:
Wacholder • Veilchenwurzel •
Engelwurz • Zitrusschalen

TWO BIRDS 40 %

Mark Gamble brennt diesen Gin in Posten à 100 Flaschen in einer 25-Liter-Kupferbrennblase. Sie steht in Market Harborough, einem Ort in Leicestershire. Sein Betrieb nahm erst 2012 die Arbeit auf. Trotz der modernen Verpackung stellt man schon beim ersten Schnüffeln fest, dass der Gin von stur altmodischem Zuschnitt ist. Er beginnt volatil in typisch strahlender, intensiver, zitronenbetonter Manier, doch lassen sich auch Zitronenmelisse und Wacholder aus dem terpenartigen Element herauslesen. Alles wirkt explosiv frisch und sauber. Eine Sekunde lang wundert man sich, welcher Sturm da im Geschmack heranzieht, aber dort gibt er sich weicher, als die Nase vorgibt, und lässt einen ganzen Wacholderwald mit kraftvoll durchdringender Kiefer dazwischen heranrücken, bevor Veilchen- und Zitrusakzente durchblitzen. Gamble wagt sich derzeit an Innovationen und probiert verschiedene Fässer für neue Varianten aus. Die Marke sollte man im Auge behalten.

STIL	Wacholder
4.5	**Gin Tonic** Eine großartige Kombination mit reichlich kontrastierenden Elementen: trocken, süß, würzig, zitrusfruchtig und bitter. Und alle tanzen sie wild durcheinander wie in einer Schuldisco. Intensiv aromatisch.
2.5	**Mit Sicilian Lemonade** Fast schon zu intensiv. Selbst verlängert sind noch Misstöne zu vernehmen.
5	**Negroni** N1 Sauber und ernsthaft; alle Bestandteile sind schön verwoben. Der Wacholder wird gut im Zaum gehalten, während ein neues, dunkles Element davonpoltert. Ein Negroni für Intellektuelle und ein beeindruckendes Debüt.
4	**Martini** Erwartungsgemäß. Selbst durch Herunterkühlen kann man seine Energie nicht groß drosseln. Anfangs tritt der Wacholder in Aktion, bevor der Wermut versucht, Ruhe ins Spiel zu bringen. Leicht parfümduftiger Ausklang. Gut.

BOTANICALS

Mit dabei: Wacholder • Koriander-
samen • Engelwurz • Lavendel •
Kardamom • Schwarzer Pfeffer • Zimt •
Holunderblüten • Orangenschale

WARNER EDWARDS HARRINGTON DRY 44%

Tom Warner und Sion Edwards begegneten sich auf der Landwirtschaftsschule und beschlossen nach ihrem Abschluss zusammenzuarbeiten. Sie produzierten zunächst Duftöle, landeten dann aber beim Gin. Der Bauernhof von Edwards befindet sich in Wales, der von Warner in Harrington. Einige Botanicals für ihren in Harrington gebrannten Gin stammen von ihren Flächen, so etwa die Holunderblüten, die einen hohen Stellenwert im Mix haben. Schon früh erkennt man eine deutliche Kräuterteenote, gefolgt von weichen Früchten. Dann heben Kiefer, Lavendel und warme Gewürze an. Der komplexe Brand öffnet seinen öligen Charakter mit beruhigenden Blütenaromen nur langsam. Ein texturierter, gut gemachter Gin wie ein fauler Sommernachmittag, an dem nur Zitrustöne wach halten.

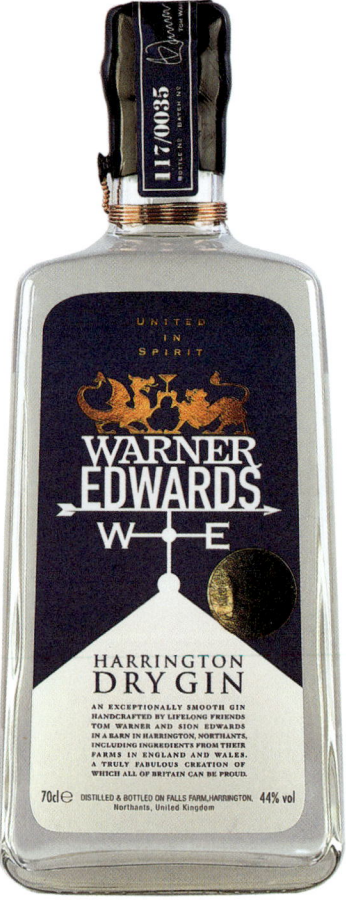

STIL	Wacholder/blumig
3.5	**Gin Tonic** Selbst bei 2:1 ist der Gin noch sehr präsent, weshalb man ruhig weiter verdünnen kann, bis die Kohlensäure mehr Wirkung zeigt und die trockeneren Elemente herausholt.
5	**Mit Sicilian Lemonade** Diese Kombination funktioniert schon wesentlich besser. Die Zitrone und die Blüten bilden ein hübsches Paar und bringen auch den Geschmack auf Trab. Ergibt einen exzellenten Collins (siehe Seite 188).
4	**Negroni** N2 Die Holunderblüten konnten mit einem aufgeweckten Campari erhalten werden, der Wermut schleicht sich verstohlen dazu. Vielschichtiger Geschmack, dann finden sich auch noch Pomeranzenschalen ein. Gut.
5	**Martini** Mit 4:1 etwas zu fett, daher ins trockene Spektrum verschieben, um den Gin hervorzuheben. Der Wermut harmoniert mit den Obernoten, aber mit 5:1 bekommt man einen spritzigeren, flintigeren, genauso komplexen Martini. Sehr gut.

BOTANICALS

Wacholder • Koriandersamen •
Baobab-Frucht • Kapstachelbeere
(Physalis) • Zitronenschale • Orangen-
schale • Engelwurz • Veilchenwurzel •
Gewürzrinde

WHITLEY NEILL 42 %

Johnny Neill gehört zur achten Generation der Brenner-
familie Greenall Whitley (siehe Seite 65, 67, 89, 94 und
102). Da lag es auf der Hand, dass er irgendwann mit einem eigenen Brand aufwarten würde. Die Frage war nur,
was ihn von anderen abheben würde. Die Lösung war
seine in Afrika geborene Frau. Statt auf die herkömmlichen Zitrusingredienzen zu setzen, ließ er sich auf Bao-
bab-Früchte und Kapstachelbeeren ein, die er der klassischen London-Dry-Gin-Basis hinzufügte. Der Brand wird
nach seinen Vorgaben von Langley destilliert.

In der Nase pulsiert bittersüße Energie. Fruchtige Noten,
Koriander und Kiefern bilden die Kulisse, doch stoßen
noch Grapefruit, Zitrone und Blüten dazu. So entsteht
ein ausgewogener Gin mit gutem Gewicht und leicht
exotischer Aura. Der kraftvolle, trockene Geschmack
tritt mit Koriander auf, den Ingwer, ein fruchtiger Zitrus-
paukenschlag und Kiefernzapfen-Wacholder-Akzente
unterstützen, bevor alles auf süßen Erdnoten endet.

STIL	Zitrus/Wacholder
4	**Gin Tonic** In den Gin kommt Leben. Die Zitrusobernoten werden verstärkt, der Wacholder bespielt den Mittelteil und der Ausklang zieht sich. Pikant und würzig.
3.5	**Mit Sicilian Lemonade** Der Filler ist ein bisschen zu stark, als dass der Gin sein klares Profil zeigen könnte, doch erfrischt der Mix zumindest. Auch hier erweist sich ein bisschen Süße als hilfreich.
3.5	**Negroni** N2 Das kakaoartige Element ist das verbindende Hauptthema des Drinks. Es lässt die Obernoten abheben und fügt pikanten Biss hinzu. Später entwickelt sich ein verhaltenes Tropenfruchtelement. Ein anständiger Negroni.
4	**Martini** Wer Grapefruit und Gewürze – und Koriander – im Gin mag, findet hier seinen idealen Martini-Gin. Trocken, aber eindeutig Gin-geprägt. Und das ist gut so.

BOTANICALS

Wacholder • Koriandersamen • Engelwurz und Engelwurzsamen • Süßholzwurzel • Veilchenwurzel • Orangenschale • Zitronenschale • Hopfen •
Holunderblüten • Bramley-Apfel

WILLIAMS CHASE ELEGANT CRISP GIN 48 %

William Chase war Kartoffelfarmer und Kartoffelchips-
magnat, deshalb brannte seine Chase Distillery in Herefordshire zunächst Wodka aus Kartoffeln. Dann versuchte er sich an Gin. Allerdings nahm er dafür nicht
Kartoffeln, sondern Äpfel, was man im Auftakt neben
einer intensiven Hopfennote spürt. Im Aroma schlägt
der Brand duftige, leicht blumige Obernoten an, während Wacholder und Koriander in zitroniger Montur nur
Nebenrollen spielen, wodurch er sich klar als New Gin
outet. Deshalb wirkt er nicht allzu trocken, doch ändert
sich das im offenherzigen, zitrusfruchtigen Geschmack,
der, wie der Name schon andeutet, auf eine trockene
Linie einschwenkt. Jetzt bekommen Koriander und sellerieartige Engelwurz mehr Raum. Zum Schluss schlägt
wieder Apfel durch, allerdings fast apfelessigartig.

STIL	Duftig
3.5	**Gin Tonic** Hier ist derselbe Auftakt zu beobachten, aller-dings begleitet von blumigen Aromen. Sauber und ziemlich trocken, zum Ausklang etwas spröde, doch kann man durch Verlängern Abhilfe schaffen.
3	**Mit Sicilian Lemonade** Apfel und Zitrone scheinen in der Nase eine Fehde auszutragen. Im Mund einigen sie sich auf einen Waffenstillstand, der jedoch nur kurz Bestand hat, denn die Trockenheit des Gins sät wieder Zwietracht.
2.5	**Negroni** N2 Hopfen und saure Äpfel machen sich bemerkbar. Wird im Mittelteil sehr fruchtig, zerfällt aber dann.
3	**Martini** Hält man ihn »wet«, erhöht also den Wermutanteil, kann man die spröd-frische Essignote des Gins mit den wei-cheren Seiten des Wermuts austarieren, was dem Körper mehr Gewicht gibt.

GINS: GROSSBRITANNIEN

EUROPA UND DER REST DER WELT

Gin kam auf dem europäischen Festland zur Welt, doch in seinem Werdegang spielten englische Marken eine zunehmend wichtigere Rolle. Dieses Ungleichgewicht wird nun allmählich geradegerückt. Abgesehen von einem neu erwachten Interesse an Genever beleben Brenner in aller Welt entweder alte Stile neu oder schaffen Gins, in denen sich ihr Geburtsort widerspiegelt.

Kein Wunder, dass Spanien, die Wiege des neuen Gin Tonic, hier gut vertreten ist und Gins mit ganz eigenem Stil hervorbringt. Die Dry Gins der Niederländer und Belgier sind sehr stark von der jahrhundertelangen Erfahrung mit Genever geprägt. Deutschsprachige Länder steuern ihre eigenen Interpretationen bei, in denen einheimische Botanicals einen hohen Stellenwert haben. Das gilt auch für die neuen französischen Versionen, in denen Botanicals und Basisbrand nicht nur Lokalkolorit offenbaren, sondern gleich völlig neue Wege aufzeigen. Neue Kleindestillerien in Skandinavien bringen sich ebenfalls ein. Die Küche Nordeuropas, in der Wacholder prominent vertreten ist, hat Gin wichtige kreative Impulse gegeben. Das Zusammenwirken von Lokalem und Globalem war in der Gin-Geschichte stets ein tragendes Element – nun ist es auch in Australien, Südafrika und Kanada zu beobachten.

Gin war von jeher ein Destillat unserer Welt. Jetzt wird er in aller Welt destilliert.

CITADELLE 44 % Frankreich

Gewiss ist Frankreich nicht das erste Land, das einem beim Wort Gin in den Sinn kommt. Trotzdem wird dort seit Jahrhunderten Gin gebrannt. Zum Beispiel in Dünkirchen, von wo man ihn im ausgehenden 18. Jahrhundert nach England schmuggelte (siehe Seite 21). Das war dann aber auch gewissermaßen der Höhepunkt der französischen Gin-Historie, denn im 20. Jahrhundert war die Tradition so gut wie ausgestorben. 1989 allerdings trat Alexandre Gabriel vom Cognac-Erzeuger Pierre Ferrand auf den Plan. Er beschloss, die Produktion von Dry Gin »im Dünkirchener Stil« wieder aufzunehmen. Das Ergebnis war der Citadelle. Beim ersten Kontakt gibt er sich sauber, duftig und fast schon ätherisch. Bald arbeitet er mit Kiefern, Gewürzrinde, Kardamom und Schalen, die alle von einem blumigen Element in die Schranken gewiesen werden, seine Komplexität aus. Am Gaumen bringt er Anis, Orangenschale und Kräuter in Stellung. Ein volatiler, komplexer, eleganter Gin.

STIL	Blumig/duftig
5*	**Gin Tonic** Gin Tonic kann etwas harsch ausfallen, hier aber unterstreicht das Tonic Water die Obernoten, während am Gaumen Minze, Fenchel, Kampfer und Wacholder ihren Auftritt haben. Ausgefeilt und aromatisch.
2.5	**Mit Sicilian Lemonade** Der Gin und die Zitrone zetteln eine ungebührliche Balgerei an.
5	**Negroni** N2 Der Citadelle war einer der wenigen Gins, die mit jeder Wermutmenge und -marke zurechtkamen. Leichte Schalen, blumige Noten und eine elegante, würzige Wärme unterstützen die restlichen Ingredienzien. Aristokratisch.
5*	**Martini** Als Wet Martini leicht weinig. Ist er trocken, dauert es ein bisschen, bis man die Botanicals auf der Zunge entdeckt. Für den gemächlichen Nipper.

BOTANICALS

Wacholder • Veilchenwurzel • Koriandersamen • Engelwurz • Bitterorangenschale • Zitronenschale • Vanilleschoten • Süßholzwurzel • Kardamom

DUTCH COURAGE DRY GIN

44,5 % Niederlande

Fred van Zuidam errichtete seine Brennerei 1974 in Baarle-Nassau. Sie wird heute von seinem Sohn Patrick betrieben, der die klassische niederländische »Ich-kann-alles«-Haltung an den Tag legt und eine große Auswahl an Spirituosen erzeugt, etwa Genever, Whisky, Rye, Liköre und Dry Gin (siehe Seite 150, 174–176 und 179). Sein Dry Gin »englischen Stils« präsentiert sich in der Nase ultrasauber und geht sogleich zum Zitrusgeschäft über, das er mit kiefernbetontem Wacholder untermauert. Später deutet er Koriander an, was ihm eine pfefferige Note beschert. Der Geschmack ist anfangs beißend zitrusfruchtig, fast Kumquat-artig, doch sobald Bewegung in ihn kommt, erkennt man, wie reich und fast fruchtig er ist. Das Zusammenspiel von seidigen, aromatischen und trockenen Elementen prägt den weiteren Verlauf. Zum Ausklang schlagen Kardamom und Wacholder durch.

STIL	Zitrus/Wacholder	
4	**Gin Tonic**	Obwohl das Tonic Water anfangs scheinbar die Oberhand hat, kommt der Gin am Gaumen gut zur Geltung. Knochentrocken und erfrischend.
4	**Mit Sicilian Lemonade**	Hier zahlt es sich aus, dass der Gin so trocken ist. Der Filler bekommt etwas, das ihn beschäftigt, während die Zitrone Obernoten beisteuert. Zum Ausklang fehlte es dem Drink ein bisschen an Länge.
4.5	**Negroni**	N2 Die Schalen sind die treibende Kraft in diesem Cocktail. Mit dem N2-Verhältnis bekommen sie genug Raum, um sich voll zu entfalten, und bedanken sich mit Zitrusmarmelade und Kirsche. Im Mittelteil lang und weich.
5	**Martini**	Trocken, bewahrt sich aber bei 4:1 eine gute Süße. Wer die volle Komplexität genießen will, muss ihn trockener mischen, da die Zitruskomponente verborgene Tiefen offenlegt. Ein überaus ernsthafter Drink.

FILLIERS DRY GIN 28
43,7 % Belgien

1928 schlug die Geburtsstunde des vom belgischen Jenever-Spezialisten Filliers (siehe Seite 170 und 177) gebrannten Gins. Die Zahl der Botanicals wird oft als Verkaufsargument gebracht, ist manchmal jedoch lediglich ein Marketingtrick. Hier allerdings scheint sie tatsächlich für echte Komplexität zu sorgen. Der Wacholder deutet im Auftakt Salbei und Heidekraut an. Anschließend bekommt man fast den Eindruck, in einen Gewürzmarkt zu spazieren, wobei eine einprägsame Obernote das Ganze in eine blumige und fruchtige Richtung drängt. Wasser macht den Gin trockener und legt Veilchenwurzeln frei. Der komplexe Geschmack bekennt sich zu Gewürzen, was aber von den Schalen hintertrieben wird, bis der Wacholder zurückkehrt. Gerade wenn man meint, er sei nun vollends trocken, blitzt Süße auf und setzt weitere Mini-Eruptionen frei. Ein 3-D-Gin.

STIL	Wacholder/würzig
5*	**Gin Tonic** Manchmal spielen die Bläschen eine wichtige Rolle. Hier geben sie den Botanicals Auftrieb und transportieren sie in die Nase. Das Duftgefüge und das Chinin sind in Harmonie vereint. Ein reicher Gin Tonic nach einem langen Tag.
3	**Mit Sicilian Lemonade** Die Nase wird pfefferiger, arbeitet aber schön gegen den Filler. Erinnert an Gin Fizz, doch wird der Gin geringfügig ins Abseits gedrängt.
4	**Negroni** N2 Die Komplexität des Gins muss erhalten bleiben, doch selbst mit diesem Mischverhältnis hat er seine Mühe, sich zu behaupten. Dennoch solide und verlässlich.
5*	**Martini** Bei 4:1 macht sich allmählich Eleganz bemerkbar. Der Gin gibt seine Komplexität entspannt frei. Mit einem trockeneren Verhältnis wird der Mix etwas schlanker und direkter, ohne aber an Komplexität einzubüßen. Faszinierend.

FLEMISH GIN 20-3 46 % Belgien

Auf diesen Gin hat mich Geoffrey Kelly hingewiesen,
der ihn während seines Urlaubs entdeckte. Wie sich
herausstellte, gibt es die Brennerei De Moor schon seit
1910. Ihren Dry Gin reichert sie mit 23 Botanicals an. Sie
setzt auf ein ungewöhnliches Destillationsverfahren mit
fünf separaten Schnitten. Die einzelnen Posten werden
anschließend zusammengeführt. Wacholder hat das
Sagen im Flemish, wie man es in Flandern auch nicht
anders erwartet. Aber die Komplexität verdankt er der
großen Menge übriger Botanicals. Reichhaltigkeit und
Tiefe zeichnen den Brand aus, womit er eigentlich auf
halbem Weg zwischen Jenever und Dry Gin angesiedelt
ist. Die Wurzeln haben etwas Samtiges an sich. Mit der
Zeit stößt man auf Frucht und würzige, warme Aromen,
einen Hauch von Enzian, auf Kiefer, Anis, süße Schalen
und Lavendel. Der Geschmack ist anfangs weich, wird
später aber würziger und weist Kardamom die Hauptrolle zu. Eine echte Entdeckung – danke, Geoffrey!

STIL	Wacholder	
4	**Gin Tonic**	Hat diese unerlässliche Wacholdernote in der Mitte, die zusammen mit dem Chinin auf ein harmonisches Miteinander hinarbeitet. Ein respektabler Drink.
2.5	**Mit Sicilian Lemonade**	Die Zitrusnote versucht den Gin abheben zu lassen, aber da ist zu viel Gewicht.
4.5	**Negroni**	N1 Der Wacholder wirft einen dicken Purpurmantel über alles. Ein kraftvoller, kühner Drink, der mit einem gewissen arroganten Funkeln im Blick getrunken werden sollte. Ausgewogen.
4	**Martini**	Überraschenderweise zeigt der Gin hier eine süße Seite und wird erfreulich dick. Mehr Wermut tut der Komplexität gut.

Wacholder • Ingwer • Süßholzwurzel •
Gewürzrinde • Kardamom • Koriander-
samen • Kubebenpfeffer • Muskatnuss •
Limettenschalen • Rebenblüten

G'VINE FLORAISON 40 % Frankreich

Jean-Sébastien Robicquet, der schon mit dem Wodka Cîroc zu Ruhm gelangte, zeichnet für diesen Gin verantwortlich, der sehr viel über seine Herkunftsregion Cognac erzählt. Und da ist fast nur von Trauben die Rede: Der Basisbrand entsteht aus ihnen; zudem gehören die Rebenblüten, die vor der Destillation in Stoffsäcken in Traubenbrand mazeriert werden, zu den Haupt-Botanicals. Die übrigen gruppiert man nach ihrem Charakter, mazeriert sie ebenfalls und brennt sie anschließend. Zum Schluss werden sämtliche Komponenten verschnitten. Aus dem klaren Gin mit volatiler Note sprechen jedoch gar nicht so sehr Blüten als vielmehr zart fruchtig-blumige Andeutungen, bevor sich Wacholder, Limette und Ingwer zu Wort melden. Ein ausdrucksstarkes, frisches Bukett. Am Gaumen wirkt der Brand recht trocken. Zitrus- und Blütenaromen machen sich retronasal bemerkbar, während die Wurzeln und der Wacholder die Zunge einnehmen. Im Ausklang wird alles mit Gewürzrinde harmonisiert.

STIL	Blumig
5	**Gin Tonic** Frische Blumentöne und ein echter Auftrieb durch die Rebenblüten, die hier voll erblühen. Eine gute Säure bewahrt die Frische. Voller Geschmack.
3.5	**Mit Sicilian Lemonade** Die Limetten- und Zitronennoten arbeiten duftig und sauber zusammen. Alles sehr lebendig. Süßer Mittelteil, aber etwas wenig Gin-Charakter.
5	**Negroni** N2 (mit Wermut La Quintinye Rouge) Überbordende Kirschnoten mit üppig-saftiger Obernote. Mild und dekadent.
4.5	**Martini** (mit Wermut La Quintinye Extra Dry) Es heißt zwar, er sei nicht gemacht für Martinis, doch wenn man einen leichten, frischen Drink vorzieht, sollte man ihn 5:1 mischen und auf der Terrasse genießen.

G'VINE NOUAISON 43,9 % Frankreich

Der Zweite im Bunde der auf Rebenblüten und Wein ba-
sierenden Gins aus Cognac (siehe gegenüber). Er entsteht aus den kleinen Beeren, die gleich nach der Blüte
erscheinen, und ist mit seinem höheren Alkoholgehalt
eher für Cocktails gedacht. Seine trockenere Nase offenbart etwas mehr Wacholder, leichten Koriander und
Zimt, hat sich jedoch die frische Limettennote und süße
Würze bewahrt. Der Geschmack schlägt mit freimüti-
gerer Gewürzrinde, Lakritze und Kardamom in dieselbe
Kerbe und bewahrt trotzdem die retronasale Wirkung
der zart blumigen Elemente. Der Nouaison ist frischer
als der Floraison, sagt jedoch mit ebensolcher Eleganz
Adieu und deutet dabei noch trockenere Gewürze an.

STIL	Wacholder/würzig
3.5	**Gin Tonic** Ein wurzeliger, trockener, recht ernsthafter Gin Tonic, der sich als härterer Drink für Augenblicke der Ver- zweiflung anbietet. Das Tonic Water reichert den Mittelteil mit einer gewissen Süße an.
3	**Mit Sicilian Lemonade** Seine Tiefe bildet ein Gegengewicht zu den Bitter-Lemon-Noten. Frisch und sauber, wie die Nase andeutet, doch dominiert der Filler.
5*	**Negroni** N2 (mit Wermut La Quintinye Rouge) Groß, recht trocken und wurzelig, mit nachdrücklichen Wacholder- tönen, Gewürzrinde und Kardamom, die den Kakao- und Schwarzkirschenelementen des Wermuts gegenüberstehen.
5	**Martini** (mit La Quintinye Extra Dry) Funktioniert mit 4:1 gut und bereichert den Mittelteil um eine saftige Komponente, ist aber mit 5:1 beeindruckender, da der Gin sauberer zur Geltung kommt und seine blumig-krautigen Vorzüge offenlegt.

HERNÖ GIN 40,5 % Schweden

Er zählt zu den neuen Gins aus der rasch wachsenden Craft-Brenner-Szene Skandinaviens. Die Destillerie Hernö wurde 2011 von Jon Hillgren gegründet. Den Botanicals nach zu urteilen hat man es mit einem klassischen London Dry Gin zu tun, doch schmeckt er ganz anders. Man erkennt schon zu Beginn eine moosige, krautige Note mit sehr intensiver Zitroneneinfärbung, die fast an Zitronenthymian und Verbenen erinnert. Dann kristallisieren sich Kieferntriebe, Wacholderzweige und Beeren heraus. Dem Geschmack gelingt es, frisch und trocken zugleich zu sein. Er zeigt ein schön austariertes Gewicht, einen Hauch von Koriander und einen Spritzer Säure, bevor sich eine warme Honigaura verbreitet und der Wacholder zurückkehrt. Ihn eiskalt als Kurzen mit Rentierfleisch zu genießen könnte ich mir gut vorstellen.

STIL	Wacholder
X	**Gin Tonic** Machen wir's kurz: Der Gin ist zu viel für das Tonic Water.
3	**Mit Sicilian Lemonade** Diese Kombination funktioniert schon wesentlich besser, denn eine bittersüße, säuerliche Exotik macht sich bemerkbar. Den Gin am besten stark verdünnen.
X	**Negroni** N2 Der Intensität des Gins hält nichts stand.
4.5	**Martini** Genießen Sie ihn als Naked Martini und Sie werden sehen, wie geschickt der Gin zusammengestellt wurde. Ich empfehle, ihn mit etwas Essen zu genießen. Ausgezeichnet.

INVERROCHE CLASSIC
43 % Südafrika

Die Inverroche Distillery am Westkap bei Stilbaai arbeitet mit holzbefeuerter Brennblase. Der Gin wird vakuumdestilliert, wobei die Botanicals in einen Geistkorb im Hals der Still kommen. Typisch für die Brennerei ist die Verwendung einer Mischung aus klassischen Botanicals und Flora aus dem Fynbos, jener ungewöhnlichen Strauchvegetation in der Umgebung des Betriebs.

Die aromatische Nase geht mit scharfen Zitrusakzenten ans Werk, entscheidet sich dann jedoch für Kräuter und Parfümduft. Man begegnet oft ungewöhnlichen, sehr interessanten Noten mit exotischer, wurzeliger, intensiver und wilder Konnotation. Sind sie erst voll entwickelt, zeigen sich auch Wacholder und ein Hauch Aceton. Der anfangs kontrollierte Geschmack schwenkt auf die krautige Schiene um und wartet mit Blüten auf. Er wird im Mitteleil weich, schließt jedoch pfefferig.

STIL	Blumig/krautig
4	**Gin Tonic** Nach dem exotischen Eindruck des pur genossenen Gins wirkt das Aroma hier etwas einfacher. Trotzdem behält der saubere, trockene Drink seine exotische Aura.
4.5	**Mit Sicilian Lemonade** Sehr intensiv und offenherzig. Besser als der Gin Tonic, da die krautigen Aspekte gut dargelegt werden, während das Zitruselement ausgleichend eingreift.
3.5	**Negroni** N4 Das Fynbos-Aroma ist, wie es sein soll, recht deutlich zu erkennen. Der Orangenton im Campari fungiert als Geschmacksbrücke, gibt dem Geschmack aber auch etwas Schwung.
4	**Martini** Hoch exotisch und ideal mit 5:1 – würde man den Gin noch mehr »benetzen«, würden zu viele Aromen frei. Spritzig, sauber, faszinierend.

GINS: EUROPA UND DER REST DER WELT

LARIOS 37,5 % Spanien

Spaniens meistverkaufter Gin. Wenn man sieht, wie viel davon produziert wird, dann scheint das Land ihm gewaltig zuzusprechen. Er modelliert ein leichtes, sauberes, zitrusfruchtiges Aroma mit reichlich Koriander und einem Ton im Hintergrund, bei dem es sich um Grapefruitschale handeln dürfte. Nach und nach treten pfefferige Gewürze, Veilchen und Salbei auf, ziehen sich aber wieder zurück, sobald sich Orangenschalen herauskristallisieren. Der Geschmack ist sauber und leicht, was wohl dem niedrigen Alkoholgehalt geschuldet ist. Spürbar sind ferner leicht staubige Anwandlungen. Allerdings legt er zum Schluss eine ungeplante Siesta ein, was die Wurzeln etwas arg exponiert.

STIL	Zitrus
2.5	**Gin Tonic** Zu Beginn frisch und sehr zitronig, aber selbst mit 2:1 hat das Tonic Water mehr zu sagen. Das Problem hier ist das geringe Gewicht des Gins.
3.5	**Mit Sicilian Lemonade** Gin und Fanta Limón waren einer der Gründe für mich, mit Sicilian Lemonade zu arbeiten. Der saubere, spritzige und charaktervolle Limón-Anteil bringt den Mix voran. Er ist gut, aber nicht gerade ein Larios-Drink.
3.5	**Negroni** N2 Sie sind in einer verlassenen spanischen Bar gelandet und brauchen verzweifelt einen Negroni. Da ist aber nur ein Larios. Überlegen Sie es sich? Nein. Man bekommt nicht das Nonplusultra, aber einen alles andere als schlechten Drink.
3.5	**Martini** Muss etwas länger ausfallen, denn bei 4:1 dominiert der Wermut zu sehr. Der Mix ist ganz angenehm und sauber, aber einen Martini mit einem 37,5-Prozenter zuwege zu bringen ist schon eine Herausforderung.

Wacholder • Muskatnuss • Engelwurz • Koriandersamen • Zitronenschale • Orangenschale • Tangerinenschale • Mandarinenschale • Clementinenschale • Grapefruitschale • Limettenschalen • Orangenblüten

LARIOS 12 40 % Spanien

Die Premiumversion des Larios (siehe gegenüber) entstand als Reaktion auf das gestiegene Interesse an High-End-Gins in Spanien. Ein Dutzend Botanicals mischt in dieser Abfüllung mit. Die Orangenblüten kommen vor dem vierten und letzten Durchgang in die Brennblase. Der Larios 12 nimmt den Standard-Larios als Grundlage und bereichert ihn um elf weitere Facetten. Die höhere Stärke hat auch den volatileren Obernoten gutgetan. Wie aus dem Aroma hervorgeht, muss ein ganzer Obsthain aus Schalen und Blüten zum Einsatz gekommen sein. Die Nase schwelgt in einer pikanten, spritzigen Bittersüße mit dezenten Kieferndüften im Hintergrund. Nach und nach zeitigt die Zartheit der Blüten Wirkung. Der Geschmack ist elegant, jedoch etwas leicht geraten. Man kommt sich vor, als würde man in eine frische Zitrusfrucht beißen.

STIL	Zitrus
3	**Gin Tonic** Anfangs werden viele Limetten und Grapefruits angeschnitten. Alles sehr kühl und ultrafrisch mit guter Tiefe. Das einzige Problem ist die mangelnde Persistenz.
3.5	**Mit Sicilian Lemonade** Hier wird alles auf höchste Stufe hochgefahren. Die nicht übermäßige Länge allerdings bringt ihn wieder auf den Boden.
3.5	**Negroni** N2 Die lebhaften, energiegeladenen Zitruselemente werden vom Wermut etwas gedämpft, was aber gar nicht unbedingt schlecht ist. Etwas krautig und leicht am Gaumen, aber auch frisch und sauber.
3.5	**Martini** Lebendig und frisch, sodass man keine Experimente anstellen muss. Etwas leicht, aber die Blüten setzen einen interessanten Kontrapunkt zum Wermut.

GIN MARE 42,7 % Spanien

Der Mare ist zu den ungewöhnlicheren New Gins zu rechnen. Gebrannt wird er in der katalanischen Stadt Vilanova i la Geltrú in einer Kapelle, die einer Brennerei angegliedert wurde. Sie gehört der Familie Giró, die hinter der Massenmarke GIN MG steckt. Der Mare ist allerdings ein gutes Stück von der sauber-orthodoxen Art des MG entfernt, denn Marc und und Manuel Giró wollten einen echten mediterranen Gin. Die Botanicals werden separat oder gruppenweise destilliert, sodass sechs einzelne Posten entstehen, die später verschnitten werden. Die Nase lässt Wacholder außen vor und bietet Oliven, Basilikum, Thymian sowie einen Hauch Zitrusmarmelade auf. Zu gegebener Zeit stoßen Anis und eine Pfeffernuance sowie Rosmarin dazu. Erst mit Wasser verrät Wacholder seine Anwesenheit. Am Gaumen wirkt der Gin leicht gesüßt, er trocknet aber im Mittelteil aus, wenn die Kräuter hervortreten. Der Mare ist ausgewogen und schön destilliert – aber ist er auch ein Gin? Heutzutage schon.

STIL	Blumig/krautig
4	**Gin Tonic** Ist sauber und bewahrt den Charakter des Gins. Das Tonic Water verträgt sich gut mit den Kräutern.
4.5	**Mit Sicilian Lemonade** Duftig. Dieser Filler ist nachsichtiger, sodass das Ganze besser funktioniert. Leicht, aber ohne charakterliche Einbußen.
3.5	**Negroni** N4 Oliven sind hier das große Thema. In anderen Drinks mögen sie funktionieren, aber nicht mit Wermut. So wird aus dem Negroni eine rote Pestosoße.
4.5	**Martini** Wer muss den Martini noch mit einer Olive garnieren, wenn Mare dabei ist? Lang, leicht ölig und mit intensiver Aromatik.

MASCARÓ GIN 9 40 % Spanien

Der von der Familie Mascaró in Vilafranca de Penedès als London Dry erzeugte Gin steht für ein Abweichen von der spanischen Kräuter- und Zitruslinie. Im ausgewogenen, leicht wächsernen Duft treten durchdringende zitronige Aromen und Wacholder ins Rampenlicht. Mit dabei sind Kiefernsaft und Kiefernnadeln, ein Anflug von Hustenbonbons und später geringfügig kalkige Akzente. Der sehr reintönige, saubere Geschmack überzeugt im Mittelteil mit Fülle und leicht harzigen Anwandlungen. Insgesamt ein ausgewogener Gin.

STIL	Wacholder
3	**Gin Tonic** Recht mild und geringfügig erdig, mit leichtem Mittelteil und etwas Auftrieb. Angenehm.
4	**Mit Sicilian Lemonade** Besser. Sauber; lässt mehr Gin zu – vor allem seine süßen Seiten. Wieder wird ein schönes Gleichgewicht erzielt.
4	**Negroni** N2 Der Wacholder deutet zwar auf ein klassisches 1:1:1-Verhältnis hin, doch hat der Gin auch etwas Zartes an sich, weshalb ich den Wermut- und Campari-Anteil zurückgefahren habe. Durch den Gin bekommt der Mix etwas Austrocknendes.
4	**Martini** Gut mit 4:1 und 5:1, wobei letzteres Verhältnis die Tiefe des Brands besser herausstreicht. Der Wermut ist nur dazu da, Hilfestellung zu leisten. Hat eine gewisse Klasse.

MONKEY 47 SCHWARZWALD DRY GIN 47 % Deutschland

»Monty« Collins verschlug es 1951 in den Schwarzwald, wo er den »Gasthof zum wilden Affen« eröffnete. Aus Botanicals wie Wacholder, Preiselbeeren und Fichtentrieben brannte er einen Gin. Nach seinem Tod schienen alle Aufzeichnungen dazu verschollen. Erst um die Jahrtausendwende fand man eine alte Flasche mit der Aufschrift »Max the Monkey« und einen Brief, in dem die Zutaten aufgeführt waren. Alexander Stein tat sich mit dem Obstbrenner Christoph Keller zusammen und hob den Gin neu aus der Taufe. Das komplexe Konstrukt aus 47 Botanicals entsendet einen aromatischen Duft, in dem Menthol und Kampfer die Führung übernehmen, dann folgen Früchte, Parfüm und Zitrusschalen. Der Geschmack oszilliert zwischen süß, würzig, säuerlich und pikant. Eine Pfeffernote wird von Zitrus- und Kräuternuancen ausbalanciert. Dunkle Beeren im Abgang.

STIL	Blumig/krautig
X	**Gin Tonic** Funktioniert nicht.
X	**Mit Sicilian Lemonade** Funktioniert ebenfalls nicht.
X	**Negroni** Der Affe spielt auch hier nicht mit.
5*	**Martini** Am besten Naked oder ultratrocken mit nur einem Hauch Wermut. Warum da noch Geschmack dazutun?

NOLET'S SILVER DRY GIN
47,6 % Niederlande

Die Familie Nolet geht dem Brenngeschäft in der Genever-Hauptstadt Schiedam seit 1691 nach. Ironie des Schicksals: In fast der ganzen Welt ist sie eher für ihren Wodka Ketel One bekannt. Die neueste Marke aus ihrer Gin-Ecke ist weit von der Art Brand entfernt, die Johannes Nolet vor zehn Generationen erzeugt hätte. Denn der Silver ist ein kompromissloser New Gin. Mit seinen Früchten und Blütenessenzen, die ein französisches Parfümhaus liefert, outet er sich als wahre Fruchtbombe mit Himbeere, Zuckerwatte, Parfait-Amour-Likör und Bonbons. Weit und breit aber keine Spur von Wacholder. Mich erinnerte er ein wenig an das Parfüm halbwüchsiger Mädchen, und meine halbwüchsige Tochter stimmte mir zu. Auch der süße, dicke Geschmack wird von diesem Parfüm mit einem Hauch Kampfer am Schluss beherrscht. Ich bin wohl nicht die Zielgruppe.

STIL	Blumig/duftig
2.5	**Gin Tonic** Das Tonic Water macht ihn nicht unbedingt besser. Er wirkt süß und zuckerwattig. Ein Drink für den Jahrmarkt?
3.5	**Mit Sicilian Lemonade** Bekloppt. Wenigstens bietet der Filler dem Gin etwas Paroli – oder verbündet sich mit ihm. Das Ergebnis ist zwar süß, aber irgendwie funktioniert es.
3.5	**Negroni** N4 Das Bonbonartige des Gins wird hier mit Gewalt unterdrückt, sodass ein ganz angenehmer Drink herauskommt. Wenn man Türkischen Honig mag.
3	**Martini** Funktioniert anfangs. Wer einen süßen, konfektartigen Drink schätzt, hat hier den richtigen Gin gefunden.

TELSER LIECHTENSTEIN DRY GIN 47 % Liechtenstein

Die Familie Telser brennt in Liechtenstein seit 1880 Obstschnäpse und betreibt die einzige gewerbliche Destillerie des winzigen Fürstentums. Obwohl sich dieser Gin London Dry nennt und keine sonderlich ungewöhnlichen Botanicals enthält, hat Brennmeister Marcel Telser einige alpine Tricks im Ärmel – wenn er auch nicht verrät, welche. Sein ultrasauberer, frischer Brand eröffnet kräuterwürzig mit leichter Wacholderuntermalung. Steigt die Temperatur, kommen eine blumige Note mit grünem Anstrich, einige Pollen und eine grasige Note zum Vorschein. Alpines eben. Am Gaumen wird erst so richtig deutlich, wie parfümig der Telser ist. Er häuft ein Aromagebirge aus Parmaveilchen auf und wirft gutes Gewicht in die Waagschale, bevor sich der Wacholder Seite an Seite mit Lavendel zeigt.

STIL	Blumig/krautig
3.5	**Gin Tonic** Zu parfümig? Für manche sicher. Sie sollten versuchen, ihn zu verlängern. Dann ist die Kombination durchaus stimmig.
3.5	**Mit Sicilian Lemonade** Die Säure des Fillers tariert alle Elemente aus, das Parfüm ist unter Kontrolle. Auch dieser Mix funtioniert am besten als Longdrink.
4	**Negroni** N2 Das intensive Alpenflair setzt sich fort, weshalb ein Aperol hier einem Campari definitiv vorzuziehen ist. Sauber und durchdringend der Geschmack. Der Gin singt aus voller Kehle.
4	**Martini** Nett und volatil. Wieder weht der Duft einer Almwiese heran. Am besten 5:1, sonst droht eine Überdosis Kräuter.

VAN WEES THREE-CORNER DRY GIN 42 % Niederlande

Der Betrieb von A. van Wees erzeugt seit 1782 Genever und Gin. Er ist die letzte noch aktive Amsterdamer Brennerei und offeriert 17 Genevers, aber auch Dry Gins wie diesen, der nach eigenem Bekunden »den englischen Einfluss achtet«. Im Mittelpunkt steht eher die Aromatik als das Destillat, dabei finden nur zwei Botanicals Verwendung: Wacholder und Zitronenschale. Die saubere, durchdringende Nase lässt reichlich frische Zitronen- und Kieferndüfte von der Leine und veranschaulicht gut, wie diese beiden Aromen zusammenpassen. Der Three-Corner nennt sich Dry Gin – und trocken ist er wirklich. Der weiche, glatte Geschmack offenbart gute Komplexität im Mittelteil. Durch die Verwendung von nur zwei Botanicals wird deutlich, wie Wacholder den Gin von vorn bis hinten beherrscht. Ein wirklich guter Brand.

STIL	Wacholder
3.5	**Gin Tonic** Ein klassischer Auftakt nach London-Dry-Gin-Manier mit Wacholder und einer vom Chinin beigesteuerten erdigen Note. Vielleicht etwas kurz, aber okay.
4	**Mit Sicilian Lemonade** Eine gute, saubere Kombination. Die Zitruskomponente erweist sich als natürlicher Verbündeter, während die süßeren Elemente im Filler dem Geschmack etwas Luft verschaffen. Mit dem wäre ich mehr als zufrieden.
4	**Negroni** N1 Das klassische Mischverhältnis funktioniert hier am besten. Der Cocktail bietet Sauerkirsche, wurzelige dunkle Tiefe, Salbei, Kiefer und schließlich bittersüße Elemente auf. Schön ausgewogen.
4	**Martini** Recht ölig und reichhaltig. Hält die Geschmacksknospen auf Trab und gerät immer parfümduftiger, je wärmer er im Mund wird. Auch 5:1 funktioniert.

VICTORIA GIN 45 % Kanada

Victoria Spirits mit Sitz in, nein, nicht Victoria, sondern auf Vancouver Island, nahm die Gin-Produktion 2008 auf. Damit gehört das Haus zu den ersten Craft-Brennereien Kanadas. Sein Botanicals-Repertoire umfasst neben klassischen auch heimische Ingredienzen wie Rosenblütenblätter. Der Auftakt fällt ölig aus – ein Kurkuma-Einschlag deutet darauf hin, dass ein cremiger Basisbrand verwendet wird. Weiter lassen sich Gewürzrinde, Koriander und ein Hintergrund aus Marshmallows ausmachen. Wasser entlockt dem Gin krautige und kieferige Elemente mit frischen Wacholderbeeren und Fenchelsamen. Der Geschmack ist genauso dick und butterig, wie der Duft andeutet, dennoch setzen sich die Botanicals durch. Fast hat der Victoria Gin dasselbe Gewicht wie ein Genever, weshalb er vielleicht genauso eingesetzt werden kann, ja, sollte. Mit Ingwer bekommt der Ausklang viel Energie. Wasser macht ihn weich, ein Verdünnen ist also nicht ratsam.

STIL	Würzig
3.5	**Gin Tonic** Bewahrt sich ein leicht krautiges Element, das an Waldmeister und Süßdolde erinnert. Eine höhere Verdünnung verbessert die Ausgewogenheit.
4	**Mit Sicilian Lemonade** Die beiden Elemente sind im Einklang. Die Zitrone steuert Länge bei. Würde auch als Fizz gut funktionieren.
3.5	**Negroni** N2 Der fette Brand schlägt durch. Wermut verteilt die Geschmacksnuancen schön und macht den Mix weich.
3.5	**Martini** Sauber, anfangs Veilchennoten. Das schwere cremige Element erweist sich als hilfreich, wenn der Drink gekühlt wird, und gibt ihm Gewicht, bevor Zimt durchschlägt. Hat Charakter. Mein Tipp: als Martinez probieren.

THE WEST WINDS GIN
THE SABRE 40 % Australien

2009 beschlossen James Clarke und Paul White, die
Brennblase, die Paul importiert hatte, nutzbringend
einzusetzen. Zusammen mit Jeremy Spencer und Jason
Chan gründeten sie die Tailor Made Spirits Company in
Margaret River. Der West Winds war ihre erste Veröffent-
lichung. Für ihre beiden Gins – der andere heißt Cutlass –
greifen sie auf die klassische London-Dry-Gin-Palette
zurück, nehmen aber auch einige sorgsam ausgewählte
heimische Ingredienzen mit ins Boot. Im Sabre fällt die
durchdringende Zitronenmyrte auf, der Limette und
Grapefruit folgen. Alles ist intensiv und wird unterlegt
von Wacholder. Der aromatische, leichte Geschmack
deutet Blüten an und hat etwas Kühles an sich. Ein lan-
ger, aromatischer New Gin, der am Ende gerade so viel
Wacholder aufbietet, dass ein Gleichgewicht entsteht.

STIL	Zitrus
4	**Gin Tonic** Ausgewogen und sehr lebendig. Gute Persistenz. Schmeckt verlängert genauso gut, weil der Charakter erhalten bleibt.
5	**Mit Sicilian Lemonade** Ein faszinierendes Duo, da sich alle Aromen ergänzen, ohne sich zu einem Zuviel des Guten anzuhäufen. Sehr erfrischend. Empfehlenswert.
4	**Negroni** N2 Sauber, mit frischem, bittersüßem Einstieg. Von Anfang an ein hochkarätiger Drink mit guten Schalen, Wacholder und reichem Gewicht im Mittelteil. Ein Sommer-Negroni. Aber in Margaret River ist ja immer Sommer.
4.5	**Martini** Mit 4:1 zu »nass«. Mixt man ihn trockener, kommt der Charakter des Gins zum Tragen, was die krautigen Eukalyp-tustöne hervorhebt. Sauber, trocken, persönlichkeitsstark.

XORIGUER 38 % Spanien

Gin wurde auf der Baleareninsel Menorca bereits im 18. Jahrhundert gebrannt, als die Briten dort mit Unterbrechung herrschten. Auf dem strategisch wichtigen Eiland war eine große Garnison mit Soldaten und Seemännern stationiert, deren Gin-Durst immer größer wurde. Also wurde Wacholder herangeschafft, Wein destilliert und der Mahon Gin aus der Taufe gehoben. Der Xoriguer erschien als Marke in den 1920er-Jahren. Sein Botanical-Rezept ist geheim, aber Wacholder und heimische Kräuter sind mit Sicherheit dabei. Der Brand kommt kurz in Tanks, um weich zu werden. Sein Aroma eröffnet er mit viel Wildfenchelpollen. An sie schließt sich eine Bitternote an, die von Wermut stammen könnte. Als Nächstes bietet er Süßdolde, dann Rosmarin und sellerieartige Engelwurz auf. Wacholder kommt nur am Rande vor. Im Mund arbeitet der fast fleischige Gin mit Lorbeer, Kräutern und einer lebendigen Koriandernote, außerdem mit Kreuzkümmel, Anis und Lavendel.

STIL	Blumig/krautig
4	**Gin Tonic** Das Tonic Water dämpft den Lavendel im Geschmack etwas, bringt aber auch Salbei ans Tageslicht. Parfümig, anders und mit ordentlicher Persistenz.
2	**Mit Sicilian Lemonade** Hier manifestiert sich das fleischige Element mit aller Deutlichkeit. Die Geschmacksnuancen gleiten zu sehr ins Kräuterhafte ab.
3	**Negroni** N2 Dieses Mischverhältnis ist notwendig, um die Aromatik des Gins zu bremsen. Aber ganz gleich, was man versucht, man wird sich immer in den staubigen Hügeln von Menorca wiederfinden.
4	**Martini** Als würde man einen Kräutergarten trinken. Parfümduftig und recht ölig, aber mit echtem Stil.

USA

Was als Reaktion auf Industriebiere begann, entwickelte sich zu Amerikas mächtiger und immer noch im Aufwind befindlicher Craft-Brewing-Bewegung. Nach einiger Zeit beschlossen viele Neubrauer, sich auch im Brenngeschäft zu betätigen, dort allerdings ebenfalls Craft-Maßstäbe anzusetzen, also kleinformatig, lokal und hochwertig zu erzeugen. Gin war von Anfang an Teil ihres Plans. Sie taten sich mit Spezialbrennern zusammen, dann stießen Bartender, Historiker und Autoren dazu. Die neugierigen Geister unter ihnen wollten Neues schaffen, andere Wege gehen.

Manche befassten sich mit Brennmethoden, andere wiederum mit der Vergangenheit, um nach dem Motto »Was wäre gewesen, wenn ...« ein Gin-Szenario zu entwerfen, als hätte es die Prohibition nie gegeben. Sie sammelten Kräuter, mazerierten sie, lasen und schrieben Manifeste. Sie tauchten in der Stadt und auf dem Land auf, in Wäldern und Kuhdörfern. Manche lehnten Wacholder ab, andere hielten an ihm fest. Der eine arbeitete mit Agraralkohol, der andere mit niederprozentigen Basisbränden.

Amerika »machte« Gin. Dabei hatte Amerika ironischerweise noch nie richtig Gin gemacht. Das hat sich nun geändert. Gin befindet sich im Aufbruch, erschließt faszinierendes Neuland und entwickelt sich kontinuierlich weiter.

AVIATION 42 %

Der Aviation entstand aus dem Zusammentreffen verschiedener Geister und Talente: dem Brennteam von Portland, der House Spirits Distillery in Oregon und dem Bartender Ryan Magarian. Er wurde 2006 als »New Western Gin« vorgestellt. Seine Macher befanden, dass Wacholder nicht unbedingt eine tragende Rolle spielen müsse. Wie viele Destillateure des New Gin senkten sie also den Wacholderanteil, um ein »demokratisches Botanical-Verhältnis« herzustellen und neue Aromageber ins Spiel zu bringen, in diesem Fall Stechwinden (Sarsaparilla). Der breite, leicht fleischige Duft mit Pudernote im Hintergrund ist anfangs recht volatil und wirbt mit Kardamom, etwas Lavendel und einem Hauch Minze, Limette sowie Koriander. Im Mund entfaltet sich ein faszinierender bittersüßer Mix mit anfänglichem blumigem Auftrieb, der dann jedoch in Gewürztiefen hinabsinkt und ganz zum Schluss noch Kiefern andeutet. Dieser Gin bildet die Speerspitze der New-Western-Bewegung.

STIL	Würzig	
4	**Gin Tonic**	Zu Beginn recht überwältigend und blumig mit unverhohlener Andeutung an Anis sowie einer bittersüßen Note, die von der Stechwinde stammen könnte. Weitere Gewürze treten auf den Plan, allen voran Kardamom.
2.5	**Mit Sicilian Lemonade**	Der Filler trägt Zitrus bei, aber insgesamt wirkt alles etwas flach.
3.5	**Negroni**	N3 Sauber, mit reichlich Stechwinde und Kardamom. Der Wermut wirkt recht penetrant. Ein intensiver Mix.
3.5	**Martini**	Er zieliert das Trockene am Gin heraus, also muss der Brand vom Wermut austariert werden. Das bedeutet, dass 4:1 ideal ist. So wird ein recht würziger Drink daraus.

BIG GIN 47 %

Obwohl Gin-Spezialist Captive Spirits in Seattle ein relativer Newcomer in der Szene ist – das Unternehmen wurde erst 2011 von Ben und Holly Capdevielle gegründet –, heult er nicht mit den New-Western-Wölfen (siehe gegenüber). Wer mit klassischem wacholderlastigem Gin aufgezogen wurde, wird den Big Gin als vertraut wahrnehmen. Zitrus setzt den Aromareigen in Gang, doch gleich dahinter folgt Wacholder mit jener strahlenden Beerennote, die bei manchen amerikanischen New Gins durchschlägt und durchaus auch auf begleitende Botanicals zurückzuführen sein könnte. Am Gaumen gibt er sich sanft und weich texturiert (die Botanicals ruhen auf einem Basisbrand aus Mais). Die pfefferigen Zuflüsterungen kommen aus der Korianderecke – und vermutlich auch vom Tasmanischen Pfeffer. Das Nachspiel bleibt würzig. Insgesamt ein sehr schön ausgewogener, kontrollierter Gin. Selbst die mürrischsten Traditionalisten dürften beeindruckt sein.

STIL	Wacholder
4.5	**Gin Tonic** Funktioniert gut; die ziemlich klassischen Wacholder- und Wurzelnoten geben dem Geschmack Biss, während Zitrus und Pfeffer zurechtgestutzt werden. Wird mit der Zeit süßer und hat Länge. Braucht aber eine Zitrusspalte.
3.5	**Mit Sicilian Lemonade** Wie beim Gin Tonic bricht die Süße im Herzen des Gins durch. Ich bin mir aber nicht sicher, ob die Bitterkeit der Zitrone der ideale Partner ist.
3.5	**Negroni** N1 Groß und mächtig; das Pfefferige verursacht ein leichtes Kribbeln auf der Zunge. Vielleicht ein bisschen zu süß für Traditionalisten. Schlägt sich aber wacker.
4	**Martini** 4:1 ist einfach zu »nass« – der Wacholder zeigt zu viel Präsenz. Mit 5:1 aber sieht die Sache schon besser aus, solange man klassische Dry Martinis mit Wacholder- und Wurzelmeriten schätzt. Pfefferiger Abschied. Gut.

COLD RIVER 47 %

Das Alleinstellungsmerkmal der 2005 in Freeport, Maine, von Chris Dow gegründeten Brennerei Cold River sind Kartoffeln, die der Geschäftspartner Donnie Thibodeau auf der Green Thumb Farm anbaut. Aus diesem Rohmaterial werden die Spirits des Hauses – neben Gin auch Wodka – gemacht. Der Gin, seit 2010 in Umlauf, basiert auf dreifach destilliertem Pot-Still-Kartoffelbrand. Zu Beginn bekommt man eine durchdringende kiefernduftige Wacholdershow geboten, was eher zu den klassischen Dry Gins als zur New-Western-Szene gehört. Dazu gesellen sich zitronige Koriandernoten und Engelwurz in süßer grüner Laublivrée. Wasser fördert Zitrustöne, mehr Kardamom und eine blumige Seite zutage. Doch auch der Kartoffelbrand selbst spielt eine Rolle, besonders am Gaumen, wo er seine cremige Art klarstellt. Die Wacholderlinie wird bis zum Schluss durchgezogen, die Aromen bekommen aber immer mehr Auftrieb und klingen lang und reif aus.

STIL	Wacholder/blumig
3.5	**Gin Tonic** Das Tonic Water holt die Botanicals nach vorn, allen voran Wacholder und Kardamom. Noch immer recht cremig, was ihn ziemlich schwer macht. Wer es vorzieht, verlängert ihn deshalb.
3.5	**Mit Sicilian Lemonade** Nun sind die Wurzeln an der Reihe. Der Geschmack bleibt reich, die Zitrusnote aber wird frischer.
3.5	**Negroni** N1 Weil der Brand so reich ist, wird der Negroni süßer, weshalb man den Wermut zurückfahren sollte. Mehr blumige Noten tauchen auf. Leidlich ausgewogen.
3.5	**Martini** Mit 4:1 wird ein kräftiger Kerl daraus, es lohnt sich also, den Gin hochzufahren. Wieder blumig, mit mehr Kardamom. Sauber, aber mit eindeutiger Fülle.

DEATH'S DOOR 47 %

2005 nahm die Death's Door Distillery auf Washington Island zwischen der Green Bay und dem Lake Michigan den Betrieb mit dem löblichen Ziel auf, so lokal wie möglich zu arbeiten. Weizen und Gerste für den Brand werden vor Ort angebaut; die Botanicals sind ein sehr einfacher Mix mit Wacholder von der Insel sowie Koriander und Fenchel aus Michigan. Die intensive zitronig-fruchtige Note, die sich schon früh manifestiert, wirft die Frage auf, ob Koriander aus Michigan anders schmeckt. Der kieferntönige Wacholder wird von einer harzigen Beerenkomponente geprägt. Am Gaumen spielt er wieder in Lavendel hinein. Im Mittelteil legt würzig-fruchtiger Koriander einen explosiven Auftritt hin, bevor sich Anis zusammen mit leichtem mineralischem Grundton auf der Bühne aufbaut. Der Basisbrand wirkt generös, was bei Dry Gins ungewöhnlich ist. Möglicherweise kommt er allen bekannt vor, die schon mit Genever Bekanntschaft gemacht haben.

STIL Wacholder	
3	**Gin Tonic** Mit Tonic Water wird Anis prominenter und braucht frische Zitruszuspielungen, um den Mangel an Schalen wettzumachen. Trocken, persistent, aber etwas schwach im Ausklang.
3.5	**Mit Sicilian Lemonade** Die Zitrone scheint zu dominieren, aber der Geschmack zeigt, wie gut sie eingebunden ist. Sauber und ziemlich lang.
4	**Negroni** N1 Hier funktioniert das klassische Mischverhältnis, denn man braucht den Campari als Gegengewicht. Keine Angst, der Gin ist reich genug, um das auszuhalten. Fenchel und Wermut sind sich von Natur aus zugetan.
4	**Martini** Hier offenbart sich die Textur des Gins. Er hebt sanft an und bringt Anis ins Spiel. Halten Sie an 4:1 fest, damit die kräuterigen Elemente für noch mehr Komplexität sorgen. Empfohlene Begleiter: La Quintye Extra Dry oder Vya Extra Dry.

DOROTHY PARKER 44 %

Die New York Distilling Company (siehe Seite 181) in Brooklyn zeichnet für diesen Gin verantwortlich. Sie hat ihn nach Dorothy Parker benannt, einer Schriftstellerin, Intellektuellen und – was wohl den Ausschlag gab für die Namensgebung – Gin-Trinkerin. Allerdings ist die Abfüllung nicht so beißend im Geschmack wie die Autorin einst in ihrer Kritik. Der Brand eröffnet mit einer fokussierten Zitrussalve, der er Früchte und Blüten hinterherschickt. Gleichzeitig untermalt er sie mit Terpen-Wacholder-Noten, die dem Gin Struktur und Tiefe geben – eine sehr modernistische Interpretation uralter Prinzipien. Am Gaumen tritt die reiche Blütenschwere deutlich zutage, die den Wacholder allerdings in eine Lavendelrichtung drängt. Alles wird ausbalanciert von frischen Zitrustönen – primär Grapefruit –, Koriander und schließlich Gewürzrinde. Pur buhlen so viele Facetten um Aufmerksamkeit, dass Wasser eine ausgleichende Wirkung entfaltet. Es macht den Gin trocken und blumig.

STIL	Blumig
4	**Gin Tonic** Alles ist gut integriert und im Gleichgewicht. Sehr frisch, lebendig und zitrusfruchtig. Ideal mit 1:2.
3	**Mit Sicilian Lemonade** Ich hätte gedacht, dass die vielen Schalen im Gin aus dieser Verbindung eine sichere Sache machen, aber das Ergebnis wirkt etwas plump.
4.5	**Negroni** N2 Grapefruit und Blüten sind hier präsenter und verschmelzen mit dem Campari. Aber die Holunderbeeren und der Wacholder arbeiten hinter den Kulissen hart und handeln Bündnisse mit dem Wermut aus. Wird sehr reich.
4	**Martini** Reichlich Fruchtschalen und Blüten. Anfangs besteht zwar eine Pattsituation zwischen Wacholder und Wermut, doch wird daraus eitel Harmonie. Trübt sich bei niedrigen Temperaturen ein (durch den Louche-Effekt).

BOTANICALS

Wacholder • Koriandersamen • Kamille •
Holunderblüten • Zitrusschalen •
Galgant • Zimt • Veilchenwurzel •
Holunderbeeren

GREENHOOK GINSMITHS AMERICAN DRY 47%

Brooklyn hat sich in den letzten Jahren zu einem Zentrum kleinhandwerklichen Destillierens gemausert. Die Gebrüder Steven und Philip DeAngelo nahmen ihre Produktion 2012 mit einer kupfernen Pot Still auf, mit der sie einen weizenbasierten Gin unter Vakuum erzeugen. Der dadurch niedrigere Siedepunkt erhöht angeblich die Intensität der Botanicals, ohne dass vegetabile und gekochte Aromen entstehen. Der Brand teilt eine durchdringende Eröffnung mit anderen amerikanischen New Gins. Ein an Kumquats erinnerndes Zitruselement wird etwas orthodoxer, nachdem Wacholder und Koriander hinzukommen (keine Angst, er bleibt trotzdem ein Gin). Frisch ist er auch am Gaumen, wo er mehr Kamille preisgibt und Wacholder sich im Mittelteil vor staubigem, würzigem Hintergrund einrichtet.

STIL	Zitrus
4	**Gin Tonic** Die blumigen Noten treten hier stärker hervor (und noch deutlicher mit Holunder-Tonic von Fever-Tree). Gute Komplexität. Knackig frisch und trocken, wenngleich etwas bitter.
4.5	**Mit Sicilian Lemonade** Das Zitruselement kehrt zurück. Pikant und recht lang, mit weicher Mitte und geringen Gewürzambitionen.
4	**Negroni** N2 Mehr Wacholder tritt zutage. Diese Mischung bietet die Möglichkeit, den Gin in Hochform zu erleben. Schön ausgewogen; alle Elemente sind gut eingebunden.
3.5	**Martini** Sauber, sehr reintönig, braucht aber den Wermut, um etwas Fleisch auf die Knochen zu bekommen.

JUNÍPERO 49,3 %

Fritz Maytag, Gründer von Anchor Distilling in San Francisco, stellte gern alles Orthodoxe infrage. Wie würde ein hundertprozentiger Rye Whiskey schmecken? Oder ein wacholderschwerer Gin? Seine Antworten waren Neuinterpretationen des facettenreichen Brennvermächtnisses der USA. Mit dem Debüt des Junípero 1996 ließ er nicht nur den Geschmack der Vergangenheit wieder aufleben, sondern demonstrierte zugleich, dass die USA zu handwerklichen Premium-Gins in der Lage sind. So stieß er die New-Gin-Revolution in den Staaten an.

Die Nase des Junípero ist erfüllt von terpenschwerem Wacholder mit zitroniger Korianderbegleitung. Mir erscheint er allerdings nicht mehr so extrem wie in den 1990er-Jahren (vielleicht hat der Rest auch aufgeholt), da sich eine Zitrusobernote und ein kräftiger Veilchenton eingebracht haben. Weich und reich der undogmatisch stechende Geschmack. Ein nicht nur symbolisch wichtiger Gin, sondern auch einer, der großartig schmeckt.

STIL Wacholder

5 Gin Tonic Ich dachte, der Gin sei zu viel für den Filler, aber das Tonic nimmt die Herausforderung an, was sich in einer süßen, fetten Art niederschlägt. Die von den Botanicals getragene, offene Tiefe wird durch Zimt bereichert. Ausgewogen.

3 Mit Sicilian Lemonade Leicht bitter, was gar nicht so schlecht ist, wenn genug Süße dagegenhalten kann. Ich bin mir aber nicht sicher, ob das der Fall ist.

5 Negroni N1 Zunächst verschlossen im Duft und mit trockenem Auftakt, dann brechen mächtige Kirschnoten, Kakao und Kiefern durch. Reichhaltig, tiefgründig, bitter und sehr, sehr ernsthaft.

5 Martini Mit 4:1 frisch, weinig, sauber, auf der Zunge großartig austrocknend und mit Unmengen Botanicals. Selbst in dieser Mixtur vielleicht für manche noch zu trocken.

LEOPOLD'S NAVY STRENGTH

57 %

Die Leopolds stiegen 1999 in Michigan ins Craft-Brauen ein. Zwei Jahre später erweiterten sie ihren Betrieb um eine Destillerie. Heute ist ihr Unternehmen in Denver, Colorado, angesiedelt. Für ihren Navy Strength nahmen sie die Pomeranze aus dem Small Batch Gin und ersetzten sie durch die intensivere Bergamotte. Die Wacholderdosis wurde verdoppelt, und auch Koriander sowie Kardamom sind stärker vertreten. Überraschenderweise geriet durch dieses Hochfahren des Aromaverstärkers auf Spinal-Tap-Stufe elf weder alles wacholderlastiger noch zu scharf. Stattdessen bekommt man einen Strauß pfirsichfruchtiger, blumiger Essenzen, die mit großer Bergamotte-Geste übergeben werden. Mit der Zeit geht der Gin mehr in eine duftige Wacholderschnapsrichtung mit Zitronengras und weißem Pfeffer, während der Geschmack Türkischen Honig und zum Schluss Bergamotte, Kiefer und Wurzeln abspult.

STIL	Blumig/Zitrus/Wacholder
3.5	**Gin Tonic** Das Tonic trocknet alles herunter und dämpft das Aromapotpourri. Schön ausgewogen und sauber.
3.5	**Mit Sicilian Lemonade** Sauber und lebendig. Die Blüten können sich nicht zu sehr entfalten.
3.5	**Negroni** N4 Intensiv. Der Blüten- und Bergamotte-Trupp benimmt sich mit dem Campari anfangs recht rüpelhaft, während der Wacholder schmollt. Dann streckt er sich und klammert sich an den Wermut. Ein ausgelassener Mix.
4	**Martini** Der höhere Alkoholgehalt trägt zu einem sehr geschmeidigen Mundgefühl bei, während der Wermut (bei 5:1) eine angenehme grüne Note beisteuert. Später kommt mehr Wacholder daher, was die Bergamotte ausgleicht.

NO. 209 46 %

Der 2005 in die Welt gesetzte No. 209 entstammt einer Brennerei am Pier 50 in San Francisco. Sie wurde gegründet von Leslie Rudd, dem früheren Besitzer von Dean & DeLuca, dem noch die Rudd Oakville Estate Winery und das Edge Hill Estate gehören, wo die Destillerie ursprünglich beheimatet war. Die 7,5 Meter hohe Brennblase ist jener in der schottischen Whiskybrennerei Glenmorangie nachempfunden. Wem das seltsam vorkommt, dem sei gesagt, dass die Stills auf Glenmo aus John Taylors Gin-Brennerei in Chelsea stammen (siehe Seite 63). No. 209 eröffnet mit frischem Zitrusreigen – Zitrone, Limette, Bergamotte – und entwickelt anschließend einen milden Wacholderton vor dezentem blumigem Hintergrund. Der Geschmack mobilisiert Zitrusmassen, bevor der substanzielle Mittelteil auf Lavendel, Fenchel und Sellerie umschwenkt und der Gin auf einer warmen Kardamom- und Gewürzrindennote ausklingt. Ein ernsthafter, ausgewogener Gin.

STIL	Würzig/Zitrus
5*	**Gin Tonic** Glorreich, mit echtem zitronigem Auftrieb. eine jener Kombinationen, bei denen alles zusammenpasst und sich gegenseitig verstärkt. Die Quintessenz eines Gin Tonic. Hervorragend.
4.5	**Mit Sicilian Lemonade** Natürlich zitrusfruchtig, aber obwohl der Gin leicht abgleitet, hat der Mix Gewicht und eine Öligkeit, die den Mittelteil ausgestaltet.
4.5	**Negroni** N2 Recht trocken und sehr würzig. Kardamom ist der Auslöser; er sitzt in der Mitte und beeinflusst alles um ihn herum. Getrocknete Kräuter machen sich bemerkbar. Recht süß und kirschenartig, mit leichten Bergamottenoten.
5	**Martini** Der Wermut setzt ein krautiges Fundament. Seine Weinigkeit trägt zur Textur bei und bringt eine milde Süße ein. Hoch komplex und sanft fließend. Mit 5:1 genauso gut und noch klassischer.

ST. GEORGE BOTANIVORE 45 %

Jörg Rupf begann sich in seiner Brennerei St. George Spirits 1982 mit Schnäpsen zu befassen. Inzwischen ist der Betrieb in eine Flugzeughalle umgezogen, wo der Wodka Hangar One zur Welt kam. Zum Portfolio gehören ein Single Malt, ein Absinth, ein Rum und seit 2011 auch ein Gin, in dem 19 Botanicals zu Wort kommen. Beim Brennen befinden sich drei – Wacholder, Lorbeer und Korianderblätter - in einem Geistkorb, während die übrigen vorher mazeriert werden. Im Garrique-artigen Aroma rollt eine enorme Kräuterlawine an, bevor schwere Zitrus- und Bergamotteschwaden durch Kieferngeäst heranziehen, bis sich grüne Wildnis breitmacht. Im Mund werden diese Elemente aufgegriffen, doch stößt noch Anis dazu. Erst zum Ende hin taucht Wacholder Hand in Hand mit Veilchenwurzel und Kardamom aus dem Dunst auf. Eine fokussierte, komplexe, generöse Vorstellung.

STIL	Krautig/würzig
4	**Gin Tonic** Die krautig-laubige Note kehrt zurück. Im Mittelteil lässt sich Süße aufspüren. Ein großer, komplexer Gin Tonic, der etwas verlängert werden sollte.
3.5	**Mit Sicilian Lemonade** Sauber und gut, aber wie bei anderen von vielen Botanicals geprägten Gins gelingt es dem Filler nicht, den Fokus zu finden.
3	**Negroni** N1 Hier schlägt die krautige Note eine Brücke zum Wermut, während die Schalen, allen voran Bergamotte, eine Verbindung zum Campari finden. Ein enormes, fast verblüffendes Arsenal. Ich habe es gern einfach und würde den Gin ...
4.5	**Martini** ... daher lieber hier im Martini einsetzen – und zwar »naked«, denn noch mehr Kräuter sind unnötig. Wird immer kiefernartiger, würziger, anisduftiger und trocken. Großartig.

ST. GEORGE TERROIR GIN 45%

Beim Schnapsbrennen, mit welchem der Gründer Jörg Rupf und der derzeitige Besitzer und Brennmeister Lance Winters ins Geschäft eingestiegen sind (siehe Seite 147), geht es darum, das Wesen der Ingredienz einzufangen. Bei diesem Gin des Hauses ist das nicht anders. Es werden nicht nur Botanicals destilliert, sondern auch das Terroir, speziell die Wälder und das Chaparral hinter der Brennerei. Mit dabei sind Douglasien, Salbei, Wacholder, Lorbeer und im Wok geröstete Koriandersamen (sie kommen zwar vor Ort nicht vor, riechen aber Winters zufolge wie das Chaparral). Douglasie und Salbei werden separat destilliert, Wacholder und Lorbeer kommen in den Geistkorb, der Rest in die Brennblase. Das Ergebnis ist ein halluzinatorischer Trip durch einen Wald. Man begegnet Kiefer, Harz, Salbei, Menthol, Zitrus, geranienartigem Lorbeer, Gagelstrauch, Gewürzen, Wacholder und Anis. Mit Wasser treten Wurzeln hervor. Am Gaumen ein massiver retronasaler Schub. Ein Trip eben.

STIL	Wacholder
X	**Gin Tonic** Viel zu komplex.
X	**Mit Sicilian Lemonade** Funktioniert auch nicht.
X	**Negroni** Die Nase lässt hoffen. Sie ist zwar genauso wild übertrieben, wie man es erwartet, aber am Gaumen fällt alles zusammen.
5*	**Martini** »Naked« genossen ist er ein Lauf durch einen feuchten, alten Wald. Unmengen Fichte, Kiefer und Lorbeer. Man gelangt zu einem Ureinwohnerhaus, in dem es nach indianischem Räucherwerk aus Weißem Salbei duftet. Herrlich.

WEITERE GINS

Es dürstet uns konstant nach Neuem. Darüber vergessen wir mitunter, was schon da ist. Zum Glück ist es für Brenner entscheidend, die Vergangenheit nicht aus den Augen zu verlieren. Stile werden am Leben erhalten, weil man an ihre Vorzüge glaubt. Zu diesen Stilen gehört auch Genever.

Gin ist ein Kind des Genevers. Das wurde in seinem Herkunftsland ignoriert und im Rest der Welt falsch dargestellt. Früher. Inzwischen ist Genever wieder ein Akteur auf der Weltbühne. Er bildet das Bindeglied zur Vergangenheit des Gins und schlägt eine Brücke zwischen Gin und Whisky. Zeigen Sie Genever nicht die kalte Schulter. Er ist ein bemerkenswerter Brand.

Auch Bartender wissen sehr wohl zu schätzen, was vorher war. Mit dem Gin-Revival stellte sich ein neues Interesse an Drinks alten Stils ein. Um sie zu mixen, brauchte man Gins im alten Stil, die die Brenner auch willig lieferten. Wir leben heute frohgemut in einer Welt, in der Old Tom wieder gemacht und getrunken wird, einer Welt, in der man fassgereifte Gins aufs Neue zu genießen weiß.

Das gilt ebenso für Fruit Gins – mit der Heißblütigkeit von Schlehen und Kriechenpflaumen, der Süße von Himbeeren und jeder erdenklichen anderen Frucht. Man kann sie fertig kaufen oder selbst zubereiten. Dazu braucht man lediglich reife Früchte, einen Gefrierschrank, guten Gin, eine leere Flasche, die je zur Hälfte mit Früchten und Gin gefüllt wird, und Zeit, etwa zwölf Wochen. Ach ja, und einen einfachen Zuckersirup (siehe Seite 188), um die Süße zu justieren.

DUTCH COURAGE
OLD TOM'S GIN 40 % Niederlande

Es war nur eine Frage der Zeit, bis Patrick van Zuidam
mit einem Old Tom aufwarten würde. Schließlich hatte
er zuvor schon jeden anderen Gin- und Genever-Stil erzeugt (siehe Seite 119, 159, 174–176 und 179). Sein 2013 auf
den Markt gebrachter Old Tom musste sogar für kurze
Zeit ins Fass. Das bescherte ihm einen leichten Zitronen-
ton, während die Eiche sich nur aus dem Off meldet. Die
Gewürze sind recht trocken, weshalb in der Nase Süße
so gut wie nicht aufkommt. Stattdessen machen sich
eingemachte Zitronen bemerkbar, die sich mit Koriander,
scharfen Gewürzen und Nüssen verbünden. Statt ihn
pur zu trinken, verlängert man ihn am besten mit einem
Tropfen Wasser, um das Aroma weicher zu machen und
die Ausdruckskraft zu erhöhen. Nur dann manifestiert
sich seine kieferige Wacholdernote. Am Gaumen ist er
eindeutig ein Old Tom mit honigartigem Fruchtsirup,
der sich zu Minze, Wacholder, Koriander und weihnacht-
lichen Gewürzen gesellt. Auch im Mund sorgt Wasser
für Kohärenz und unterstreicht die Textur.

4	**Gin Cocktail** Recht malzig, mit guter Bitter-Aktivität. Koriander und Kardamom treten am Gaumen deutlicher hervor. Hat Power.
3.5	**Gin Fizz** Zu Beginn wieder leicht nussig, aber die zusätz- liche Süße lässt dem Zitronensaft Raum und drängt die Eiche zurück.
4	**Martinez** Zu fett und zu süß als Martinez, aber wenn man die Zutaten in Richtung Turf Club justiert, funktioniert er wesentlich besser. Als Gegengewicht dient eine Bitternote.

JENSEN'S OLD TOM
43 % Großbritannien

Es gibt einen klaren Unterschied zwischen Jensen's Old Tom und allen anderen Old Toms auf dem Markt: Der Jenson's wird nicht gesüßt. Warum also, fragt man sich mit Recht, soll er dann überhaupt ein Old Tom sein? Weil Christian Jensen der Meinung ist, dass im goldenen Old-Tom-Zeitalter einst gar kein Zucker hineinkam – er war viel zu teuer – und Botanicals die Süße beisteuerten. Die Debatte läuft noch. Kein Wunder, dass Jensens Version kein üblicher Old Tom ist. Der Brand, groß und recht breit, scheint sich hier stärker einzubringen. Er stammt aus der neuen Brennerei in Bermondsey (siehe Seite 93) und hat einen leicht malzigen bzw. nussigen Touch, der ihn in die Nähe von Genever rückt. Wacholder spielt eine wichtige Rolle, doch sind auch eine erdige Wurzelnote und pfeffriger Koriander mit von der Partie. Zitrusfrische hingegen fehlt fast gänzlich. Mit Wasser erscheinen einige Blüten und eine Note, die an Sesamöl erinnert. Im Mund pocht Tom auf Kiefer und Salbei und gibt sich zunächst sehr trocken. Tatsächlich ist da eine leichte Süße. Wasser macht ihn komplexer.

X	**Gin Tonic**	Viel Wirkung, aber im Mund geht das Tonic Water in die eine und der Old Tom in die andere Richtung.
3.5	**Gin Fizz**	Man muss den Drink schon mit Zucker aufpeppen, um ein ordentliches Gleichgewicht hinzubekommen. Dann aber ist er anständig, wenn auch etwas wurzellastig.
4	**Martinez**	Der Beste des Trios – im 19. Jahrhundert wusste man eben, was man tat. Entscheidend ist hier die Sauerkirsche: Sie greift das Veilchen auf, macht sich mit ihm auf und verbündet sich anschließend mit der Kirsche im Wermut.

BOTANICALS

Wacholder • Koriandersamen • Engelwurz • Zitronenschale • Orangenschale • Veilchenwurzel • Kardamom •
Gewürzrinde • Süßholzwurzel • Zimt •
Muskatnuss

HAMMER & SON OLD ENGLISH GIN 44 % Großbritannien

Er nennt sich zwar nicht Old Tom, doch ist das auch gar nicht nötig: Er basiert auf einem Rezept von 1783 und damals wurde Gin gesüßt. Die Flasche selbst erinnert an Zeiten, bevor Gin von den Erzeugern abgefüllt wurde. Sie gaben ihren Brand Händlern, die ihn entweder im Fass lagerten oder auf Flaschen zogen und mit eigenem Etikett versahen. Man bekommt hier einen durchdachten Gin, wie man es von Henrik Hammer (siehe Seite 85) auch gar nicht anders erwartet. Der von Langley (siehe Seite 75) gemachte Gin ist ein exzellenter Vertreter seines Fachs. Die nicht allzu überdeutliche Süße (4 g/l) ist gut integriert und gibt den grünen, holzigen Engelwurznoten, dem öligen Wacholder und der frischen Würze Gewicht. Man bekommt den Eindruck, hier werden Unmengen von Geschmacksnuancen nur mühsam gezügelt. Wasser holt Salbei, Heidekraut und mehr Koriander hervor, während der Geschmack mit seiner spritzigen, zitronigen, lebendigen Art der sehr subtilen Süße entgegensteuert. Ein ausgewogener, ernsthafter Gin.

3.5	**Gin Tonic** Entgegenkommend, mit reichlich Wurzelnoten. Die Old-Tom-Süße tritt erst relativ spät auf den Plan und tariert die Wurzeln sowie das Chinin aus. Ordentlich.
4	**Gin Fizz** Sehr sauber und pikant. Dank dem Gin außerordentlich ausdrucksstark. Macht den Mund wässrig. Ausgewogen.
5	**Martinez** Durch die milde Süße des Gins wird er nicht zu zuckrig, sobald der Wermut dazukommt, sondern bitterer und voller. Komplex, ausgewogen, mit pikantem Einschlag.

HAYMAN'S OLD TOM
40 % Großbritannien

Als Hayman's Old Tom 2007 debütierte, war das ein Indiz dafür, dass Gin wieder ernst genommen wurde – wenigstens bei Bartendern. Man hätte meinen können, dass die Entscheidung, ihn auf den Markt zu bringen, leicht gefallen wäre, doch war sie nach wie vor riskant. Bartender mochten ihn vielleicht, aber wollte auch die Masse süßen Gin? Einen Drink zum Spaß zu erzeugen ist eine Sache, ihn gewinnbringend zu vermarkten eine andere. Es gibt ihn noch, was beweist, dass der Brenner den richtigen Riecher hatte. Der Gin basiert auf einem um 1870 entstandenen Rezept der Familie Hayman und enthält den üblichen Botanical-Kader, jedoch in anderen Anteilen, und ist natürlich gesüßt. Die duftigen Veilchen zeigen mehr Präsenz, begleitet von Orange, Lakritze und Marzipan. Die Süße scheint alles hervorzuheben. Wasser lockt Eukalyptus, Schalen und Lebkuchen hervor. Der Geschmack gibt sich weich, lässt aber säuerliche Zitrusnoten (vor allem Orange) zu und wird dicker statt süßer. Man muss auf die frische Definiertheit von London Dry Gin verzichten, nicht hingegen auf Komplexität.

3.5	**Gin Tonic** Macht seine Sache in der Nase gut und arbeitet mehr Obernoten heraus. Die Süße verzerrt den Geschmack allerdings etwas und macht ihn geringfügig flach.
4	**Gin Fizz** Schwungvoll und lebendig. Die Süße des Gins bremst den Vormarsch der Zitrone. Ein ausgewogener, erfrischender Drink.
5	**Martinez** Mit seiner samtigen Süße ein echtes Kind des 19. Jahrhunderts, aber ausgewogen, da der Gin nicht allzu süß ist. Die Bitters ziehen alles zu einer reichen Gestrüpp-Wurzel-Kräuter-Kombination zusammen. Ausgezeichnet.

BATHTUB OLD TOM GIN
42,4 % Großbritannien

Nachdem Professor Ampleforth mit einem angeblich
in einer Badewanne zubereiteten Gin Erfolg hatte
(siehe Seite 62), setzte er seine Erkundung der Gin-
Geschichte fort und beschloss auf Vorschlag der Hand-
made Cocktail Company, etwas auf die Beine zu stellen,
was einem Old Tom nachempfunden war. Auch hier
kam wieder die Methode des Cold Compounding zur
Anwendung, bei dem die Botanicals nicht mitdestilliert, sondern »kalt« mit dem Brand vermischt werden.
Die Nase deutet Süße, ein wenig Wacholder und eine
ordentliche Dosis Gewürznelken an. Der relativ dicke
Geschmack braucht Zeit, um zu entspannen und sich
zu öffnen. Im Mund zeigt Zimt wesentlich mehr Präsenz
als in der Nase und wird im Ausklang sogar etwas unangenehm süß. Wasser sorgt für Leichtigkeit, kann aber
die leicht medizinale Note der Gewürznelken und die
klebrige Süße im Schlussteil nicht verhindern. Vielleicht
sollte man ihn eher Gin-Likör als Old Tom nennen.

3.5 **Gin Tonic** Guter Duft. Die Tiefe und Süße stemmen sich
gegen die Trockenheit des Tonic Water. Ein angenehmer,
süßer Gin Tonic.

4 **Gin Fizz** Funktioniert gut, solange man mit dem Zucker auf-
passt, denn der Gin bringt selbst genug mit. Bekommt man
ihn aber gut hin, macht der Balanceakt zwischen der scharfen
Zitrone und dem zuckrigen Gin Spaß. Hat Schwung.

4 **Martinez** Dieser Gin ist wie geschaffen dafür, dem Martinez
als Basis zu dienen. Er hält sich mit Zimt- und Gewürznelken-
unterstützung gut. Die Bitters machen ihn pikanter. Gerät er zu
süß, reduziert man den Wermut und gibt mehr Bitters dazu.

Wacholder • Orangenschale • Zitronen-
schale • Koriandersamen • Kardamom •
Engelwurz • drei bis sechs Monate
Ausbau in Fässern aus französischem
Eichenholz

RANSOM OLD TOM 44 % USA

Ramson Spirits in Sheridan, Oregon, wurde 1997 von Ted
Seestedt als Destillerie für Traubenbrände gegründet.
Später erweiterte Seestedt seinen Wirkungsradius auf
Wein, dann auf Whiskey, Wodka und 2009 schließlich
Gin. Aber nicht irgendeinen alten Gin. Seesteds Spirits
umweht immer auch der Hauch der Geschichte, und so
arbeitete er mit seinem Freund, Autor und Cocktailhistoriker David Wondrich zusammen (siehe auch Seite 181).
Letzterer vermisste einen Gin, der exakt den Bränden
aus den Anfängen der Gin-Cocktails – also Hollands und
Old Tom (siehe Seite 23) – nachempfunden war. So entstand der Ransom auf Malzbasis. Die Botanicals werden
in Maisbrand mazeriert, dann in einer direkt befeuerten
Still gebrannt. Weil man den Old Tom früher bis zum Verkauf ins Fass sperrte, schickte man auch diese Version
in Eiche, bis sie den passenden Charakter hatte. Sie ent-
steigt dem Fass groß, leicht hefig, reich und mittelsüß,
mit blumigen Tönen, Eichennoten, Zitrusmarmelade,
Gewürzen und kandierten Schalen. Im cremig reichen,
kraftvollen Geschmack sind die Botanicals fast umman-
telt. Mit Wasser machen sich Kardamom und Wacholder
bemerkbar. Integriert und kaum süß. Hochkarätig.

4	**Gin Cocktail** Komplexe Nase mit Gewürznelke, Engelwurz, Veilchenwurzel und Koriandersamen. Der Bitter ist im Schlussteil etwas zu präsent.
5	**Gin Fizz** Der Gin hebt ab und zeigt seine ganze Komplexität. Er braucht nur noch ein Quäntchen Süße. Eine Rakete.
5*	**Martinez** Für einen Drink wie diesen wurde Gin gemacht. Die Eiche gibt ihm Struktur. Eine komplexe, ausgewogene, viel-schichtige Mixtur mit robuster, guter Eleganz. Phänomenal.

....

Wacholder • Koriandersamen •
Bitterorangenschale • Engelwurz •
Paradieskörner • Gewürzrinde • Veil-
chenwurzel • Kardamom • Tasmanische
Pfefferbeeren • sechs Monate Ausbau
in Ex-Bourbonfässern

BOURBON BARRELED BIG GIN 47 % USA

Der Gin der Neutraditionalisten Captive Spirits in Seattle (siehe Seite 139) verbrachte sechs Monate im Ex-Bourbonfass, was sich allerdings nur unwesentlich auf seinen Charakter ausgewirkt und ihm lediglich einen Hauch Vanille sowie eine Andeutung von Muskatnuss mit auf den Weg gegeben hat. Neben dieser würzigen Seite offenbart er mehr Zitrus als die Standardabfüllung, während der Wacholder ein Stück zurückgefahren wurde. Im sehr sauberen, unaggressiven Geschmack outet er sich nicht nur als Brand auf Maisbasis, sondern auch als Spirit, der im Fass weich gemacht wurde. Erst jetzt nähert er sich Wacholderwäldern mit pfefferigem Einschlag. Mit ein, zwei Tropfen Wasser oder einem Eiswürfel wird er zum angenehmen Aperitif. Ein Traumpaar bildet er ferner mit Ginger Ale, dessen trockene Art den Ausklang verlängert und süßt.

3.5	**Gin Cocktail** Mehr Vanille schlägt durch. Der Brand bleibt zunächst cremig und ruhig und verschärft sich zum Schluss zu Peperoniflocken.
3.5	**Gin Fizz** Gute Nase, da er mit seiner leichten, cremigen Art die Zitrone und das Soda bremst. Im Geschmack spielen die Wurzeln ihren Part. Ein ordentlicher schneller Drink.
4	**Martinez** Damit der Gin eine Chance hat, muss der Drink als Turf Club gemixt werden, dann können Wacholder und Peperoni dem Wermut Paroli bieten.

BURROUGH'S RESERVE OAK RESTED GIN 43 % Großbritannien

Der von Desmond Payne 2013 ins Leben gerufene Burrough's Reserve orientiert sich am Beefeater-Standard-
rezept (siehe Seite 63), doch bekommt der Gin zusätzlich
Bedenkzeit in Jean-de-Lillet-Fässern. Allzu deutlich ist
der Holzeinfluss nicht zu spüren – der Brand trägt gerade
mal eine strohgelbe Farbe davon –, doch dient er als
Katalysator, der den Geschmack weicher, leicht oxidativ
und süßer macht. Die klassischen Zitrus- und Wacholdernoten aus dem Beefeater sind vorhanden, ihre Wirkung
aber ist wesentlich verhaltener: Sie verlagern die Aromatik in Richtung Chartreuse Jaune (ein Likör, in dem
Engelwurz eine wichtige Rolle spielt) mit Blüten- und
Aprikoseneinsprengseln. Der saubere Geschmack offenbart ein bisschen Schärfe und braucht Wasser oder
einen Eiswürfel, der sein Mütchen kühlt. Mit Wasser lässt
er sich am besten genießen, doch harmoniert er auch
mit Ginger Ale. Ausgewogen, elegant und etwas süßer
der Geschmack, in dessen trockenem Ingwerausklang
Wacholder und mehr Wurzeln zum Vorschein kommen.

5	**Gin Cocktail**	Der Bitter fügt sich gut ein und scheint noch weitere Lillet-Noten herauszukitzeln. Dabei bleibt der Gin unaufdringlich und sauber. Weich und ziemlich ausgeklügelt.
3.5	**Gin Fizz**	Sauber und frisch, mit guter Energie. Für etwas Gewicht sorgt der Gin. Das Holz drängt sich nicht auf, ist aber nicht optimal austariert.
5	**Martinez**	Reichhaltig und süß, mit fruchtigen Tiefen und Glühweinnoten neben keksigen Anwandlungen. Ein ruhiger Drink für einen Abend im Herrenklub.

Wacholder • Mandel • Veilchenwurzel •
Fenchelsamen • Anis • Paradieskörner •
Orangenschale • Kardamom • Veilchenwurzel • Zitronenschale • Koriandersamen • Kubebenpfeffer • Gewürzrinde •
Süßholzwurzel • Bohnenkraut • Muskatnuss • Engelwurz • Kreuzkümmelsamen •
Zimt • Ausbau zunächst in Ex-Cognac-
fässern, dann Pineau-des-Charentes-
Fässern und amerikanischer Eiche,
zuletzt Verschnitt in einer Solera

CITADELLE RÉSERVE 2013
44 % Frankreich

Nach fünf Jahren des Experimentierens hat Brennmeister Alexandre Gabriel von Citadelle endlich die
passende Formel für seinen ausgebauten Brand gefunden. Ab dem Jahrgang 2013 arbeitet Gabriel beim
Réserve mit einer veränderten Solera-Methode. Zunächst unterteilt er den Gin in drei Posten, von denen
einer in amerikanischer Eiche, der zweite in Ex-Pineau-
des-Charentes-Fässern und der dritte in Ex-Cognac-
fässern reift. Danach kommt alles in eine Solera, die nie
geleert wird. Wird Gin für eine Abfüllung abgezogen,
füllt man die Solera wieder auf. Das gewährleistet Beständigkeit, einen weicheren Brand und vielleicht mehr
Volumen. Auf jeden Fall schlägt sich die Behandlung in
einem intensiv würzigen Aroma mit mehr Menthol, Balsam und Pfeffer als bei der nicht ausgebauten Version
(siehe Seite 118) nieder. Das Holz bleibt verhalten und
auch der Wacholder wirkt weicher. Wasser lässt Koriander und Schalen förmlich mit der Tür ins Haus fallen,
während man am Gaumen mit sanfter Kiefer, Kräutern
und pulverigen Gewürzen Bekanntschaft macht.

4 Gin Cocktail Engelwurz schlägt mit einer warmen Pfeffernote durch. Sogar Pfefferminze, Gewürznelken und Wacholder machen sich bemerkbar. Duftend. Wird sehr pfefferig.

4 Gin Fizz Leicht und zurückhaltend. Der Gin wirkt sich
beruhigend auf den Mix aus. Veilchen, Lavendel, Kräuter
und Pfeffer stoßen dazu.

5 Martinez Hier ist ein fast rauchiger Einschlag zu erkennen.
Obwohl der Gin nicht nach vorn drängt, lenkt er im Hintergrund alles. Massive Konzentration im Mittelteil. Klassisch.

DUTCH COURAGE
AGED GIN 88 44 % Niederlande

Der Dutch Courage ist neu in Patrick van Zuidams beständig wachsender Palette (siehe Seite 119 und 150); erstmals erschien er 2014. Der Eiche wurde ein aktiverer Part zugewiesen, als dies bei ausgebauten Gins oft der Fall ist, weshalb in der Nase gekohlte Noten und Vanille mitmischen. Diese Reminiszenzen aus dem Fass und dem malzigen Brand werden ergänzt durch lebendige Aromatik nach Chartreuse-Manier: Anis, Kardamom und Engelwurz neben Menthol und Kiefer. Die Eiche sticht hervor, dominiert jedoch nicht. Mit Wasser kommen im Duft mehr Vanille und frisch gesägtes Holz – man denke an eine Sauna – zum Vorschein. Damit bewegt sich das Bukett in eine leicht süßliche Richtung, bevor die Gewürze über den Gin hereinbrechen. Im Geschmack wird die Eiche mit viel Gewürzen und Säure aus dem Zitruslager zurückgedrängt, dann macht sich mit Gewürznelken, Anis, Wacholder und Koriander eine weiche Stimmung breit. Gut, aber eigen – man kann ihn wie Whisky behandeln. Die Frage ist: Werden die Filler die Eiche zügeln?

4	**Gin Cocktail**	Die Süße ist hier entscheidend, denn sie macht die Tannine weich und beruhigt aggressive Elemente. Der Bitter ist eine Bereicherung. Leichte Kokosnoten.
X	**Gin Fizz**	Zitrone, so scheint es, mag keine Eiche.
3.5	**Martinez**	Noch immer etwas von Eiche geprägt, mit festem Geschmack, wenngleich der Wermut Mühe hat, Ruhe hineinzubringen. Weil es schwierig ist, alles ins rechte Lot zu bringen, ist es am besten, ihn mit Eis oder als Gin Cocktail zu trinken.

FILLIERS DRY GIN 28
BARREL AGED 43,7 % Belgien

Vier Monate – so lange braucht das Fass, um Filliers'
Standard-Abfüllung 28 (siehe Seite 120) in einen stroh-
gelben Gin zu verwandeln. Das Bukett bleibt komplex,
obwohl die Gewürze etwas weicher und runder gemacht wurden. Darüber hinaus scheinen Lakritze und
Zitrone verstärkt worden zu sein. Die milde oxidative
Note hat dem Gin etwas mehr Gewicht gegeben. Während Wasser die Standardversion trockener macht, arbeitet es hier Honig heraus und gibt dem Gin Gewicht –
man fühlt sich zurückversetzt in einen Gewürzladen des
17. Jahrhunderts. Der Geschmack offenbart eine andere
Struktur und festeres Holz, ohne die Obernoten und das
cremige, runde Element in ihrer Entfaltung zu hemmen.
Mit Wasser wird der Wacholder wagemutiger und der
Abgang fast wermutartig.

4	**Gin Cocktail** Die Eiche ist unverkennbar, hat aber die Energie eines Botanicals. Frisch und lang. Lohnt sich zu probieren.
4	**Gin Fizz** Reichhaltig und ausdrucksvoll. Mit Menthol und Zitrus. Nicht übermäßig lang, aber mit Klasse.
5*	**Martinez** Als Martinez zu süß; mischt man ihn aber als Turf Club, kann man die Eleganz des Gins und die Komplexität der Botanicals-Mixtur besser erkennen. Wird ein ausgeklügelter Gin Manhattan, der bei Zimmertemperatur genauso gut ist.

INVERROCHE AMBER

43 % Südafrika

Die Fynbos-Botanicals sind hier in anderer Zusammensetzung enthalten als im Inverroche Classic (siehe Seite 125). Allerdings ist der Inverroche Amber trotz seiner bernsteingelben Farbe nicht ausgebaut. Es kamen lediglich einige Botanicals wegen ihres Tanningehalts als Farb- und Strukturgeber mit hinein – wahrscheinlich erst nach dem Brennen. Mit anderen Worten: Eiche war zwar nicht im Spiel, doch benimmt sich der Gin wie eine ausgebaute Version, weshalb er hier aufgeführt ist. Da sind etwas Kampfer und eine angenehme Lacknuance. Alles wird recht süß und glatt mit Malzzucker, Fruchtzucker und fast phenolischen Zuflüsterungen durch die Botanicals. Der Gin braucht jedoch Wasser, das ihm einen enormen Parfümduft beschert. In dieselbe Kerbe schlägt er am Gaumen, wo das Zusammentreffen aus Wildkräutern, Patschuli und Fruchtsaft an einen Hippie-Shop erinnert.

3	**Gin Cocktail** Massiv kräuterwürzig. Gewürznelken und ein leichter Zitruston stoßen dazu. Bewegt sich in Richtung von Erdbeerkaubonbons und Kaugummi. Ein bisschen seltsam.
3.5	**Gin Fizz** Ein gutes Bukett, in dem die Zitrone und das Soda seine Großspurigkeit etwas dämpfen. Der Geschmack lässt nicht vom Kaugummi und Patschuli und setzt sogar noch frische Litschis drauf. Hat was.
3.5	**Martinez** Sehr intensiv, geht sogar in die Richtung eines Negroni, obwohl gar kein Campari beteiligt ist. Stark zitrusfruchtig mit Wildkräutern. Der Geschmack bewahrt sich das Süßigkeitenelement. Ich mag ihn, weil er so verrückt ist.

Wacholder • Koriandersamen • Kardamom • Zitronenschale • schwarze Pfefferkörner • Orangenschale • Engelwurz • Ausbau zu je 50 Prozent in Ex-Bourbonfässern und Ex-Old-Scout-Bourbonfässern

SMOOTH AMBLER
BARREL AGED 49,5 % USA

Der Gin entsteht in West Virginia und ist ein Werk von TAG Galyean und John Little. Er wird aus einer Mais-, Weizen- und Gerstenmalzmischung in einer Pot-Column-Hybridbrennblase vierfach gebrannt. Das Arsenal an Botanicals sieht für einen London Dry Gin relativ normal aus, sieht man vom Pfeffer ab, aber da es sich um einen New Western Gin handelt (siehe Seite 138), spielt der Wacholder eine nicht so tragende Rolle. Unausgebaut wird der Spirit als Greenbrier abgefüllt, aber diese Version schickt man in Fässer, in denen bereits Bourbon bzw. Old Scout Bourbon aufbewahrt wurden. Sie verlagern die esterige Süße des Greenbrier in eine deutlicher krautige Richtung. Das Fass hat ein gewichtiges Wörtchen mitzureden – es macht den Brand süßer und schwört ihn auf eine karamellisierte Linie ein. Wie bei den meisten fassgereiften Gins spielen auch Zitrusnoten eine tragendere Rolle. Im Mund macht sich Mais bemerkbar, während die Eiche in Kiefer-Inkognito auftritt. Süß, recht dick, mit Eukalyptus, Eiche und Kräutern.

2.5	**Gin Cocktail** Gerät sehr fruchtig. Die Eichennoten schlagen sich in Kiefernnuancen und ein wenig Kokosnuss nieder. Merklicher Fasseinfluss.
2.5	**Gin Fizz** Sollte eigentlich funktionieren, aber das Holz stellt sich quer und bringt die Zitronen aus dem Gleichgewicht.
3.5	**Martinez** Spritige Nase mit etwas Eiche, aber hier sorgt das Holz für Pep und Stil. Der Maraschino-Likör ist freimütiger, während der Wermut als Nebendarsteller fungiert. Lang, angenehm staubig. Der Ausklang hat einen pikanten Einschlag.

Wacholder • Koriandersamen • Engelwurz • Veilchenwurzel • Zitronenschale •
Orangenschale • Sternanis • Gewürzrinde • Rosenblütenblätter • plus eine
geheime Ingredienz • Ausbau in französischen und amerikanischen Fässern
mit Holzschnipseln als Zusatz

VICTORIA OAKEN GIN
45 % Kanada

Das Team von Victoria Spirits auf Vancouver Island
(siehe auch Seite 134) hat eine etwas andere Strate-
gie gefunden, seinem Gin Holznoten beizubringen. Er
durchläuft eine Reihe kleiner Fässer, denen man Holz-
schnipsel hinzufügt, was die Kontaktfläche wesentlich
erhöht und damit die Extraktion beschleunigt. Der Gin
wird breiter und weicher, ohne dass die Botanicals an
Einfluss einbüßen – er ist nach wie vor unverkennbar ein
Gin. Es stößt zwar ein neues Vanilleelement dazu, doch
geht dies nicht auf Kosten der warmen Kiefern- und
Zitronennoten aus der Wacholder- und Koriandereck.
Am Gaumen bekommt Anis mit staubigen Muskatnuss-
nuancen und Zimt mehr Gewicht. Wasser bringt Ruhe
ins Spiel, macht den Gin aber auch cremiger. Kokosnuss
und gekohlte Abtönungen mischen ebenfalls mit.

3.5	**Gin Cocktail** Frisch und zitrusfruchtiger. Die Bitters steuern eine duftende, muskatnussartige Note bei. Nach wie vor reich und ausbalanciert.	
X	**Gin Fizz** Wird zu Cream Soda mit kräftiger Anisdosis. Ein bisschen seltsam.	
3.5	**Martinez** Der Auftrieb durch die Botanicals transportiert diesen Drink auf die Ebene eines traditionellen Hustensafts mit Unmengen Kirschkernen. Groß, reichhaltig und ziemlich süß; wer also Gin spüren will, muss auf Turf Club umsatteln.	

BOUDIER SAFFRON GIN

40 % Frankreich

Gabriel Boudier ist ein seit 1874 bestehendes Likörhaus der Familie Battault in Dijon. Bis 2008 war es vor allem für seinen Crème de Cassis bekannt, der in keiner Bar fehlen durfte. Dann erschien der Saffron Gin auf der Bildfläche. Weil Jean Battault keinen London Dry in Frankreich herstellen wollte, suchte er eine Alternative. Seiner Meinung nach besteht eine natürliche Verbindung zwischen Wacholder und Safran, was durch ein altes, in den Firmenarchiven gefundenes Rezept für einen Safran-Gin gestützt wurde. Heute mag das Gewürz als Ingredienz ungewöhnlich wirken, doch ab dem 17. Jahrhundert war es ein fester Bestandteil irischer und schottischer *usquebaugh*. Im 19. Jahrhundert gab es eine französische Version namens *scubac*, bei der es sich um Boudiers Urversion gehandelt haben könnte.

Die Farbe erinnert an eine Lavalampe aus den 1970ern. Man erkennt das Honigelement des Safrans, das jedoch nicht übermächtig ist, denn Wacholder, Zitrone und Koriander bleiben präsent. Der Geschmack ist trocken und lässt Orange und Veilchen, Minze und eine blumige Einfärbung durchschimmern. Seine Struktur bleibt ziemlich klassisch: Der Safranton stößt zum Schluss dazu. Ein aromatisierter Gin? Nicht in dem Sinne wie die anderen Fruit Gins hier. Aber wo soll ich ihn sonst hinstecken?

4.5	**Mit Tonic** Funktioniert. Eine stärkere Verdünnung mobilisiert Koriander, Safran, Schalen, Fruchtgummis und Wacholder. Safran beschert dem Geschmack Volumen und gekochte Orangen. Etwas kurz, aber gut. Ein ungewöhnlicher Aperitif.
X	**Gin Fizz** Nicht möglich.

BOTANICALS

Wacholder • Koriandersamen • Zitrusschalen • Engelwurz • Veilchenwurzel •
plus Mazeration mit Heidekräutern,
Mariendisteln und Himbeeren

EDINBURGH GIN'S RASP-BERRY LIQUEUR 20 % Schottland

Schottland gehört zu den wichtigsten Beerenanbau-
ländern Europas. Den größten Anteil an der Produktion
haben Himbeeren. So war es kein Wunder, dass Alex
Nicol, als er darüber nachdachte, seinem Sortiment
einen Fruit Gin hinzuzufügen, nach Perthshire im Nor-
den fuhr und dort zu ernten begann. Die Beeren werden mit dem Standard-Edinburgh und einer gehörigen
Menge Rohrzucker mazeriert; anschließend lässt man
den Brand reifen. Er ist immens und süß und erinnert
an selbstgemachte Himbeermarmelade. Der zugrunde-
liegende Gin offeriert eine Prise Pfeffer (ich weiß, dass
sie normalerweise frischen Erdbeeren hinzugefügt wird,
aber hier funktioniert das auch) und etwas Wacholder.
Weil er von Haus aus eine Himbeerblätternote hat, ist
er das ideale Umfeld für die Beeren. Man bekommt
einen recht dekadenten Drink, wenn man ihn wie die
meisten pur trinkt. Am Gaumen hebt er erfrischend an,
gibt sich leicht angesüßt und nicht zu spritig. Die Süße
meldet sich zum Schluss wieder zurück und ist dann
ein bisschen zu viel des Guten, aber durch Kühlen
kann man sie etwas drosseln.

4.5 **Mit Tonic** wird ein sehr kühler Sommerdrink daraus. Die Süße
wird vom Tonic Water gedämpft, während die Beeren dann
eine leichte Säure entwickeln, die das Ganze auffrischt und
noch lebendiger macht.

4.5 **Gin Fizz** Ebenfalls sehr gut. Hat genug Süße, um den Drink
zu tragen. Die Himbeeren quellen förmlich heraus, die Zitrone
steuert Säure bei und ich träume vom Sommer.

FOXDENTON DAMSON GIN

18,5 % England

Das Foxdenton Estate ist seit 1367 im Besitz der Familie Radclyffe und wird derzeit von Nicholas Radclyffe geführt. Wie viele Landgüter war es lange ein Zentrum des Rasensports. Und was bringt nach einem harten Tag auf dem Feld verbrauchte Energie besser zurück als ein Schluck aus dem Flachmann, in dem ein Fruit Gin auf seinen Einsatz wartet? Was anfangs eine hausgemachte Spezialität für Gäste war, ist inzwischen zu einer echten Einkommensquelle für Nicholas geworden. Er hat nicht nur eine Reihe von Obstlikören in petto, sondern auch Gin (den Charles Maxwell von den Thames Distillers brennt – siehe auch Seite 79, 82, 84, 93 und 105). Die Standardabfüllung ist ein ordentlicher London Dry Gin, aber von der Masse hebt sich das Gut durch seine aromatisierten Versionen ab. Die Kriechenpflaumen bekommt Nicholas nach eigenem Bekunden »von einer netten alten Dame in Herefordshire, die sie entlang ihrer Feldwege anbaut«. Tatsächlich hat der Gin etwas von einem selbstgemachten Zwetschgenkuchen. Er ist dicht, tief und zeigt jenen säuerlichen Biss, der verhindert, dass er zur Zucker- und Fruchtessenz wird. Der Wacholder schlägt einen Bogen zu einem geheimnisvollen alten Aroma, während im Geschmack deutlich wird, dass er nicht überdosiert ist – die Fruchtsäure bringt ihn ins Gleichgewicht.

5* **Mit Tonic** Die Kuchenfüllung quillt über den Teig. Ein klassischer, reifer süßer Fruit Gin, der sich auch im Mund gut macht. Das Tonic gibt ihm die passende Perlage. Perfekt auch als Wibble (siehe Seite 192). Ein Drink fürs ganze Jahr.

5 **Gin Fizz** Reichhaltig und tief, mit viel Farbe. Hat die Fülle des Gins bewahrt. Die Zitrone unterstreicht die Beeren mit Biss. Ein Drink, wie man ihn sich wünscht.

Nicht deklariert, aber mit dabei:
Wacholder • Kardamon • Koriandersamen • plus handgesammelte
wilde Schlehen

BRAMLEY AND GAGE
ORGANIC SLOE GIN 26 % England

Manchmal scheint der Nachname schon vorwegzunehmen, welchen Berufsweg jemand einschlägt. Wenn man in England lebt und Edward Bramley (»Brombeere«) Kain sowie Penelope Gage (»Reneklode«) heißt, dann bleibt eigentlich nur noch eins: Obstbauer zu werden. Das tat das Ehepaar denn auch und begann in den 1980er-Jahren in einer Küche mit der Erzeugung von Fruchtlikören. Zum Schlehen-Gin war es da nicht mehr weit. Heute ist das Unternehmen wesentlich größer und wird bereits von der nächsten Generation geführt, doch die Grundsätze aus der Anfangszeit gelten nach wie vor: Es werden nur ganze Früchte ohne Konservierungs- und Farbstoffe verwendet. Dieser biologische Schlehen-Gin etwa entsteht allein mit Früchten aus Feldhecken und hat einen höheren Schlehenanteil als der Standard-Gin des Hauses (siehe Seite 59). Was im Basis-Gin enthalten ist, bleibt ein Geheimnis, aber botanisch dürfte es dem 6 O'Clock ziemlich nahekommen. Der Sloe ist heller als andere und auch nicht so süß, sodass ein intensiver Schlehenzug mit Kirsche, Veilchen und säuerlichen Wildbeeren zum Tragen kommen kann. Auf der Hälfte des Wegs setzt der Gin mit reichlich Lavendel sowie Wacholder und sogar einem Hauch Engelwurz ein.

4.5 Mit Tonic Der Filler betont die Säure, sodass die Kombination weniger süß und – fast paradoxerweise – kraftvoller wird, da der Gin an Einfluss gewinnt. Bewahrt das bittersüße Wesen.

3.5 Gin Fizz Steht auf nicht mehr ganz so solidem Fundament, denn die Schlehen und die Zitronen kommen nicht sonderlich gut miteinander aus.

....

Wacholder • Koriandersamen • Engelwurz • Süßholzwurzel • Veilchenwurzel •
Mandel • Gewürzrinde • Zimt • Pome-
ranzenschale • Zitronenschale •
plus Wildschlehen

SIPSMITH SLOE GIN 29 % England

Jared Brown ist ein Brenner, der sich intensiv mit der
Geschichte und Tradition des Gin-Destillierens befasst
hat. So verwundert es nicht, dass der von ihm auf die
Beine gestellte Fruit Gin fast um zehn Prozent stärker
ist als die meisten anderen Vertreter dieser Gattung.
Trotzdem wird er durch diese stattliche Alkoholladung
keineswegs spritig, sondern bekommt in der Nase
vielmehr eine elegante, reiche und fast samtige Fülle.
Für den Sloe hat Brown wilde Schlehen in seinen »Stan-
dard«-LDG (siehe Seite 108) eingelegt und ihn leicht
gesüßt. Der hellrote Brand konfiguriert seinen Duft aus
einem Hauch Schwarzer Johannisbeeren, Schwarzkirschen sowie einer Andeutung von Kiefer und süßen
Gewürzen. Die Textur gibt dem Geschmack Gewicht.
Er trägt im Mund schwer an Frucht und bekennt sich
zu einem faszinierenden dunklen, bittersüßen Zug,
der fast gekocht wirkt, die Grenze zum Marmeladigen
jedoch nicht überschreitet. Ein dichter, waldschwerer
Gin – wie ein Trunk, an dem man nervös nippen würde,
bevor man sich in das Dickicht stürzen müsste, um
Rotkäppchen zu retten. Komplex also.

5   **Mit Tonic** Reichhaltig, lang und herbstlich. Opulenter Mittelteil. Gerade wenn die Frucht vor dem Ausklang schwächelt,
hebt eine Gin-artige Wurzelnote an.

5   **Gin Fizz** Die Beerenfrucht umschmeichelt anfangs mit an-
genehmer Süße, wird aber dann aufregend säuerlich. Beide
Extreme versuchen sich gegenseitig an die Wand zu drängen.
Ein sehr erwachsener Drink.

GREENHOOK GINSMITHS BEACH PLUM GIN LIQUEUR

30 % USA

Viele Gin-Brenner legen heute dieselbe Haltung an den Tag wie Bartender und Köche: Auf der Suche nach Geschmacksnuancen sehen sie sich als Erstes in ihrer Umgebung um. Auch im Greenhook Ginsmiths aus Brooklyn spielt Einheimisches eine wichtige Rolle. Als seine Macher beschlossen, einen Fruit Gin herauszubringen, suchten sie nach dem New Yorker Äquivalent der sauren Schlehe – und fanden es in der Strandpflaume *(Prunus maritima)*, einer verrückten kleinen, bittersüßen Frucht, die überwiegend wild an der Nordostküste der USA vorkommt. Sie ist klein und lässt sich nur schwer ernten, doch trieb man auf Long Island einen Bestand auf. Die Pflaumen werden im Firmen-Gin mazeriert (siehe Seite 143) und reichern ihn mit einer faszinierenden, fast medizinalen Note an, die an alte Arzneitinkturen erinnert. Später bekommen sie einen gekochteren Zug und den bitteren Marzipanbiss von Kernen. Gin hat seinen Anteil, wobei sich der Wacholder als Hauptverbündeter der Pflaumen erweist. Im Mittelteil wirkt alles ein bisschen verkniffen. Vielleicht brächte man den Gin mit ein bisschen Zucker ins Lot. Aber das sind nur Details.

X	**Mit Tonic** Ein Zitrusauftakt, aber die Pflaumennoten gehen verloren und er klingt etwas kurz aus.
3.5	**Gin Fizz** Schon besser, aber da ist immer noch die Trennung zwischen Brand, Pflaume und später Zitrone. Mehr Zucker gibt ihm Gewicht und Länge.

FILLIERS 1992 VINTAGE GRAANJENEVER, FIRST RELEASE 43% Belgien

Filliers, der belgische Spezialist für Jenever, wurde 1792 vom Bauer Karel Lodewijk Filliers gegründet und ist bis heute in Familienbesitz. Die moderne, 2006 neu eröffnete Brennerei produziert Jenever für familieneigene Marken sowie für Dritte in Belgien und den Niederlanden. Obwohl das Unternehmen sich nicht gern in die Karten schauen lässt, weiß man, dass in der zu 100 Prozent aus Getreide bestehenden Mischung für den Graanjenever viel Roggen dabei ist. Zudem wird der Brand zehn Jahre in US-Eiche ausgebaut. In der Nase aber schlägt sich eher der Roggen als das Holz nieder, wie die frischen, würzig-süßen Roggenbrotnoten und eine Andeutung an Vanille beweisen. Später machen sich leichte Botanicals bemerkbar: Zaunpfosten, Zitrone, Apfelblüte und butterige Nuancen. Der Geschmack mit seiner rassigen Zitronensäure bestätigt, dass der Brand mehr Einfluss hat als das Holz.

5 **Gin Cocktail** Eine Rückreise ins alte New Amsterdam! Er mag ausgeklügelter sein als in den Pioniertagen des 19. Jahrhunderts zu Jerry Thomas' Zeiten (siehe Seite 26), aber er ist noch genauso gefährlich. Denn einer wird einem nie reichen.

3.5 **Gin Fizz** Die Säure im Gin, wenn er pur getrunken wird, arbeitet hier leicht dagegen. Frisch und mit Biss.

4 **Martinez** Selbst auf Turf-Club-Niveau bleibt er sehr süß. Der Schluss allerdings bringt Würze ins Spiel. Muss kalt, kalt, kalt sein.

BOLS GENEVER 42 % Niederlande

Unter den flüchtenden flämischen Protestanten im
16. Jahrhundert war auch die Familie Bulsius. 1575 ging
sie nach Amsterdam, begann mit dem Brenngeschäft
und änderte ihren Namen in Bols (siehe Seite 13). Die
erste Aufzeichnung über den Kauf von Wacholder
stammt von Pieter Bols und wurde 1664 angefertigt. Im
17. Jahrhundert avancierten die Bols dank ihrer Verbindungen zur Ostindischen Kompanie zu Spezialisten für
gewürzte Liköre und Genever. 1842 stellte der damalige
Eigentümer Gabriel Theodorus van 't Wout ein Rezept-
buch zusammen, das sich noch heute in den Bols-
Archiven befindet. Eines der Rezepte, 1820 entstanden,
beschreibt diesen Genever-Stil. Bols brachte ihn 2008
heraus und versuchte damit, Genever als Cocktail-Basis
populär zu machen. Der nicht ausgebaute, klare Brand
enthält über 50 Prozent Malzwein und ein Wacholder-
destillat. Er trägt ein schwach nussiges Aroma mit blumiger Roggenwürze, einer weichen Tresternote und einem
Anflug von Zitrus vor. Der Einfluss des Botanicals ist
gering. Im Mund erinnert der Genever an einen süßen
Rohwhisky mit duftendem Mittelteil, in dem Wacholder
lauert. Zum Schluss wird er leicht ölig und mild würzig.

4	**Gin Cocktail**	Der Bitter bereichert die ganzen blumigen, frühlingshaften grünen Noten um eine Gewürznelkenexotik. Ein einfacher, aber guter Drink.
4	**Gin Fizz**	Der Genever verteidigt seine Position gut und bereichert das, was als messerscharf gedacht ist, um eine weiche Note mit krautigem Einschlag.
3.5	**Martinez**	Der Wermut ist sehr präsent, weshalb ich ihn auf Turf-Club-Niveau herunterfahren würde – so kommt eine er-dige Fülle dazu. Der Bitter schafft das nötige Gleichgewicht.

BOLS ZEER OUDE
35 % Niederlande

»Oude« heißt hier nicht, dass es sich um einen ausgebauten Genever handelt, sondern um einen, der im alten *(oude)* Stil bereitet wurde – im Gegensatz zum neutralen, jungen *(jonge)* Stil, den es seit ungefähr 1920 gibt. Die sehr helle gelbe Tönung zeigt, dass er entweder in einem Bottich war oder, was wahrscheinlicher ist, mit Zuckerkulör gefärbt wurde.

In der Nase gibt er sich leicht und recht süß. Zarte Zitrusnoten und ein Anflug von frisch gebackenem Brot sind erkennbar. Um das volle Aroma und die gesamte geschmackliche Bandbreite zu entwickeln, braucht er Wasser. Die Botanicals halten sich zurück, sind im Genever aber sowieso eher Nebendarsteller und übernehmen keine Hauptrolle. Die saubere, recht zitrusfreudige Säure im Mund tariert die Fülle des Brands aus. Zum Ausklang finden sich reichlich Gewürze mit einigen Beeren – Tendenz Himbeeren – ein, bis ganz am Ende eine Roggennote den Schlussstrich setzt. Der Genever wirkt delikat, hat aber Charakter.

3.5 Gin Cocktail Hier tritt mit der Hinzufügung von gewürznelkenschweren Bitters ein würziger Charakter hervor. Fast trocken. Schmeckt nach mehr.

4.5 Gin Fizz Etwas süßer; Zitrone und Genever arbeiten wieder zusammen. Am Gaumen ein wenig kurz, aber die Nase macht das wett. Mit der Zeit (falls man einem Fizz Zeit lassen kann) manifestieren sich butterige Backgewürze.

4 Martinez Pikant, mit Frucht, Gewürzen und Nüssen in wildem Durcheinander. Sauber und zitrusfruchtig, mit dem guten Fleisch eines Martinez.

Wacholder • Hopfen • Gewürznelke •
Anis • Süßholzwurzel • Ingwer • plus
ein geheimes Botanical • Ausbau
18 Monate in Limousin-Eiche

BOLS BARREL AGED
42 % Niederlande

Das heutige Bols-Rezept für Malzwein sieht eine dreifach auf 47 Prozent destillierte Getreidemischung aus
gleichen Teilen Mais, Roggen und Weizen vor. Der Brand
wird anschließend mit einem neutralen, getreidebasier-
ten Botanical-Destillat und einem Malzwein-Wachol-
derbrand verschnitten. Der Barrel Aged (mit 50 Prozent
Malzwein) debütierte 2011. Er wurde einem Rezept von
1883 nachempfunden und 18 Monate in Fässer aus Limousin-Eiche geschickt. Mit ihm bekommt man einen
Eindruck davon, wie die Genever-Basis für Cocktails
früher geschmeckt haben könnte. Der strohfarbene
Genever tönt seine süße, malzige, fast zuckerrüben-
sirupartige Note mit delikaten Gewürzen (Muskatnuss,
Anis), Löwenzahn und Gebäck ab. Am Gaumen tun
sich seidige, reiche Welten mit hellfleischigen Pfir-
sichen zum Einsteig auf, dann macht sich ein leichter
Eichen-Grip bemerkbar, bis sich kurz vor Schluss noch
Gewürze zeigen. Braucht Wasser – und Zeit im Glas.

4 Gin Cocktail Schon bemerkenwert, wie ein einfacher Filler
einen Drink verändern kann. Breiter, dabei noch immer weich,
aber komplexer. Mit Piment und Gewürznelke.

4 Gin Fizz Die Süße und die Zitrone arbeiten zusammen.
Eine gewisse Komplexität ist zu erkennen. Ein sauberer,
ausgesprochen süffiger Drink.

5 Martinez Entführt in eine schwach beleuchtete Bar aus
dem 19. Jahrhundert. Leichte Bitternote mit gerade genug
Süße. Am besten als Turf Club genießen. Elegant ist hier
das richtige Wort.

ZUIDAM SINGLE BARREL ZEER OUDE, 3 JAHRE ALT
38 % Niederlande

Patrick van Zuidam (siehe Seite 119, 150 und 159) macht Genever, indem er eine dicke, mit Zuchthefen mindestens fünf Tage vergorene Maische als Grundlage nimmt. Die Destillation erfolgt in Holstein Stills, deren Basis in einem Wasserbad sitzt. Die Kombination aus viel Zeit, Hefe und Rückfluss verhilft dem Basismalzwein, der im Genever 50 Prozent ausmacht, zu leichteren, eleganteren Noten. Die Reifung erfolgt in Fässern aus neuer amerikanischer Eiche, was sich stark auf das Bukett auswirkt. Man spürt viel cremige Vanille und Streichrahm, weiche Banane, Gewürznelken, eingekochte Birne und helle Beeren. Würde man ihn blind verkosten, würde man auf kanadischen Whisky tippen, wäre da nicht eine Andeutung von Botanicals im Schlussteil. Genever-Puristen werden ihn als überzogen empfinden, aber jede Kategorie braucht Menschen, die die Grenzen erweitern. Am besten ist er mit einem Tropfen Wasser oder einem Eiswürfel.

X **Gin Cocktail** Da tut sich, um ehrlich zu sein, wenig, weil der Fasseinfluss so stark ist. Mit einem Bitter gibt es etwas mehr Struktur, aber im Grunde bleibt es derselbe Drink.

X **Gin Fizz** Auch hier schlägt das Fass voll durch. Eine Holzbarriere bremst den Drink aus.

X **Martinez** Schon wieder ein Spaziergang durch den Fasskeller. Besser als die anderen beiden Cocktails, allerdings kein guter Cocktail. Aber ein Genever, den man probieren muss.

ZUIDAM ROGGE 35 % Niederlande

Rogge ist Holländisch für Roggen und war einmal der Rohstoff für Genever – wie einst auch für amerikanischen Whisky. Ein Teil des Roggens von Zuidam stammt aus der Gegend um Groningen, wo er im Zuge eines Schutzprojekts für den Ortolan angebaut wird (der kleine Vogel gilt in Frankreich als Delikatesse und ist deshalb in seinem Bestand gefährdet). Wie das gesamte für die Brennerei bestimmte Getreide wird auch der Roggen in einer Windmühle gemahlen. Der saubere Zuidam Rogge thematisiert Sauerteignoten – die Nähe zu Backwaren ist eine Konstante im Genever-Universum –, die von der hier sehr zurückhaltend agierenden Eiche weich gemacht wurden. Leichte Gewürze, Zitrone, ein paar getrocknete Minzeblätter und ein Hauch Salbei verbinden sich zu einem ausgeklügelten, lebendigen Aromakomplex. Wasser verleiht dieser Schnittstelle aus süßen und würzigen Elementen Eleganz und bringt erneut Backwaren – Karfreitagsbrötchen – ans Tageslicht. Der saubere, trockene Geschmack wirkt zunächst knackig frisch und spielt dann in Gewürznelken hinein. Wasser unterstreicht das Gewicht des Brands. Exzellent.

5*	**Gin Cocktail** Bekommt durch den Bitter eine zusätzliche Dimension, die die Komplexität des Drinks bereichert. Man kann förmlich den Geist von Jerry Thomas (siehe Seite 27) sehen, wie er nach einer Flasche greift.
3.5	**Gin Fizz** Der Mix wird hier etwas zurückhaltender, doch Pfeffer ist im Überfluss vorhanden. Ein sauberer, frischer Drink.
4	**Martinez** Trocken und würzig, mit sauberen Roggennoten, die den Wermut durchdringen. Im Mittelteil stürmt er nach vorn. Ausgezeichnetes Gewicht. Dank der Ausgewogenheit des Martinez hat der derbe Roggen einen eleganten Auftritt.

ZUIDAM OUDE, SINGLE CASK
10 JAHRE ALT 38 % Niederlande

Um 1950 arbeitete Fred van Zuidam als Brennmeister
für deKuyper und erlebte den Niedergang der Genever-
Industrie mit. Obwohl Brennereien dichtmachten, die
Verkäufe zurückgingen und eine neue Generation der
Spirituose den Rücken kehrte, war er überzeugt, dass
die Menschen eines Tages wieder zum Genever zurück-
finden würden. Die Familienbrennerei hat ihren Betrieb
inzwischen beträchtlich vergrößert, was zeigt, dass Fred
den richtigen Riecher hatte. Sohn Patrick erweitert die
Genever-Palette dank seiner Ausbaupolitik – er arbeitet
mit Ex-Sherryfässern und frischer Eiche – um immer
neue Geschmacksnuancen. Holz wirkt an vielen seiner
Genevers aktiv mit. Diese Abfüllung musste ein Jahrzehnt in einem einzigen Fass aus amerikanischer Eiche
ausharren. Deutliche Vanillenoten gesellen sich zu Malz,
Wildkräutern, Zierapfel, Lärche und Roggenknäckebrot,
gemischten Gewürzen und Kokoswasser. Der große,
samtige, süße Geschmack transportiert Unmengen
Bounty-Schokoriegel und weiße Schokolade. Dies ist
ein Genever, wie man ihn noch nicht kennt.

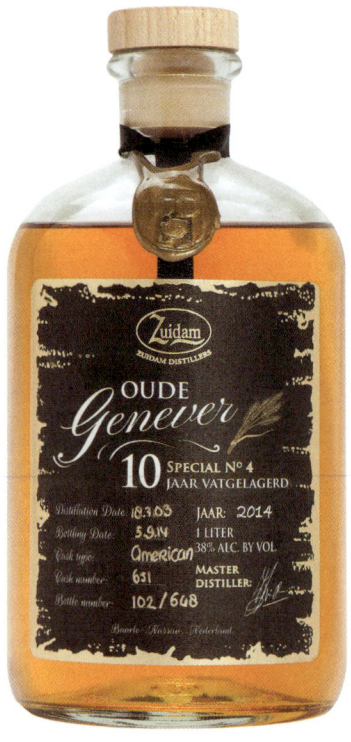

X	**Gin Cocktail** Kokosnoten dominieren. Ich würde ihn straight oder mit Eis nehmen.	
X	**Gin Fizz** Siehe oben.	
3.5	**Martinez/Turf Club** Ich hatte hier nicht mehr viel Hoffnung, wurde aber von einer fantastischen Nase überrascht. Die Süße und die Kokosnoten arbeiten zusammen, während der Bitter über ihnen schwebt. Als Boulevardier noch besser.	

FILLIERS OUDE GRAAN-JENEVER, 8 JAHRE ALT

50 % Belgien

Filliers' Jenevers (siehe Seite 170) entstehen aus Roggen, Weizen und Korn – Gerstenmalz ist lediglich als Enzymgeber dabei. Obwohl die Familie ihre Brennmethoden genauso wenig preisgibt wie ihren Botanicals-Mix, kann man dem Namen entnehmen, dass der Brand im alten Stil des 19. Jahrhunderts, also vollständig aus Getreidebrand, erzeugt wurde. Was im Umkehrschluss vermuten lässt, dass kein Destillat aus Rohstoffen wie Zuckerrüben mit dabei ist. Malzwein und Wacholderbrand werden mindestens acht Jahre lang in Fässern aus amerikanischer Eiche einquartiert. Für einen Jenever ist er relativ stark, aber dennoch abgerundet und weich. Einige Backgewürze und ein klarer, reicher Malzweineinfluss machen die Nase fett und fast hefig. Der Geschmack formuliert klassische Fülle. Auf einen von Beeren dominierten Einstieg folgt stahliger Roggen im Mittelteil. Die Botanicals kommen mild und leicht rüber. Mit Wasser wird alles cremiger. Schöne Entwicklung im Glas.

3.5	**Gin Cocktail**	Vorsicht mit den Bitters hier. Recht krautig mit leichter Staubnote.
3	**Gin Fizz**	Sauber, leicht hefig, etwas Gewicht, aber das Holz stellt sich quer.
5	**Martinez**	Wenn man daraus einen Turb Club macht, hat man einen verdammt guten Drink. Breit, reich und tief. Ein dekadenter Drink.

BOTANICALS

Mit dabei: Wacholder • Anis • Ingwer •
Hopfen • Engelwurz • Süßholzwurzel •
plus eine geheime Ingredienz • Ausbau
in Fässern aus Limousin- und amerikanischer Eiche

BOLS CORENWYN
38 % Niederlande

Bols ist der einzige Brenner, der das Wort Corenwyn in
dieser Schreibweise verwenden darf. Der Genever enthält mindestens 51 Prozent Malzwein, obwohl andere
Häuser meist wesentlich höher liegen. Mit hinein dürfen
außerdem bis zu 20 Gramm Zucker pro Liter. Bei Bols ist
viel Malzwein dabei, destilliert wird einmal in der Column
und zweimal in der Pot Still. Der Ausbau findet im Fass
statt und dauert zwischen zwei und zehn Jahren, was
dem Verschneider ein breites Spektrum zur Hand gibt.
Vervollständigt wird der Blend mit einem Wacholder-
und Botanical-Destillat. So entsteht ein goldenes Elixier,
das mehr Energie entfesselt als der Barrel Aged (siehe
Seite 173) und auch einen frischeren Getreidecharakter
preisgibt. Hinzu kommen sehr subtile, leicht grüne, zitronige Noten. Die Aromafülle deutet darauf hin, dass einige alte Basisbrände mitmischen. Mit Wasser wird das
Bukett duftiger und komplexer. Heckenfrüchte, Zitrone,
Mehl und eine stahlige Kante im Mittelteil defilieren, bevor ein Gewürzmix aus Kreuzkümmel und Koriander
den Geschmack ausklingen lässt.

5	**Gin Cocktail** Der Bitter lässt den Cocktail richtig abheben. Sauberer, recht fester Geschmack mit Gewürzen und echter Frische. Ein ausgefeilter Aperitif.
X	**Gin Fizz** Das Holz tritt dazu und kollidiert mit der Zitrone, was den Mix aus dem Gleichgewicht bringt.
4	**Martinez** Krautig und sehr von den Botanicals geprägt. Der Wermut zeigt starke Präsenz, doch behauptet sich der Genever. Gute Wirkung und ein harmonisches Miteinander von Süß und Sauer. Eine gewisse Komplexität.

Wacholder • Süßholzwurzel • Anis •
Ausbau in Oloroso-Sherry-Fässern

ZUIDAM KORENWIJN 1999
38 % Niederlande

Alle Genever von Zuidam (siehe Seite 174–176) basieren auf einer Getreidemischung aus gemälzter Gerste, Mais und Roggen. Sie werden einer temperaturgeregelten Gärung unterzogen – im Falle des Korenwijn eine ganze Woche lang – und anschließend in einer Holstein Pot Still dreifach destilliert. Ein Teil des Malzweins wird mit Botanicals noch einmal gebrannt, mit dem ursprünglichen Destillat, neutralem Getreidealkohol, verschnitten und ins Holz geschickt. Der Korenwijn von Zuidam enthält ungewöhnlich viel Malzwein und harrt ein Jahrzehnt in zwei Oloroso-Sherry-Fässern aus. Sie indoktrinieren ihn mit Weihnachtskuchennoten, ein bisschen Walnuss, etwas Vanille und Ingwer. Der sehr reintönige Brand zeichnet sich durch einen dicken, fast sirupartigen Geschmack aus, der vom Fass mit einem Quäntchen Tannin versorgt wird. Im Abgang bekennt er sich zu Sultaninen und Gewürzen.

4	**Gin Cocktail** Sherryfässer machen es ihrem Inhalt in der Regel schwer. Hier aber hält der Gin gut stand. Der Bitter bringt eine intensive Obernote mit ein.
X	**Gin Fizz** Zitrone und Sherry? Das klappt nicht.
3.5	**Martinez/Turf Club** Der Bitter trägt diesen langen, süßen Mix, was merkwürdig, aber auch auf seltsame Weise angenehm wirkt. Gut auch als Boulevardier. Allerdings ist es wohl einfacher, in pur zu trinken.

HERZOG G.I.N. 40 % Österreich

Siegfried Herzog ist der jüngste Spross einer Familie, die im österreichischen Saalfelden seit 400 Jahren dem Brenngeschäft nachgeht. Das Unternehmen hat sich für seine Obstschnäpse einen ausgezeichneten Ruf aufgebaut, versucht sich neuerdings aber auch an anderen Spirituosen wie Gin. Es handelt sich beim G.I.N. zwar streng genommen nicht um einen Genever, doch beim Verkosten und Mixen schlug er sich wesentlich besser, wenn man ihn als solchen und nicht als Dry Gin behandelte, weshalb er hier firmiert. Je weiter die Gin-Grenzen ausgelotet werden, desto zahlreicher werden diese neuen Zwischenwesen, was gar nicht schlecht ist. Die Nase erinnert an Töpferscheiben, dann finden sich robuste Wurzeln, Piment, Muskatblüte, Gewürznelken und schließlich Wacholder ein. Durch seine fette, malzige Art lässt er sich sogar dem Hollands-Lager zuordnen. Im weichen Geschmack kann man neben Wacholder Fenchelsamen und eine milchige Note aufspüren, bis die Gewürze Aufmerksamkeit heischen und sich eine Enziantrockenheit breitmacht.

3.5 Gin Cocktail Ein guter Brand, der mit den tropischen Noten des Bitters gut zurechtkommt. Er hat eine gewisse Süße, die mit dem nussigen Gewicht des Gins harmoniert. Leichte Lavendelnuancen im Abgang.

3.5 Gin Fizz Die malzige Basis ist auch hier deutlich erkennbar, gewinnt aber ordentlich Raum mit Gewürznelken, Anis und später Zitrone. Ein anständiger Short Drink.

3.5 Martinez Noch immer leicht malzig, was nicht schlecht sein muss, denn die nussige Nuance macht den Drink trocken und gibt ihm Textur. Sauber und ausbalanciert.

CHIEF GOWANUS 44 % USA

Mit diesem Joint Venture versuchten der Direktor der New York Distilling Company Allen Katz (siehe Seite 142) und der Journalist David Wondrich (siehe Seite 155) die Art Gin nachzuempfinden, wie ihn niederländische Siedler in der Neuen Welt brannten. Benannt ist er nach dem Häuptling des Canarsie-Stamms, von dem die Holländer Land erwarben, auf dem später Brooklyn entstand. Außerdem heißt so der Kanal durch den Bezirk, der als meistverschmutzter Wasserlauf in den USA zu zweifelhaftem Ruhm gelangt ist. Das Rezept wurde 1809 in Samuel McHarrys Buch *The Practical Distiller* entdeckt. Es sieht die Wiederdestillation eines Rye Whiskey mit Wacholder und Hopfen vor. Danach ruht der Brand drei Monate – so lange, wie es damals dauerte, ihn zu den Läden zu transportieren. Seine frische, saubere Nase ist vom Roggen geprägt und offenbart eine säuerliche Zitronennote, die vom Brand oder Hopfen stammen könnte und an einen Spaziergang durch einen Kiefernwald im Winter erinnert. Leicht antiseptische Pimentnuancen münden in eine gewisse Süße, bevor ein knuspriger, pfefferig-säuerlicher Roggenton einsetzt. Der Ausklang ist so kühl wie der Rauch einer Mentholzigarette.

3.5 **Gin Cocktail** Der Bitter hilft aus und steuert Obernoten bei, treibt aber auch die Entwicklung in eine unerwartete Richtung voran. Man braucht etwas mehr Zucker als üblich, um ihn auszutarieren.

3.5 **Gin Fizz** Warten Sie, bis er sich im Glas von selbst verdünnt, statt ihn hart mit Wasser zu mixen. Das hindert ihn daran, wie ein Maultier auszuschlagen, und lässt im Mittelteil einen weichen Zug entstehen.

4 **Martinez/Turf Club** Das Aroma erinnert an Roggen und Rosinenbrot. Enorm würzig; funktioniert in allen Gin-Cocktails aus dem 19. Jahrhundert gut.

COCKTAILS

Die Cocktailwelt lässt sich in eine Zeit vor Wodka (v. W.) und eine Zeit nach Wodka (n. W.) einteilen. Erst wenn man in alten Cocktailbüchern aus dem Ende des 19. Jahrhunderts und Anfang des 20. Jahrhunderts blättert, bekommt man eine Vorstellung davon, wie wichtig Gin vor der Zeitenwende war. Wollte man einst einen nicht ausgebauten Brand in einem Drink verwenden, griff man zu Gin – ob Genever, Old Tom oder Dry.

Cocktails brauchten Gin – und Gin, so könnte man sagen, brauchte Cocktails. Welche andere Spirituose konnte ein Mixgetränk mit so viel Eleganz und aromatischer Breite beseelen? Gin war das Fundament. Er bescherte uns den Martini und den Negroni. Deshalb fiel es mir schwer, eine Auswahl aus den besten klassischen Drinks zu treffen. Sollte sie Ihnen nicht behagen, verweise ich Sie auf die Bibliografie am Schluss dieses Buchs. Dort finden Sie reichlich Stoff für weitere Exkursionen in die Cocktailwelt.

Hier geht es allerdings nicht nur um ein Stöbern in Archiven. Genauso schwer war die Entscheidung, welche der modernen Gin-Kreationen, die mir die Bartenderelite von heute freundlicherweise vorschlug, in dieses Buch aufgenommen werden sollten. Falls Sie einen Beweis dafür brauchen, dass die Gin-Renaissance in vollem Gange ist, hier bekommen Sie ihn.

REZEPT

Dry Gin
....

trockener Wermut
....

Zitronen-Twist zum Garnieren
....

Zutaten auf Eis rühren und in ein gekühltes Cocktailglas abseihen. Mit Zitronen-Twist dekorieren.

VARIATIONEN

Hier sind einige Vorläufer des klassischen Gin Martini:

BRADFORD À LA MARTINI

½ Weinglas Old Tom
½ Weinglas Wermut
3 oder 4 Spritzer Orangenbitter
Zitronenschale
mittelgroße Olive zum Garnieren

Alle Zutaten einschließlich der Schale auf Eis schütteln und in ein gekühltes Cocktailglas abseihen. Mit der Olive garnieren.

Aus Harry Johnsons *Bartenders' Manual*, 1888.

MARGUERITE

⅔ Plymouth Gin (siehe Seite 104)
⅓ französischer Wermut
Spritzer Orangenbitter

Alle Zutaten auf Eis schütteln und in ein gekühltes Cocktailglas abseihen.

Aus Thomas Stuarts *Fancy Drinks and How to Mix Them*, 1896.

MARTINI

Der Martini ist nicht nur ein Drink, er ist ein kultureller Vorbote, ein Initiationsritus, eine Waffe. Zur Welt kam er vermutlich um 1880 als Variante des Martinez. Wer ihn aber wo und wann zuerst mixte, weiß niemand. Cocktailhistoriker David Wondrich bezeichnet die Umstände seiner Geburt als »nebulös und widersprüchlich«.

Was als paritätischer Mix aus trockenem Wermut und Gin – bzw. Old Tom – begann, wurde immer trockener, je weiter das 20. Jahrhundert voranschritt. In den 1950er-Jahren hatte sich der Martini zum Mörder mit dem eiskalten Blick entwickelt. Er war, wie Lowell Edmunds in *Martini, Straight Up* herausstreicht, urban, männlich, nobel, ein Drink für den Geschäftsmann. Das Romantische lag ihm nicht, vielmehr war er das Äquivalent zu Hitchcocks kühlen Blonden. Dave Brubecks Saxofonist Paul Desmond wollte wie ein trockener Martini klingen. Was ihm auch gelang: Sein Spiel ist reintönig, reduziert und leicht unterkühlt.

Wegen dieses angestaubten Drumherums fiel der Martini ab den 1960er-Jahren in Ungnade. Mit dem Siegeszug des Wodkas geriet der Gin Martini fast völlig in Vergessenheit. Es war, als müsste er, um weiterzuleben, sterben und neu erfunden werden. In den 1990ern begann seine Renaissance – zunächst mit Wodka als Basis und allerlei Schnickschnack, denn »Martini« war damals gleichbedeutend mit einer klaren Spirituose im Cocktailglas. Mit der Rückkehr des Gins aber tauchte er in klassischer Form wieder auf und wurde zudem »nasser«.

Wer einen Martini trinkt, wird unweigerlich zum Besserwisser, weil er als Einziger weiß, wie man ihn korrekt zubereitet. Der Martini ist wie kein anderer Drink mit der Person verbunden. Er grenzt ab. Er ist der Drink des einsamen Wolfs. Nicht der Barmann macht den Martini, der Gast macht ihn. Welchen Gin? Welchen Wermut? Das Mischungsverhältnis, bitte. Ein Twist, eine Olive, eine Zwiebel oder ein Spritzer Olivenlake, damit er »dirty« wird? Der Bartender braucht nur die Zutaten griffbereit zu halten und auf Anweisungen zu warten.

REZEPT

30 ml Gin

....

30 ml Campari

....

30 ml süßer Wermut

....

Orangen-Twist zum Garnieren

....

Zutaten in einem eisgefüllten Rocks-Glas (Tumbler) bauen, rühren und mit dem Twist garnieren.

VARIATIONEN

NEGRONI FÜR ANFÄNGER

**25 ml Plymouth Gin
(siehe Seite 104)
25 ml Wermut Gancia Bianco
25 ml Aperol
Twist einer rosa Grapefruit**

Zutaten auf Eis rühren und in ein gekühltes Coupette-Glas abseihen. Grapefruit-Twist über den Rand des Glases drücken und wegwerfen.

Dank an Hannah Lanfear.

BELFAST BASTARD

**60 ml Tanqueray London Dry Gin
(siehe Seite 110)
15 ml Combier Crème de Pample-mousse Rosé
15 ml Wermut Dolin Blanc
15 ml Campari
2 Spritzer Regan's Orange Bitters
No. 6
Grapefruit-Twist zum Garnieren**

Alle Zutaten auf Eis rühren und in ein gekühltes Coupette-Glas absei-hen. Mit dem Grapefruit-Twist über das Glas fahren und wegwerfen.

Von Jack McBarry vom Dead Rab-bit Grocery and Grog in New York.

**Beide Rezepte aus Gaz Regans
The Negroni.**

NEGRONI

Alles begann damit, dass in den 1920er-Jahren ein ge-wisser Graf Camillo Negroni zum _aperitivo_ in die Bar Casoni in Florenz kam. Man muss dazusagen, dass es in der italienischen Trinkkultur einen speziellen Typ Drink gibt, der nach einem Arbeitstag entspannt und den Appetit anregt – er muss frisch, säuerlich und leicht bitter sein. Mein Liebling zum Beispiel ist der Mezzo e Mezzo aus gleichen Teilen Nardini Rosso (ein Wermut im Amaro-Stil) und Rabarbaro (ein Rhabarberlikör), wie er schon im 18. Jahrhundert in der Grapperia von Nardini an der Brücke von Bassano del Grappa gereicht wurde. Wie dem auch sei, der Graf war auf der Suche nach et-was Vergleichbarem und bekam einen Americano aus gleichen Teilen Martini Rosso und Campari, verlängert mit Soda. Er wollte diesmal aber etwas Härteres. Also ließ man das Soda weg und ersetzte es durch etwas Gin. Weil es sein Drink war, bekam er auch seinen Namen.

Den besten Negroni hat vielleicht die Star Bar in To-kio. Ihr Besitzer, Meister Kishi-san, verwendet dafür Gin aus der Gefriertruhe, dem Kühlschrank und dem Regal, wodurch im Mund eine unglaubliche 3D-Textur entsteht.

Man sollte zwar nicht an einem Klassiker herumpfu-schen, kann aber durchaus seine eigenen Variationen über das Thema ausprobieren, etwa mit anderen Wer-muts, unterschiedlichen Amari und fass- oder flaschen-gereiften Versionen. Nie aber sollte man sich zu weit vom Konzept der heiligen Dreifaltigkeit entfernen. Schließlich sind Gin, Wermut und Campari das alkoholische Pendant zum Soffritto mit Sellerie, Zwiebeln und Karotten, der die Grundlage großer europäischer Kochkunst bildet.

Der Negroni ist mehr als die Summe seiner Einzelteile. Der Gin steuert die Aromatik bei und kann dem Mix zu-sätzliche Textur geben, während der Campari eine bitter-süß-sauer-zitrusfruchtige Note hinzufügt. Der Wermut verbindet beide mit seiner süßen, fruchtigen, bitteren, wurzeligen, krautigen Art. So entstehen Geschmacksbrü-cken à la Escher, weshalb die Ausgewogenheit so wichtig ist. Der Negroni ist der König der Drinks.

50 ml Old Tom Gin oder Dry Gin

....

20 ml frischer Zitronensaft

....

25 ml Zuckersirup oder Gomme (siehe unten)

....

90 ml Club Soda

....

ZUM GARNIEREN

....

Orangenscheibe

....

Sauerkirsche

....

Die ersten drei Zutaten auf Eis schütteln und in ein eisgefülltes Collins-Glas abseihen. Soda hinzufügen, rühren und mit einer Orangenscheibe sowie einer Sauerkirsche garnieren.

ZUCKERSIRUP

Gleiche Anteile Feinzucker und Wasser werden zusammen erhitzt, bis sich der Zucker vollständig aufgelöst hat. Man kann den Sirup mit Minzeblättern, Zitrusschalen usw. aromatisieren.

Statt Zuckersirup selbst herzustellen kann man auch einfach eine Flasche Gomme kaufen.

JOHN (TOM) COLLINS

Niemand weiß, wie das Londoner Limmer's Hotel 1830 aussah. Drei Jahrzehnte später nennt Captain Rees Howell Gronow es »die schmutzigste Bleibe in London«. So schmuddelig es gewesen sein mag, es war trotzdem »so stark frequentiert, dass man für kein Geld der Welt ein Bett bekam. Ein sehr gutes, einfaches englisches Essen, eine ausgezeichnete Flasche Port und der eine oder andere berühmte Gin-Punsch hingegen waren immer zu haben«. Den Gin-Punsch hatte in den 1830er-Jahren der Oberkellner des Limmer's erfunden, ein gewisser John Collins. Collins war berühmt für seine Kreationen. Der nach ihm benannte Drink war ein einfacher, mit Old Tom gemixter Gin Fizz, der nach Ansicht von Cocktailhistoriker David Wondrich vermutlich dem Garrick Gin Punch (siehe Seite 190) ähnelte.

Wie die meisten Ur-Cocktails diente er wohl zunächst als Muntermacher und Antikatermittel. Im »düsteren, unbehaglichen Kaffeeraum« des Limmer's begegnete man Gronow zufolge »vielen Mitgliedern des begüterten Kleinadels, die London während der Jagdsaison einen Besuch abstatteten«. Heutzutage wird nicht mehr viel Gin zum Frühstück getrunken, obwohl das Verfassen eines Buchs über Gin es zwangsläufig mit sich brachte, dass ich Gin zu einer Tageszeit zu mir nehmen musste, die höfliche Mitglieder der Gesellschaft als »ungebührlich früh« bezeichnen würden. Ich kann mich daher für seine Wirkung verbürgen.

Mitte des 19. Jahrhunderts jedenfalls fand der Drink den Weg über den großen Teich und änderte um 1870 den Namen in Tom – vielleicht abgeleitet von Old Tom. Doch auch inhaltlich hatte sich etwas getan. War der John Collins noch ein geschüttelter, kurzer Gin Fizz gewesen (siehe Seite 212), präsentierte sich der Tom Collins länger, auf Eis gebaut und gerührt. Auch war kein Old Tom mehr mit von der Partie, sondern ein Dry Gin. Geht man zurück zu den Wurzeln und bereitet ihn mit Old Tom oder *oude* Genever (siehe Seite 172) zu, wird aus ihm ein muskulöser, voller Drink – eine Offenbarung.

Für 6 Portionen

**1 Flasche Gin – mixen Sie Porto-
bello Road (Seite 105) und
Hayman's Royal Dock (Seite 91)**

1 Flasche Madeira (Malmsey)

3 Gewürznelken

Prise Muskatnuss, frisch gemahlen

2 Stück Gewürzrinde

2 TL Demerarazucker

**6 große Zitronen- und
Orangen-Twists**

1 kleine Orangenscheibe

**3 EL klarer Honig, mehr nach
Belieben**

**Saft von 2 Zitronen, mehr nach
Belieben**

Alle Zutaten in einen Topf geben
und langsam erhitzen. Abdecken
und 20 Minuten lang bei schwacher
Hitze simmern. Mit Honig bzw. Zitronensaft abschmecken. In eine Schale
abseihen und warm servieren.

VARIATIONEN

GIN PUNCH À LA HEPPLE

2 Teile Hepple Gin
**1 Teil Zitronen- und Bitterorangen-
Sorbet (siehe unten)**
1 Teil Zitronensaft, frisch gepresst
1 Teil Ananassirup
3 Teile gekühlter Sencha-Tee
**2 Teile Prosecco oder Schaumwein,
halbtrocken**

FÜR DAS SORBET
4 Bitterorangen
6 Zitronen
250 g Streuzucker

GIN PUNCH

Gin fand leicht verspätet seinen Weg in die Punsch-
schale. Es gibt zwar Aufzeichnungen, wonach heißer
Gin Punch bereits um 1730 in London getrunken wurde,
doch war der Wacholderbrand damals noch eine Spirituose der Unterschicht (siehe Seite 16–19). Kein Gentleman, der etwas auf sich hielt, hätte seinen Drink aus
einer Schüssel mit Mother's Ruin geschürft. Man hielt
sich an Rum oder Brandy. Ende des 18. Jahrhunderts
allerdings begann sich das zu ändern. Gin wurde quali-
tativ immer besser und bekam in der Londoner Bohème
einen Reiz als leicht gewagter, aufregender Stilbruch.

So überrascht es nicht, dass der erste Gin Punch im
Garrick Club entstand, der 1831 im Londoner West End
aufmachte. Hier, so hieß es, »wird der ungezwungene
Verkehr zwischen Künstlern und Gönnern gefördert«.
Was damals noch nicht den zweideutigen Beiklang hatte wie heute. Geschäftsführer des Hauses war der Amerikaner Stephen Price. Er verband nach Überzeugung
des Cocktailhistorikers David Wondrich als Erster Gin,
Eis und Wasser mit Kohlensäure zu einem Punsch.

Welche Karriere der Gin Punch bis Mitte des 19. Jahrhunderts hingelegt hatte (siehe Seite 24), beweisen
die acht Varianten, die William Terrington in seinem
1869 erschienenen Buch *Cooling Cups and Dainty
Drinks* auflistet. Den Ritterschlag erhielt der Mix, als er
regelmäßig in Werken von Charles Dickens auftauchte,
der selbst kein Gin-Verächter war. Seinen berühmtesten Auftritt hatte Gin in *Eine Weihnachtsgeschichte*, wo
Bob Cratchit »in einer Bowle aus Gin und Zitronen eine
heiße Mischung zubereitete und sie umrührte und wieder an das Feuer setzte, damit sie sich warm halte«.
William Terrington schreibt:

> »Es existiert keine präzise Regel, wie Punsch zuzu-
> bereiten sei. Auch gibt es keine zwei Personen, die
> sich über die exakten Mengen der Ingredienzen einig
> sind ... Das große Geheimnis besteht darin, dass die
> Mixtur so wohlgefällig zusammengebraut wird, dass
> keine Zutat dominiert.«

FÜR DIE GARNITUR
Borretschblüten
Zitronen- und Orangenscheiben
Ananas-Sticks

Für das Zitronen- und Bitter-
orangen-Sorbet die Schale der
Orangen und Zitronen abreiben.
300 ml Orangen- und die gleiche
Menge Zitronensaft auspressen.
Die Zitrusschalen und den Zucker
zusammen muddeln (zerstoßen),
die beiden Säfte hinzufügen und
alles mischen, bis sich der Zucker
aufgelöst hat – ggf. leicht erhitzen.
Abseihen.

Die ersten fünf Hauptzutaten
mischen und mit Prosecco bzw.
halbtrockenem Schaumwein
auffüllen. Mit den Borretschblüten, Zitrusscheiben und
Ananas-Sticks garnieren.

Dank an Nick Strangeway von der
Bar Strangehill in London, der sich
wiederum von William Terrington
inspirieren ließ.

GARRICK GIN PUNCH

Für 8 Portionen

1 Zitrone (ggf. auch mehr, um
   90 ml Saft zu erhalten)
25 g Streuzucker
60 ml Maraschino
230 ml Gin (*oude* Genever oder
   Old Tom)
600 ml Wasser (entweder flüssig
   oder als Eis)
470 ml Sodawasser, gekühlt

Mit einem Gemüseschäler oder
-messer die Zitrone schälen, ohne
die bittere weiße Haut mitzuschä-
len. Die Zitronenschale in eine
Schüssel oder einen Krug geben.
Die Zitrone auspressen und 90 ml
Saft abmessen. Den Zucker und
den Maraschino zu den Zitronen-
schalen geben und gut muddeln.
Den Gin, den Zitronensaft und das
Wasser bzw. Eis hinzufügen und
gut rühren; mit Soda auffüllen
und servieren.

Aus David Wondrichs *Punch*.

Seine eigene Variante ist übrigens der Garrick, in dem grüner Chartreuse an die Stelle des Maraschino tritt.

Obwohl Gin Punch im Sommer als kühlender, relativ schwacher Erfrischungstrunk in seinem jahreszeitlichen Element ist, funktioniert er auch im Winter. Deshalb soll hier auch eine warme Version nicht fehlen, wie sie Dickens beschrieb – eine Art Glühwein, der seinen festen Platz in der Vorweihnachtszeit hat. Wie viel leichter ist es, eine Schüssel davon zuzubereiten, statt jedem einen eigenen Cocktail zu mixen!

REZEPT

40 ml Gin

20 ml Zitronensaft, frisch gepresst

**20 ml Zuckersirup oder Gomme
(siehe Seite 188)**

20 ml Crème de Mûre

Brombeere zum Garnieren

Die ersten drei Zutaten auf Eis schütteln und in ein mit zerstoßenem Eis gefülltes Highball-Glas seihen. Die Crème de Mûre durch das Eis hineintropfen. Mit der Brombeere garnieren.

VARIATION

Ich halte den Wibble für eine bessere, komplexere, erwachsene Version des Bramble. Er betont die süßen und sauberen Elemente und fügt zugleich eine Fruchtsphäre hinzu. Erfunden hat den Wibble Dick Bradsell in der Londoner Bar The Player. Benannt ist er nach Nick Blacknell, dem damaligen Marketingdirektor von Plymouth Gin. Dick sagt: »Er bringt dich ins Wanken, schmeißt dich aber nicht um.«

WIBBLE

25 ml Plymouth Gin (Seite 104)
25 ml Plymouth Sloe Gin*
**25 ml Saft einer rosa Grapefruit,
    frisch gepresst**
10 ml Zitronensaft, frisch gepresst
**5 ml Zuckersirup oder Gomme
    (siehe Seite 188)**
10 ml Crème de Mûre

Alle Zutaten auf Eis schütteln und in ein gekühltes Glas mit oder ohne Eis abseihen.
    *Kürzlich habe ich den Plymouth Sloe Gin durch Sipsmith Sloe Gin (Seite 168) ersetzt. Noch besser: der Foxdenton Damson Gin (Seite 166).

BRAMBLE

Es ist schon merkwürdig, welche Streiche einem das Gedächtnis manchmal spielt, vor allem, wenn es um Alkohol geht. Viele großartige Rezepte sind im Nebel von Vier-Uhr-morgens-Experimenten verloren gegangen. Zu ihnen gehört auch der Bramble. Sicher weiß man nur, dass er irgendwann in den späten 1980er-Jahren in einer Bar namens Fred im Londoner Stadtteil Soho erfunden wurde. Und dass er das Werk von Dick Bradsell ist, der damals seinen Dienst in dieser Bar versah. Sie war eine Underground-Pilgerstätte klassischer Cocktailliebhaber der Londoner Szene, als Cocktails selbst noch »Underground« waren.

Nur zu leicht vergisst man, wie schwer es damals war, einen guten Drink außerhalb der Grandhotels aufzutreiben. Da die Cocktailsucher keine Krawatten oder Anzüge trugen, wurden sie in den meisten dieser Etablissements nicht bedient. So mussten sie sich eben eine eigene Szene schaffen. Die treibende Kraft dahinter war Dick Bradsell. Er gehört zu den ganz wenigen Bartendern, auf deren Konto schon zu Lebzeiten drei moderne Klassiker gehen – die anderen beiden sind der Espresso Martini und der Russian Spring Punch.

Zurück zum Bramble. Ich glaube mich zu erinnern, dass ursprünglich Plymouth verwendet wurde, aber mein Gedächtnis kann mir einen Streich spielen – es war damals eine Zeit der Exzesse. Vielleicht liegt es daran, dass es der Gin wäre, nach dem ich als Erstes greifen würde. Möglicherweise verwechsle ich den Bramble mit dem Wibble (siehe links), einer weiteren Kreation von Dick. Dem Mann sollte man ein Denkmal für seine Verdienste errichten – am besten in einem Keller.

Das Wichtigste am Bramble aber ist, dass er funktioniert. Deshalb ist er ja auch zum modernen Klassiker geworden. Er erfrischt, doch gibt die Crème de Mûre ihm obendrein sinnliche Fülle. In mir weckt er Erinnerungen an lange Abende und Abenteuer, über die man am besten schweigt. Sollten wir uns je treffen, erzähle ich Ihnen vom Kartoffelkanonenkrieg am Flughafen von Louisville.

REZEPT

30 ml Old Tom Gin

20 ml Maraschino

15 ml frischer Zitronensaft

Alle Zutaten auf Eis schütteln und in ein gekühltes Martiniglas abseihen.

AVIATION

Sieht man sich sein Rezept an, fragt man sich, warum um ihn so viel Aufhebens gemacht wird. Er wirkt schlicht – zu schlicht vielleicht, so wie ein Dschungel verräterisch ruhig wirkt, bevor der Feind attackiert. Auf dem Papier ist er kaum mehr als ein vereinfachter Garrick Gin Punch (siehe Seite 191) für eine Person, ein Gin Sour oder auch ein Gin Floridita Daiquiri. Und doch hat er etwas Komplexes an sich. Entscheidend ist wie bei vielen einfachen Cocktails das richtige Mischverhältnis. Der Zitronensaft muss (natürlich) frisch gepresst werden, der Maraschino exakt dosiert sein und der Gin komplex.

Sehen wir uns den Gin an. Die Rezepte sagen, er müsse dry sein, aber ich würde spezifischer werden und einen Stil wie den Plymouth (siehe Seite 104) vorschlagen. Noch besser ist ein Old Tom, da er dem Aviation das nötige Quäntchen Süße gibt – er wird sonst leicht zu sauer. Erste Wahl sind der Hayman's (Seite 153) oder der Hammer & Son Old English (Seite 152).

Maraschino und Gin verstehen sich prächtig. Der Likör war eine Spezialität von Zadar in Kroatien. Nach dem Zweiten Weltkrieg verlagerte sich die Produktion auf das Veneto in Norditalien. In Großbritannien erschien er um 1770 und avancierte zum Kultgetränk und Liebling der Aristokratie. Als man noch wesentlich weniger Ingredienzen hatte, mit denen man spielen konnte, kam er in einfachen Mixgetränken zum Einsatz. Obwohl er ein Likör ist, schmeckt er doch nicht allzu süß und hat zudem eine erdige Note, weshalb er gut zu Engelwurz und Veilchenwurzel passt. Gleichzeitig ist ihm eine tiefe Fruchtigkeit eigen, die an Rosen, Kirschkuchen (mit leicht verbranntem Teig), Heu und Bergwanderwege erinnert. Nimmt man zu viel davon, wirkt der Drink überladen. Dosiert man ihn aber passend, hebt er ab.

Ursprünglich waren beim Aviation Crème de Violette und Maraschino dabei, was ihm eine bläuliche Tönung und ein blumiges Aroma verlieh. Schon die Farbe macht ihn also zum idealen Sundowner. Aber ganz egal, wie man ihn abwandelt, es bleibt selten bei einem.

REZEPT

45 ml Old Tom Gin

3–4 Tropfen Orangenblütenwasser

Saft einer halben Zitrone

Saft einer halben Limette

1 Eiklar

2 EL Sahne

1 EL Puderzucker

30 ml Soda

Alle Zutaten außer dem Sodawasser mindestens zwei Minuten kräftig auf Eis schütteln. Der Drink sollte die Konsistenz von Sahne haben. In ein gekühltes Cocktailglas abseihen und mit Soda auffüllen.

VARIATION

Charles H. Baker war ein reicher amerikanischer Gourmet, der in den 1920er- und 1930er-Jahren die Welt auf der Suche nach den besten Restaurants und Bars bereiste. Seine Aufzeichnungen sind als hervorragende Chronik eines untergegangenen Cocktailzeitalters berühmt geworden. In seinem Gin Fizz Tropical nimmt er die Ramos-Basis und ersetzt Zucker durch Ananassaft sowie den Zitronensaft durch den Saft von eineinhalb Limetten. Außerdem fügt er frische Minze als Garnitur hinzu. Getrunken hat er diese Variante nach dem Befahren der Stromschnellen am Pagsanjan-Wasserfall auf den Philippinen »durch eine Felsenschlucht aus hoch aufragenden Wänden mit eigentümlichem tropischem Bewuchs«.

RAMOS GIN FIZZ

Was wäre die Welt ohne Drinks aus New Orleans? Unendlich ärmer, wenn auch vielleicht klarer im Kopf. Henry C. Ramos, von allen Carl genannt, ging 1888 in die Stadt am Mississippi und übernahm dort den Imperial Cabinet Saloon an der Ecke Gravier und Carondelet Street, den der *Kansas City Star* bald den »berühmtesten Gin-Fizz-Saloon der Welt« nannte. 1907 zog Ramos in die Stag Tavern um und nahm seine Drinks dorthin mit.

Carl Ramos war der König des Fizz. Doch er machte ihn anders, als man ihn bis dato kannte. Seine Version hatte eigentlich gar kein »Fizz«: Sie sprudelte nicht, sie glitt. Zwar dauerte es eine Weile, bis sie fertig war, aber in New Orleans hat man, wie mir scheint, immer Zeit. Carl nahm das Basisrezept (siehe Seite 212) und peppte es mit Sahne, Eiklar und Orangenblütenwasser auf. So verwandelte er einen Muntermacher in etwas Komfortableres, Üppigeres. Zeit braucht der Ramos Gin Fizz deshalb, weil die Schütteldauer entscheidend ist.

Carl hatte bekanntermaßen »Shaker Boys« – bis zu sechs pro Barkeeper. Die Arbeit dieser afroamerikanischen Jungen bestand darin, Drinks zu schütteln. Gerüchten zufolge schüttelten sie sogar im Schlaf weiter; andere behaupten, wenn ein Shaker Boy müde wurde, gab er den Cocktail seinem Nebenmann, der weitermachte, bis der Drink fertig war. Wie lange das dauerte? Charles H. Baker (siehe links) zufolge eine Minute; andere erinnern sich an drei ... oder fünf ... oder mehr. Aber lassen wir Carl Ramos selbst sprechen: »Schütteln, schütteln, schütteln, bis kein Bläschen mehr zu sehen ist, der Drink aber schneeweiß und weich geworden ist und die Konsistenz guter Vollmilch hat.«

Man muss schon einen Hang zum Sadismus haben, bei einem gestressten Bartender eine Runde Ramos Gin Fizz zu ordern. Wer ihn zu Hause zubereiten will, kann den Nachwuchs bitten, das Schütteln zu übernehmen. Irgendwann müssen die Kids es schließlich lernen. Manche sagen, man könne auch einen Mixer verwenden. Aber ich finde, das ist Betrug.

30 ml Gin

30 ml Cherry Heering

30 ml Bénédictine

30 ml Limettensaft, frisch gepresst

60 ml Soda

Spritzer Angosturabitter

Die ersten vier Zutaten in einem Glas mit Eis bauen. Rühren, mit Soda auffüllen und den Bitter dazugeben.

Baker verweist darauf, dass »andernorts oft Ginger Ale statt Sodawasser oder sogar Ginger Beer aus der Steinflasche verwendet wurde«. Für seinen Sling schlägt er zwei Teile Old Tom, einen Teil Cherry Brandy und einen Teil Bénédictine vor.

VARIATION

Siehe auch Pegu Club (Seite 206).

STRAITS SLING

60 ml Gin
15 ml Kirschwasser
15 ml Bénédictine
Saft einer halben Zitrone
2 Spritzer Orangenbitter
2 Spritzer Angosturabitter
Soda zum Auffüllen
Früchte zum Garnieren
   (nach Belieben)

Alle Zutaten außer dem Sodawasser auf Eis schütteln. In ein gekühltes Sour-Glas oder eine Champagner-Flüte geben. Mit Soda auffüllen und mit Früchten nach Belieben garnieren.

Aus Ted Haighs Buch *Vintage Spirits and Forgotten Cocktails*.

SINGAPORE SLING

Die Niederländer und Briten, die nach Asien geschickt wurden, um dort an ihren jeweiligen Weltreichen zu arbeiten, erwählten den Gin zu ihrem Lieblingsbrand. Während die Niederländer schon ab dem 18. Jahrhundert dem Genever zugesprochen hatten, musste britischer Gin erst sein Unterschichtenimage abschütteln. Doch auch er wurde im 19. Jahrhundert erste Wahl, als die Leute in den britischen Kolonien ihren Sundowner nahmen, eine Gewohnheit, die sich bis ins 20. Jahrhundert fortsetzte – und unter Vernünftigen bis heute Usus ist.

Ein Drink auf Gin-Basis ist ideal für Situationen, in denen sich Schweißperlen auf der Stirn bilden und der Leinenanzug klamm wird. Die besten Vertreter sind so köstlich wie gefährlich, denn sie ziehen weitere nach sich, wenn die Nacht jung ist und die Hitze nicht mehr drückend, sondern wie ein seidenes Tuch auf der Haut.

Der große Chronist dieser Lebensart war Charles H. Baker (siehe Seite 197) – und der Drink, der sie am besten verkörpert, ein Geschöpf aus dem Raffles Hotel in Singapur. Den unsterblichen »Singapore Raffles Gin Sling« beschreibt Baker wie folgt:

> »Es gibt andere gute Gin Slings im Osten ... aber der Raffles ist der beste. Wenn unser malaysischer Boy auf leisen Sohlen den vierten Sling bringt, während wir am Fenster stehend den Schlangenbeschwörern zusehen, wie sie ihre Kobras mit ihren verfluchten Flöten bedudeln, murmelt er: ›Vorsicht, Master.‹ Der Singapore Gin Sling ist köstlich, langsam wirkend, tückisch.«

Das Problem: Wie soll man ihn machen? Ted Haigh zufolge begann er als Straits Sling, den man aber bald mit Cherry Brandy anstelle von Kirschwasser süßer machte und verlängerte, sodass eher eine Art Ur-Tiki-Drink daraus wurde. Wie so oft bei berühmten Drinks ist ihre geistige Heimat der Ort, an dem ihre schlechtesten Exponenten entstehen. So auch beim Singapore Sling im Raffles. Gin-Guru Desmond Payne (siehe Seite 64 und 157) vermeldete 2015 allerdings, dass er wieder die alte Klasse erreicht hat. Charles H. Baker wäre zufrieden.

BRONX

Er wurde um 1900 von Johnnie Solon im Waldorf-Astoria Hotel in Manhattan, New York City, erfunden.

60 ml Gin

1½ TL süßer Wermut

1½ TL trockener Wermut

30 ml Orangensaft, frisch gepresst

Orangenbitter nach Belieben

Orangen-Twist zum Garnieren

Alle Zutaten auf Eis schütteln und in ein gekühltes Cocktailglas abseihen. Mit einem Orangen-Twist garnieren.

CLOVER CLUB (rechts)

Ein weiterer Cocktail aus dem frühen 20. Jahrhundert, der leider aus der Mode kam (wahrscheinlich wegen der rosa Tönung), als Mixgetränke nur etwas für echte Männer waren. In unserer metrosexuellen Zeit aber gewinnt er wieder an Bedeutung.

40 ml Gin

15 ml Zuckersirup oder Gomme (siehe Seite 188)

20 ml Zitronensaft, frisch gepresst

5 ml Himbeersirup

5 ml Eiklar

Alle Zutaten auf Eis schütteln und in ein gekühltes Cocktailglas abseihen.

CORPSE REVIVER NO 2

Harry Craddock (siehe Seite 29) schrieb in seinem Savoy Cocktail Book *von 1930: »Vier, in schneller Folge getrunken, machen Tote lebendig.« Sie sind gewarnt.*

30 ml Gin

30 ml Cointreau

30 ml Lillet Blanc Wermut

30 ml Zitronensaft, frisch gepresst

Absinth nach Belieben (aber nur wenig)

Alle Zutaten auf Eis schütteln und in ein gekühltes Cocktailglas abseihen.

Aus Ted Haighs Buch Vintage Spirits and Forgotten Cocktails

FRENCH 75 (links)

In New Orleans wird er zwar mit Cognac zubereitet (vermutlich in ordentlicher Menge, denn er ist nach einem französischen Gewehr benannt), doch war er immer schon ein Gin-Drink.

60 ml Gin

30 ml Zitronensaft, frisch gepresst

10 ml oder 2 TL Zuckersirup oder Gomme (siehe Seite 188)

Champagner zum Auffüllen

Die ersten drei Zutaten auf Eis schütteln und in ein gekühltes Collins-Glas geben. Mit Champagner auffüllen.

FORD COCKTAIL

Der Old Tom weist ihn als Klassiker des 19. Jahrhunderts aus – entstanden ist er 1895.

30 ml Old Tom Gin

30 ml trockener Wermut

3 Spritzer Bénédictine

3 Spritzer Orangenbitter

Orangen-Twist zum Garnieren

Alle Zutaten auf Eis schütteln und in ein gekühltes Cocktailglas abseihen. Mit dem Orangen-Twist garnieren.

Aus Ted Haighs Buch *Vintage Spirits and Forgotten Cocktails*

ANGEL FACE MARTINI

25 ml Tanqueray No. Ten (siehe Seite 111)

25 ml Calvados

25 ml Aprikosenlikör

Orangen-Twist zum Garnieren

Alle Zutaten rühren und im eiskalten Coupe-Glas mit einem Orangen-Twist garniert servieren.

Von Barrie Wilson, Markenbotschafter für Tanqueray Gin

FAIRBANK COCKTAIL

Er erschien zum ersten Mal 1922 in Harry MacElhones ABC of Mixing Cocktails *und ist benannt nach dem verwegenen Filmhelden Douglas Fairbanks.*

50 ml Gin
....
20 ml trockener Wermut
....
2 Spritzer Orangenbitter
....
2 Spritzer Crème de Noyaux
....
Kirsche zum Garnieren
....

Alle Zutaten auf Eis rühren und in ein gekühltes Cocktailglas abseihen. Mit einer Kirsche garnieren.

Aus Ted Haighs Buch *Vintage Spirits and Forgotten Cocktails*

GIMLET (rechts oben)

Scheinbar einfach, in Wirklichkeit aber tricky. Muss kalt, richtig kalt sein. Es hilft, gleiche Mengen Limettensaft und Sirup zu verwenden. Alternativ mit Soda verlängern.

50 ml Gin
....
7,5 ml Limettensaft, frisch gepresst
....
7,5 ml Limettensirup
....
Limettenspalte zum Servieren
....

Alle Zutaten auf Eis schütteln und in ein gekühltes Cocktailglas abseihen. Mit der Limettenspalte servieren.

HANKY-PANKY (rechts unten)

Den Cocktail kreierte in den Zwanzigerjahren des 20. Jahrhunderts Ada Coleman, Chef-Bartender der American Bar im Londoner Savoy Hotel. Er benannte ihn nach dem Schauspieler Sir Charles Hawtrey (nicht der aus der Ist-ja-irre-*Reihe).*

45 ml Gin
....
45 ml süßer Wermut
....
2 Spritzer Fernet-Branca
....
Streifen Orangenschale zum Servieren
....

Alle Zutaten auf Eis schütteln und in ein gekühltes Cocktailglas abseihen. Einen Streifen Orangenschale auf die Oberfläche legen und den Drink servieren.

MONKEY GLAND

Wörtlich »Affendrüse«. Einer aus Harry's New York Bar in der Pariser rue Daunou 5. Er belebt Körperteile, zu denen andere Cocktails nicht vordringen.

60 ml Gin

20 ml Orangensaft, frisch gepresst

1 TL Grenadine

1 TL Absinth

Alle Zutaten auf Eis schütteln und in ein gekühltes Cocktailglas abseihen.

ASTORIA BIANCO (rechts)

Eine Kreation von Jim Meehan aus der New Yorker Please Don't Tell Bar (siehe auch Seite 211 und 216). Dazu Meehan: »Jahre bevor der Old Tom wieder auf dem amerikanischen Markt eingeführt wurde, habe ich das Geschmacksprofil angeglichen, indem ich in dieser Neuversion des Astoria-Cocktails trockenen Wermut durch Martini Bianco ersetzte.«

75 ml Tanqueray London Dry Gin (siehe Seite 110)

30 ml Martini Bianco Wermut

2 Spritzer Orangenbitter

Orangen-Twist zum Garnieren

Alle Zutaten auf Eis rühren und in ein gekühltes Coupe-Glas abseihen. Mit dem Orangen-Twist garnieren.

PEGU CLUB

Der köstliche Kolonialdrink wurde in den 1920er-Jahren als Sundowner für die Stammgäste des Pegu Club in Rangun (dem heutigen Yangon) auf Burma (heute Myanmar) kreiert.

45 ml Gin

15 ml Cointreau

20 ml Limettensaft, frisch gepresst

2 Spritzer Angosturabitter

Alle Zutaten auf Eis schütteln und in ein gekühltes Cocktailglas abseihen.

Aus Ted Haighs Buch *Vintage Spirits and Forgotten Cocktails*

VESPER

Der von Ian Fleming erfundene Cocktail gab sein Debüt im ersten James-Bond-Roman Casino Royale. *Benannt ist er nach Doppelagentin Vesper Lynd, einer von Bonds Eroberungen. Ursprünglich verwendete man Kina Lillet dafür, den es allerdings leider nicht mehr gibt.*

90 ml Gin

30 ml Wodka

15 ml Lillet Blanc Wermut

Zitronen-Twist zum Garnieren

Alle Zutaten auf Eis schütteln und in ein gekühltes Stielglas abseihen. Mit einem Zitronen-Twist garnieren.

WHITE LADY (ganz rechts)

Ein weiterer Cocktail vom kreativen Harry MacElhone (siehe Fairbank Cocktail auf Seite 204). Er entstand in den wilden Zwanzigern in Paris. Heute wird er am häufigsten in Tokioter Edelbars getrunken.

40 ml Gin

20 ml Zitronensaft, frisch gepresst

25 ml Cointreau

Alle Zutaten auf Eis schütteln und in ein gekühltes Cocktailglas abseihen.

TWENTIETH CENTURY COCKTAIL (rechts)

Der 1937 ins Leben gerufene Cocktail wurde keineswegs nach dem damals nicht mehr allzu jungen Jahrhundert benannt, sondern nach dem neu gestalteten Twentieth Century Limited, einem Zug, der zwischen New York und Chicago verkehrte.

45 ml Gin

15 ml Lillet Blanc Wermut

15 ml weiße Crème de Cacao

15 ml Zitronensaft, frisch gepresst

Alle Zutaten auf Eis schütteln und in ein gekühltes Cocktailglas abseihen.

BREAKFAST MARTINI (links)

40 ml Gin

20 ml Zitronensaft, frisch gepresst

20 ml Cointreau

1 gestrichener TL Zitrusmarmelade (ohne Schalen)

Toast zum Garnieren

Alle Zutaten auf Eis schütteln und in ein gekühltes Cocktailglas abseihen. Mit Toast servieren.

Von Salvatore »The Maestro« Calabrese im Londoner Playboy Club

SILVER FIZZ

Er entstand in den 1880er-Jahren in New York oder Chicago (darüber wird immer noch heiß debattiert) und war als morgendlicher Muntermacher gedacht. Ich kann jedenfalls bezeugen, dass er wirkt.

50 ml Gin

35 ml Zuckersirup oder Gomme (siehe Seite 188)

25 ml Zitronensaft, frisch gepresst

20 ml Eiklar

60 ml Soda

Die ersten vier Zutaten lange stark auf Eis schütteln. In ein gekühltes Highball-Glas ohne Eis abseihen und mit dem Sodawasser auffüllen.

AFTER NINE

Ihn verdanken wir Jim Meehan von der New Yorker Cocktailbar Please Don't Tell (siehe auch Seite 206 und 216), der dazu anmerkt:»Eine passende Belohnung für einen anstrengenden Tag auf der Piste. Der Winterwärmer schmeckt auch denen, die mehr Zeit damit verbringen, Berge anzusehen, als auf ihnen herumzuklettern.«

30 ml Monkey 47 Schwarzwald Dry Gin (siehe Seite 130)

240 ml Lavendel-Minze-Kräutertee, frisch aufgegossen

15 ml Marie Brizard Cacao Blanc

1½ TL Chartreuse V.E.P. Verte (grün)

Zweiglein Lavendel zum Garnieren

Die Zutaten in einer vorgewärmten Tasse bauen und mit einem Zweiglein Lavendel garnieren.

COCKTAILS

CHOCOLATE NEGRONI

30 ml Fords Gin (siehe Seite 84)
....
22 ml Campari
....
22 ml roter Wermut Punt e Mes
....
5 ml weiße Crème de Cacao
....
2 Spritzer Chocolate Bitter
....
Orangen-Twist zum Garnieren
....

Alle Zutaten rühren und in ein gekühltes Cocktailglas mit einem einzigen großen Eiswürfel abseihen.
Mit einem Orangen-Twist garnieren.

Von Naren Young, Fork & Shaker, New York

HOUSE GIN FIZZ (rechts oben)

50 ml London Dry Gin
....
25 ml Zitronensaft, frisch gepresst
....
10 ml Olivenöl extra vergine
....
20 ml Zuckersirup oder Gomme (siehe Seite 188)
....
25 ml Eiklar
....
Prise Vanillesalz
....
Soda zum Auffüllen
....
Zitronen-Twist zum Garnieren
....

Alle Zutaten ohne Soda zunächst trocken, also ohne Eis,
dann mit Eis schütteln. In ein gekühltes Sling-Glas ohne Eis
abseihen. Mit einem Spritzer Soda auffüllen und mit einem
Zitronen-Twist garnieren.

Von Ryan Chetiyawardana, White Lyan Bar, Hoxton Street, London

START ME UP (rechts unten)

45 ml Gin
....
10 ml Apricot Brandy
....
5 ml Aquavit
....
5 ml Zuckersirup oder Gomme (siehe Seite 188)
....
**20 ml Cocchi Americano, in den Pfirsiche
eingelegt wurden**
....
Zitronen-Twist zum Garnieren
....

Alle Zutaten auf Eis rühren und in ein gekühltes Cocktailglas abseihen. Mit einem Zitronen-Twist garnieren.

Von Rob Libecans, White Lyan Bar, Hoxton Street, London

COCKTAILS

JASMINE (links)

45 ml Gin

20 ml Combier Triple Sec

15 ml Campari

20 ml Zitronensaft, frisch gepresst

15 ml Zuckersirup oder Gomme (siehe Seite 188)

Stiefmütterchenblüte zum Garnieren (nach Belieben)

Alle Zutaten schütteln und mit feinem Sieb in ein Cocktailglas abseihen. Nach Belieben mit einer Stiefmütterchenblüte garnieren.

Von Naren Young, Fork & Shaker, New York

AU THÉ VERT

50 ml Tanqueray London Dry Gin (siehe Seite 110)

25 ml Zitronensaft, frisch gepresst

20 ml Eichenmoossirup (siehe unten)

½ TL Bénédictine

Spritzer Orangenblütenwasser

75 ml Jasmintee (siehe unten)

essbare Blüten der Saison, nach Möglichkeit Jasminblüten, zum Garnieren

EICHENMOOSSIRUP

50 g Eichenmoos (die Flechte *Evernia prunastri*)

2 kg Zucker

1 l Wasser

JASMINTEE

25 g Jasmin-Blatttee

125 ml Wasser, auf 90 °C erhitzt

125 ml Wasser, kalt

Für den Eichenmoossirup alle Zutaten in einen Topf geben und erhitzen, bis sich der Zucker aufgelöst hat. Topf vom Herd nehmen und eine Stunde ziehen lassen, dann durch einen Superbag-Passierbeutel abseihen. In eine sterilisierte Flasche geben, verschließen, mit Datum versehen und in den Kühlschrank stellen. Einen Monat haltbar.

Für den Jasmintee den Tee vier Minuten in heißem Wasser ziehen lassen. Das kalte Wasser dazugeben und rasch abseihen. In eine sterilisierte Flasche geben, verschließen und mit Datum versehen. Für zwei Tage in den Kühlschrank stellen. Der Tee kann zweimal aufgegossen werden.

Alle Zutaten zusammen in ein gekühltes Highball-Glas mit Eiswürfeln geben und kurz rühren. Mit Blüten garnieren.

Von Stuart Bale von Strange Hill für das Bulgari Hotel in London kreiert

HOOK, LINE, AND SINKER

30 ml West Winds Gin The Cutlass (siehe Seite 135)

40 ml Regal Rogue Rosso Wermut

2 Spritzer Angosturabitter

2 Spritzer Orange Curaçao

eingelegte Schwarzkirschen zum Garnieren

Zutaten rühren und in ein gekühltes Coupe-Glas abseihen. Mit einer eingelegten Schwarzkirsche garnieren.

Von Tim Philips von der Bulletin Place Bar in Sydney

OLD FRIEND (rechts)

Noch ein Cocktail von Jim Meehan aus der New Yorker Bar Please Don't Tell (siehe auch 206 und 211). Sein Kommentar: »Der entfernte Verwandte des klassischen Old Pal ist ein leuchtender, finessenreicher Sour und hat viel von einem geschätzten Begleiter an sich.«

45 ml London Dry Gin

25 ml Saft einer rosa Grapefruit

15 ml Campari

1½ TL Holunderblütenlikör St-Germain

Zitronen-Twist zum Garnieren

Die Zutaten auf Eis schütteln und in ein gekühltes Coupe-Glas abseihen. Mit einem Zitronen-Twist garnieren.

PASTIS IN A PEAR T (ganz rechts)

50 ml Tanqueray London Dry Gin (siehe Seite 110)

5 ml Pastis

½ frische Birne, geschält, entkernt und grob zerkleinert

15 ml Zitronensaft, frisch gepresst

10 ml Zuckersirup oder Gomme (siehe Seite 188)

Sternanis zum Garnieren

Alle Zutaten auf Eis schütteln und in ein gekühltes Coupe-Glas abseihen. Mit Sternanis garnieren.

Von Barrie Wilson, Markenbotschafter für Tanqueray Gin

VICTORIA CALLING

40 ml Melbourne Gin Company (MGC) Dry Gin

15 ml Seppeltsfield Flora Fino (DP117) Sherry

10 ml Zitronensaft, frisch gepresst

10 ml Zuckersirup oder Gomme (siehe Seite 188)

20 ml Saft einer hellen Grapefruit

Streifen Grapefruitschale zum Garnieren

Alle Zutaten in einen Cocktail-Shaker geben, schütteln und in ein gekühltes Coupette-Glas abseihen. Mit einem Streifen Grapefruitschale garnieren.

Von Tim Philips von der Bulletin Place Bar in Sydney

PATCHOULI FIZZ (rechts)

40 ml Beefeater London Garden Exclusive Edition Gin

20 ml Zitronensaft, frisch gepresst

5 ml Merlet Lune d'Abricot (Apricot Brandy)

10 ml Zuckersirup oder Gomme (siehe Seite 188)

10 ml grüner Tee

2 Spritzer Patschulibitter

Fever-Tree Tonic Water zum Auffüllen

ZUM GARNIEREN

Zitronenscheibe

Basilikumblättchen

Alle Zutaten außer dem Tonic Water in einen Cocktail-Shaker geben und auf Eiswürfeln schütteln. In ein gekühltes Highball-Glas abseihen und mit Tonic Water auffüllen. Mit Zitronenscheibe und Basilikum garnieren.

Von Nathan O'Neill von der Dandelyan Bar im Mondrian Hotel, London

KUKU COOLER

8 kernlose dunkle Weintrauben und weitere zum Garnieren

40 ml Tanqueray London Dry Gin (siehe Seite 110)

15 ml Madeira

15 ml Limettensaft, frisch gepresst

10 ml Verjus

50 ml Tonic Water zum Auffüllen

Limettenscheibe zum Garnieren

Trauben in einem Cocktail-Shaker muddeln, dann die übrigen Zutaten mit Ausnahme des Tonic Water dazugeben und schütteln. In ein gekühltes Highball-Glas abseihen und mit dem Tonic Water auffüllen. Mit einer Limettenscheibe und einer halbierten Traube garnieren.

Von Matt Linklater von der Bulletin Place Bar in Sydney

BIBLIOGRAFIE

Anderson, Frank J. *An Illustrated History of the Herbals*. New York: Columbia University Press, 1997.

Autor unbekannt. *A Dissertation on Mr Hogarth's Six Prints*. London: 1751.

Autor unbekannt. *Mother Gin: A Tragi-Comical Eclogue*. London: Homer's Head, 1737. Nachdruck der British Library Historical Print Collections, 2011.

Baker Jr, Charles H. *Jigger, Beaker, & Glass*. Lanham, Maryland: Derrydale Press, 1992.

Barnett, Richard. *The Book of Gin*. New York: Grove Press, 2011.

Bayley, Stephen. *Gin*. Norwich: Balding & Mansell, 1994.

Beekman, E. M. *Fugitive Dreams*. Amherst: The University of Massachusetts Press, 1988.

Bennett, Thea. *London Gin*. Newhaven: Golden Guides Press, 2013.

Boothby, William. *The World's Drinks and How to Mix Them*. San Francisco: 1908. Nachdruck Mud Puddle Books, 2009.

Brunschwig, Hieronymus. *Liber de Arte Distillandi de Compositis*. Straßburg: 1512. National Library of Medicine ebook.

Cademan, Thomas. *The Distiller of London*. London: Sarah Paske, 1698. Nachdruck Early English Books Online (EEBO) Editions, 2011.

Cooper, Ambrose. *The Complete Distiller*. London: P. Vaillant und R. Griffiths, 1757. Nachdruck Kessinger Publishing, 2010.

Craddock, Harry. *The Savoy Cocktail Book*. London: Constable & Company, 1930.

Curtis, Tony & Williams, David G. *An Introduction to Perfumery*, 2. Ausgabe. New York: Micelle Press, 2001.

DeGroff, Dale. *The Craft of the Cocktail*. London: Proof Publishing, 2003.

Dickens, Cedric. *Drinking with Dickens*. New York: New Amsterdam Books, 1980.

Dickens, Charles. *Sketches by Boz*. London: 1839. Nachdruck The Penguin Group, 1995.

Difford, Simon. *Diffordsguide Gin Compendium*, 2. Ausgabe. London: Old Firm of Sin, 2013.

Doxat, John. *The Gin Book*. London: Quiller Press Ltd, 1989.

Duffy, Patrick Gavin & Misch, Robert J. *The Official Mixer's Manual*. New York: R. Long und R. R. Smith, 1934. Nachdruck Doubleday, 1983.

Edmunds, Lowell. *Martini, Straight Up*. Baltimore: The Johns Hopkins University Press, 1998.

Embury, David A. *The Fine Art of Mixing Drinks*, überarbeitete Ausgabe. New York: Doubleday & Company, 1958.

English, George. *Flemish Religious Emigration in the 16th and 17th Centuries. Scotland and the Flemish People*. University of St Andrews, 2014.

Fouquet, Louis. *Bariana*. Paris: 1896. Nachdruck Mixellany, 2008.

George, Dorothy. *London Life in the Eighteenth Century*. London: Kegan Paul, Trench, Trubner & Co, 1925. Nachdruck The Penguin Group, 1992.

Gesner, Conrad. *Historia Animalium*. Zürich: 1551–1558. National Library of Medicine ebook.

Grimes, William. *Straight Up or On the Rocks*. New York: North Point Press, 2001.

Gronow, Captain Rees Howell. *Reminiscences of Captain Gronow*. London: Smith, Elder, & Co, 1862. Projekt Gutenberg ebook.

Gwynn, Robin D. *England's ›First Refugees‹. History Today*, Vol 35, Mai 1985.

Haigh, Ted. *Vintage Spirits and Forgotten Cocktails*. Beverly, Massachusetts: Quarry Books, 2009.

Johnson, Harry. *The New and Improved Illustrated Bartenders' Manual*. New York: 1888. Nachdruck Mixellany, 2009.

Knoll, Aaron J. & Smith, David T. *The Craft of Gin*. Hayward: White Mule Press, 2013.

Lans, Nathalie. *Schiedam Builds on Jenever History*. Schiedam: TDS Drukwerken, 2000.

Loftus, William. *The New Mixing Book*. London: 1869. Nachdruck Ross Bolton, 2008.

McHarry, Samuel. *The Practical Distiller*. Harrisburg: John Wyeth, 1809. Internet Archive.

Medwin, Thomas. *Conversations of Lord Byron*. London: 1824. Google Books.

Miller, Anistatia R. & Brown, Jared M. *Shaken Not Stirred*. New York: HarperCollins, 1997.

Miller, Anistatia R. & Brown, Jared M. *Spiritous Journey: A History of Drink, Book One*. London: Mixellany, 2009.

Miller, Anistatia R. & Brown, Jared M. *Spiritous Journey: A History of Drink, Book Two*. London: Mixellany, 2009.

Miller, Anistatia R. & Brown, Jared M. *The Mixellany Guide to Wermut & Other Apéritifs*. Cheltenham: Mixellany, 2011.

Miller, John. *Portrait of Britain: 1600. History Today*, Vol 50, September 2000.

Milton, Giles. *Nathaniel's Nutmeg*. London: Hodder & Stoughton, 1999.

Moran, Bruce T. *Distilling Knowledge: Alchemy, Chemistry, and the Scientific Revolution*. Cambridge, Massachusetts: Harvard University Press, 2005.

Morewood, Samuel. *A Philosophical and Statistical History of the Inventions and Customs of Ancient and Modern Nations in the Manufacture and Use of Inebriating Liquors*. Dublin: W. Curry und W. Carson, 1838. Nachdruck Kessinger Publishing, 2012.

Parkinson, John. *Theatrum Botanicum: The Theater of Plants*. London: 1640. Google Books.

Plat, Hugh. *Delightes for Ladies*. London: 1609. Celtnet.

Regan, Gary. *The Joy of Mixology*. New York: Clarkson Potter Publishers, 2003.

Regan, Gaz. *The Negroni*. Cheltenham: Mixellany, 2012.

Ricket, E. & Thomas, C. *The Gentleman's Table Guide*. London: 1871. Internet Archive.

Rocco, Fiammetta. *The Miraculous Fever-Tree*. London: Harper-Collins, 2004.

Schmidt, William (The Only William). *The Flowing Bowl: What and When to Drink*. New York: Charles L. Webster & Co, 1892.

Schumann, Charles. *American Bar*. New York: Abbeville Press Publishers, 1995.

Sell, Charles S. *The Chemistry of Fragrances*. Cambridge: Royal Society of Chemistry, 2006.

Solmonson, Lesley Jacobs. *Gin: A Global History*. London: Reaktion Books, 2012.

Stephen, John, MD. *A Treatise on the Manufacture, Imitation, Adulteration, and Reduction of Foreign Wines, Brandies, Gins, Rums, Etc*. Philadelphia: 1860. The Online Books Page.

Stewart, Amy. *The Drunken Botanist*. Chapel Hill, North Carolina: Algonquin Books, 2013.

Stiles, Henry Reed. *A History of the City of Brooklyn*. Brooklyn: 1869.

Stuart, Thomas. *Stuart's Fancy Drinks and How to Mix Them*. New York: Excelsior Publishing House, 1896. Internet Archive.

Terrington, William. *Cooling Cups and Dainty Drinks*. London und New York: Routledge and Sons, 1869. Internet Archive.

Thomas, Jerry. *The Bar-Tender's Guide*. New York: Dick & Fitzgerald, 1876. Nachdruck Angouleme, Vintagebook, 2001.

Tudge, Colin. *The Secret Life of Trees*. London: The Penguin Group, 2005.

Van Acker, Veronique. *Genever: 500 Years of History in a Bottle*. Vermont: Flemish Lion, 2013.

Van Schoonenberghe, Eric. *Genever (Gin): A Spirit Drink Full of History, Science, and Technology*. Ghent: *Sartoniana*, Vol 12, 1999.

Warner, Jessica. *Craze: Gin and Debauchery in an Age of Reason*. London: Profile Books, 2003.

Warner, Jessica. *The Naturalization of Beer and Gin in Early Modern England. Contemporary Drug Problems*, Vol 24, Issue 2, 1997. Questia Trusted Online Research.

Williams, David G. *The Chemistry of Essential Oils*, 2. Ausgabe. Weymouth: Micelle Press, 2008.

Williams, Olivia. *Gin Glorious Gin*. London: Headline Publishing Group, 2014.

Wilson, Anne C. *Water of Life*. Devon: Prospect Books, 2006.

Wondrich, David. *Imbibe!* New York: The Penguin Group, 2007.

Wondrich, David. *Punch*. New York: The Penguin Group, 2010.

Y-Worth, W. *The Compleat Distiller*. London: J. Taylor, 1705. Nachdruck Gale Eighteenth Century Collections Online (ECCO), Print Editions, 2010.

REGISTER

REGISTER

DANK

BILDNACHWEIS

Der Verlag dankt allen Destillerien und ihren Vertretern, die uns freundlicherweise die Genehmigung zum Abdruck der Bilder ihrer Gins in diesem Buch erteilt haben.

Alles weitere Bildmaterial:

Alamy Anton Havelaar 24; Bon Appetit 38; Falkenstein/Bildagentur-online Historical Collect 23; Jean-Baptiste Rabouan/Hemis 31; Jeffrey Blackler 33; Mary Evans Picture Library 21; Museum of London/Heritage Image Partnership Ltd 18; Peter Horree 13; Tom Hanley 37; mit freundlicher Genehmigung von **Caorunn Gin** 43; **Corbis** David J. Frent/David J. & Janice L. Frent Collection 26; mit freundlicher Genehmigung von **Dave Broom** 11; **Getty Images** Brad Wenner 2; Chris Ratcliffe/Bloomberg via Getty Images 34; Florilegius/SSPL 9; Guildhall Library & Art Gallery/Heritage Images 19; Imagno 15; Topical Press Agency 27, 29; mit freundlicher Genehmigung von **The Hendrick's Gin Distillery Ltd** 32, 42; mit freundlicher Genehmigung von **Lucas Bols** bv 12; mit freundlicher Genehmigung von **NY Distilling Company** 30; **Shutterstock** Nicku 25; S1001 36; SidorovichV 35; **Sipsmith Independent Spirits** Foto Alastair Wiper 41; **Thinkstock** iStock 55; **Wellcome Library**, London 8, 10, 16; **Zuidam Distillers** bv 44, 45.

Foto des Autors auf Seite 7 von **Will Robb**.

Cocktailfotos von **Cristian Barnett** für Octopus Publishing.

Dieses Buch war lange im Werden und wäre ohne die Hilfe, den Input, die Freundschaft, die breiten Schultern und die durstigen Kehlen vieler Kollegen, Freunde und Familienmitglieder nie entstanden. Dank an:

Desmond Payne, der mir vor vielen Jahren den Weg zum Gin gewiesen, immer wieder geholfen und mich mit Rat – und Gin – versorgt hat.

Sean Harrison für seine Geschichten, Erinnerungen, Hilfe bei chemischen Fragen, das Essen im Zug und mehr.

Patrick Zuidam, der Genever in die Welt hinausträgt.

Jean-Sébastien Robicquet, Jamie Walker und dem Team von G'Vine.

Will Lowe, weil er eigens einen Gin für mich erzeugt und mich organoleptisch beraten hat, sowie für seine Ameisen.

Alexandre Gabriel, Alex Nicol, Darren Rook, Simon Ford, Charles Maxwell, Jake Burger und alle, die Kostproben sandten.

Anistatia Miller und Jared Brown, weil sie eine Inspirationsquelle waren, Sam und Fairfax für einige schöne, wacholderschwangere Erinnerungen.

Geoffrey Kelly für den flämischen Gin sowie Neil Mathieson und Michael Vachon für die »Boutique«-Verkostungen.

Nicholas Cook von der Gin Guild und die Belegschaft des Schiedam Museum.

Charles Rolls, der mich vor vielen Jahre sicher geflogen hat, und seine Kollegen Tim Warrillow und Saskia Meyer von Fever-Tree.

Joanne McKerchar vom Diageo Archive für ihre unschätzbare Hilfe bei Detailfragen.

David T. Smith von summerfruitcup.wordpress.com für die Ohren und eine großartige Verkostung.

Sandrae Lawrence und Gary Sharpen, Gin-Cocktail-Liebhaber und liebe Freunde.

Ryan Chetiyawardana, weil er trotz enormem Arbeitsdruck wieder einmal geholfen hat, und Tristan Stephenson sowie das Team vom Whistling Shop, weil wir ihre großartige Bar benutzen durften, Barrie Wilson, den zweitbesten Bartender von Dunfermline, Tony C., Tim D. Philips, Naren Young, Jim Meehan, Stu Bale, die Lyan-Group-Barkeeper, Nick Strangeway und Cairbry Hill, Dick Bradsell und Seb Hamilton-Mudge.

Philip Duff für seine Hilfe mit Genever-Wissen, Gaz Regan für seinen Finger und David Wondrich für seinen Rat in diversen kanadischen Bars – ein echter Weiser, der sich auskennt.

Die Mitglieder von SKYC, für die drei Negronis nie genug sind.

Das Octopus-Team, das wieder einmal großartige Arbeit geleistet hat: Denise, Leanne, Giulia, Juliette und Lektorin Jo.

Tom Williams, meinen geduldigen, zuvorkommenden und unerschütterlichen Negroni-Fanatiker.

Vor allem aber an meine Frau Jo, die mich beim Schreiben nicht nur unterstützt hat, sondern ein echter Partner war. Ohne ihre Recherche und Logistik gäbe es dieses Buch nicht ... oder ich wäre durchgedreht ... oder beides. Jetzt endlich hat sie begriffen, dass sie Cocktails mag. Diese wiederum können von unserer Tochter Rosie wie der Teufel geschüttelt werden. Sie ist zwar noch zu jung für Alkohol, macht aber einen genialen Aviation. Du sollst noch lange fliegen.